KB234313

서민들은 모르는 대한민국 경제의 비밀

위험한 경제학

위험한 경제학

선대인(김광수경제연구소 부소장, 필명 '케네디언') 지음

1

부동산의 비밀 편

더난출판

위험한 경제학 _ ❶ 부동산의 비밀

초판 1쇄 발행 2009년 9월 15일
초판 19쇄 발행 2009년 11월 13일

지은이 선대인 | **펴낸이** 신경렬 | **펴낸곳** 더난출판

기획편집부 민신태 · 김명효 · 윤현주 | **외서기획** 문혜정 | **디자인** 서은영
마케팅 김대두 · 홍영기 · 서영호 | **E-Biz** 견진수 | **교육기획** 함승현 · 김종식 · 김승길 · 김윤호 · 이경희
관리 김태희 · 양은지 | **제작** 유수경 | **물류** 이승선 · 오수진
책임편집 민신태 · 김명효

출판등록 1990년 6월 21일 제1-1074호 | **주소** 121-840 서울시 마포구 서교동 395-137
전화 (02)325-2525 | **팩스** (02)325-9007
이메일 book@thenanbiz.com | **홈페이지** http://www.thenanbiz.com

ISBN 978-89-8405-484-4 13320

한국 경제의 회복을 알리는 온갖 소식들이 지면과 화면을 가득 채우고 있다. 주가는 2009년 초 900대의 저점을 기록했다는 사실을 기억하기 어려울 정도로 치솟고 있다. 2009년 초까지 폭락 조짐을 보이던 부동산도 이제 폭락은커녕 수도권 일부 지역을 중심으로 반등폭을 키우고 있다. 경상수지는 사상 최고의 흑자 기록을 갈아치우고 있다. 급기야는 한국이 이번 세계경제 위기에서 가장 먼저 탈출할 것이라는 전망이 나라 밖에서부터 나오고 있다. 2009년 초만 해도 백척간두의 위기감을 느꼈던 한국 경제다. 그런데 불과 몇 달 전만 해도 A급 태풍 앞의 등불 같던 한국 경제가 세계경제 회복을 선도한다니 낭보 중에 이런 낭보가 없다. 축하할 일이다. 이게 사실이라면 말이다.

그런데 정말 한국 경제는 그렇게 급속도로 회복되고 있는 것일까. 이제 정말 안심해도 괜찮은 것일까. 불과 몇 개월 전까지 한국 경제를 괴롭히던 모든 위기 상황이 종료된 것일까.

필자는 그렇게 생각하지 않는다. 사실 한국 경제는 여전히 매우 위험한 상황에 놓여 있다. 현상적으로만 여러 경제 지표들이 개선되고 있는 것처럼 보일 뿐이다. 특히 자산 시장을 중심으로 말이다. 시중에는 한국 경제가 실제보다 크게 호전된 것으로 일반 서민들이 착각하게 하는 왜곡된 정보들이 난무하고 있다. 이 같은 왜곡된 정보가 기승을 부리는 배후에는 현 정권과 기득권 언론이 있다. 이들은 "경제는 계속 좋아지고 있다"고 서민들에게 계속 최면을 건다. 이렇게 만들어낸 경제 회복의 신기루는 서민들과 미래 세대의 막대한 희생을 바탕으로 기득권 구조를 유지하는 장치다. 현재의 경제 회복 신기루가 국민 전체에게 좋은 것인 양 포장하는 화장술이다.

이 책은 한국 경제가 직면한 현 상태를 최대한 있는 그대로 보여주려고 한다. 물론 필자 또한 사람인 이상 주관적 편견을 완전히 배제할 수는 없겠지만, 적어도 이해관계 때문에 의도적으로 현 상황을 비틀고 부풀리지는 않을 것이다. 이 책을 끝까지 읽으면 현실 경제에 대한 새로운 이해를 갖게 될 것이라고 필자는 확신한다. 그것은 현재 한국의 기득권 세력이 전혀 원치 않는 것이지만, 당신이

미래의 위험에 대비하는 데는 큰 도움이 될 것이다. 그런 점에서 당신이 이 책을 읽는다면 기득권 세력이 위험해지고, 이 책을 읽지 못한다면 당신이 위험해질 것이다.

그러면 한국 경제는 왜 위험한 상황인가. 그것은 한국 경제의 근본적인 위기 구조가 전혀 해소되지 않았기 때문이다. 그 위기 구조의 핵심에는 바로 부동산 버블이 놓여 있다. 현재 세계경제의 위기 근저에도 부동산 버블이 놓여 있지만, 2008년 하반기 한국 경제를 벼랑 끝 위기로 내몬 것도 부동산 버블이다. 2000년대 들어 잔뜩 부풀어 오른 부동산 버블을 키우는 과정에서 가계 부채가 830조 원까지 늘어났는데, 이 가운데 315조 원 이상이 부동산 담보 대출이다. 사실 중소기업 운영 자금이나 가계 신용 대출 자금 중 상당액이 부동산에 들어갔기 때문에 실제 부동산 관련 대출은 400조 원을 훌쩍 뛰어넘을 것으로 추정된다. 이 과정에서 시중 금융기관들은 CD와 은행채를 남발하고, 단기 외화까지 무차별 차입해 부동산 시장에 펌프질을 했다. 그것이 2008년 하반기 미국발 금융 위기가 본격화되면서 시중 금리 상승과 원/달러 환율 폭등으로 이어지며 한국 경제의 위기를 극대화한 것이다.

이런 상황에서 현 정권은 부동산 버블을 떠받치는 데 '올인'했다. 현 정권은 각종 주택 및 부동산 관련 공약을 통해 사실상 "집값을 올려주겠다"고 공약해 집권한 정권이다. 현 정권의 핵심 집권 기반은 불과 5%도 안 되는 다주택 투기자 등 부동산 부자 그룹이다. 따라서 현 정부에게 부동산 버블 붕괴는 경제적인 의미에서뿐만 아니라 정치적으로도 도저히 용납할 수 없는 것이다. 정권 출범 초기에 이미 현 정권의 도덕성과 실력이 바닥을 훤히 드러낸 마당에 집값마저 폭락하면 마지막 남은 지지층까지 이탈할 것이 분명하기 때문이다. 따라서 현 정권에게 부동산 버블 부양은 모든 정책과 국정 운영의 이면에 숨어 있는 최우선 국정 과제였다. 전 세계가 부동산 버블 붕괴로 대공황 이후 최대의 경제위기를 겪고 있는 와중에도 절대 한국의 부동산 버블은 꺼지면 안 된다는 식이었다.

현 정부는 경제위기 극복과 경기 부양이라는 명목을 갖다붙이며 부동산 부양 총력전을 노골적으로 전개했다. 기준 금리 인하와 주택 대출 만기 연장, 각종 부동산 관련 세금 감면, 대규모 건설토목 사업 발주 등이 대표적인 사례들이다. 부동산 버블을 떠받치기 위해서라면 투기 조장책도 가리지 않았다. 사실상 강남 재건축 규제 완화를 통해 재건축을 투기의 핵심 대상으로 밀겠다고 선언하고, 인천 청라 분양 사례에서 보는 것처럼 전매 제한 기간 완화와 양도세 감면 등을 통해 단기 차익을 노린 투기성 수요를 끌어들인 것이 대표적이다. 경제 위기를 핑계로 도저히 정상적 정부라면 해서는 안 되는 정책을 버젓이 감행한 것이다. 현 정부가 부동산 버블을 떠받치기 위해 직간접적으로 투입했거나 앞으로 투입하기로 한 돈은 어림잡아 300조~400조 원에 이를 정도다. 사실상 정부가 가장 강력한 부동산 투기 조장 세력이자, 최대의 이해관계자가 돼버린 것이다. 이렇게 현 정부의 무지막지한 부동산 부양책과 투기 조장책에 힘입어 부동산 가격 폭락을 예고했던 버블 붕괴 압력들은 단기적으로 크게 줄었다. 이렇게 해서 부동산 가격은 서울 강남 3개 구의 재건축 아파트 등을 중심으로 반등했다.

하지만 구조적 측면에서 부동산 버블 붕괴는 단지 지연됐을 뿐이며, 중장기적으로 볼 때 버블 붕괴의 압력은 더욱 커지고 있다. 구체적으로 보자.

우선, 정부는 부동산 가격 폭락을 막는다는 핑계로 부동산 대출 규제를 풀어서 버블을 더 키워버렸다. 가뜩이나 둑이 넘쳐흐를 지경인데 둑 위에 고이는 물의 양을 늘려버린 것이다. 나중에 버블이 빠진 뒤 부동산 경기가 회복될 때 마중물로 쓰일 수 있는 것을 집값 버블 붕괴의 에너지를 더하는 방향으로 써버린 것이다. 가뜩이나 2000년대 부동산 투기 과정에서 미래의 주택 수요를 당겨 집값을 부풀렸는데, 조금 남아 있던 주택 수요마저 투기 바람을 다시 불러일으켜 앞당겨 끌어다 써버린 것이다.

공급 측면에서도 버블 붕괴 압력은 더욱 커지고 있다. 정부의 1990년대 일본식 토건 부양책 때문에 건설업체들의 아파트 공급이 지속적으로 이뤄져 수요 대비 과도한 공급 과잉이 일어날 가능성이 높아지고 있다. 분양 취소나 정부의 미분양 물량 매입 등으로 줄어드는 것처럼 보이지만 현재의 미분양 물량은 결코 단기간에 해소될 수 없다. 오히려 수도권의 공급 과잉은 2009년 말부터 본격화돼 미분양 사태를 장기화하게 될 것이다. 그런 과정에서 수도권 주택 시장은 2015년경이면 36만 호 이상의 아파트 과잉 공급 상태로 치달을 가능성이 높다. 또한 미분양 물량의 만성적인 적체와 이로 인한 건설업체의 자금난으로 2~3년 안에 건설업체들의 도산 행렬이 이어질 가능성이 높다. 건설업체의 도산은 금융기관의 부실 채권 증가로 이어져 한국 경제에 만성적인 위기를 초래할 가능성이 높다.

이렇게 말하면 기존 언론의 '공급 부족' 타령에 젖어 있던 이들은 어리둥절할 것이다. 하지만 조금만 생각해보면 이상하게 느껴질 것이다. 집값이 오른다는데 왜 미분양 물량은 잔뜩 쌓여 있고, 인천 청라 외에 전국에서 분양에 성공한 건설업체가 한 군데도 없는지. 언론에서는 주택 공급이 줄어 2~3년 후 집값 뛴다는 얘기밖에 없는데, 왜 2009년 하반기에 수도권 입주 물량이 수년 내 최고 수준이며, 사상 최고 수준인 20만 호가 한꺼번에 대규모 분양에 나서는지 말이다. 지금도 미분양 물량이 넘치는데, 2009년 하반기 수도권에서 분양되는 20만 호가 과연 제대로 소화될 수 있을까.

부동산 시장을 둘러싼 경제 환경 또한 마찬가지다. 정부가 부동산 부양책에 자원을 낭비하는 바람에 한국 경제의 성장 잠재력은 한 단계 더 낮아질 가능성이 높다. 이미 각종 정부 및 민간 연구기관들이 한국 경제의 잠재성장률이 3%대로 떨어질 것이라고 경고하고 있다. 부동산 버블을 억지로 지탱하는 바람에 제대로 된 일자리는 줄어들고 '알바' 일자리만 양산되고 있어 가계의 평균적인 소득 기반은 갈수록 악화되고 있다. 뒷일을 전혀 고려하지 않는 현 정부의 무모한 감세 정책 및 재정 남용으로 재정 고갈 속도는 가속화되고 있다. 인구 감소 속도는 매년 더 빨라지고 있고, 수도권 인구 유입도 점점 한계에 이르고 있다. 부동산 투기 선동가들과 엉터리 언론 보도와는 다르게 수도권의 실수요 기반이 양적, 질적 측면에서 빠른 속도로 약화되고 있는 것이다. 이런 상황에서 정부는 정책 수단을 일찌감치 소진해버려 부동산 버블이 다시 붕괴하기 시작하면 제대로 손쓸 여력이 얼마 남아 있지 않은 상황이 돼버렸다.

이 밖에도 더 이상 떨어질 타닥이 없는 금리는 이제 올라갈 일만 남았다. 물론 부동산 부양에 사활을 건 현 정권이 다른 나라에 앞서 선제적으로 기준 금리를 인상할 가능성은 높아 보이지 않는다. 하지만 시중 금리는 기준 금리와 다른 움직임을 보일 가능성이 충분히 있다. 2008년에 그랬던 것처럼 말이다. 이미 국공채 금리에 이어 은행채와 CD 금리, 회사채 금리 등이 일제히 바닥을 친 뒤 오름세를 보이고 있다. 또 가계 부채의 거치 기간과 일시상환 만기를 연장한 덕에 당장 부동산 투매는 막았지만, 가계들의 원리금 부담은 더 커졌다. 더구나 시중 은행들이 급감한 순이자마진 수익을 만회하기 위해 가산 금리를 올리는 바람에 신규 주택 대출자와 대환 대출자들의 이자 부담은 금리가 오르면 매우 커질 가능성이 높다.

이뿐 아니다. 여기에서 일일이 다 거론하기 힘들 정도로 부동산 버블 붕괴의 압력은 수면 아래에서 더욱 점증하고 있다. 이런 사실은 필자가 2008년 출간한 《부동산 대폭락 시대가 온다》에서 대부분 경고했던 내용이다. 필자가 분석했던 구조적인 변수들은 시간이 갈수록 더욱 뚜렷하고 강력한 신호를 보내고 있다.

그런 점에서 현재의 집값 반등은 언제든지 재급락으로 이어질 수밖에 없는 단기 버블이다. 부동산 버블 붕괴 과정에서 일어나는 '마지막 폭탄 돌리기'인 셈이다. 2000년대 부동산 버블의 진행 과정을 큰 틀에서 생각해보면 왜 그런지를 감 잡을 수 있다. 2000년대 부동산 버블은 2001~2003년의 1차 폭등, 2005~2006년의 2차 폭등을 거치면서 크게 부풀어 올랐다. 특히 2006년 하반기의 집값 폭등은 거의 광풍 수준이었다. 당시 거의 모든 수도권 사람들이 집값이 오른다고 생각했고 실제로 집값은 2006년 말까지 폭등했다. 하지만 이후 서울 강남과 경기도 대부분의 지역은 내리막길을 걷기 시작했다. 더 이상 재미를 보기 힘들어진 투기 세력은 2007년부터 서울 강북의 일부 지역과 인천·경기 외곽 지역으로 투기 대상을 옮겨갔다. 그조차도 시들해질 무렵 2008년 초 '노도강' 등 강북 3개 구와 뉴타운 지역을 중심으로 또 한 번 투기 불꽃을 태웠다. 그러다 2008년 하반기 이후 급락세를 탄 뒤 2009년 들어 반등세를 보이고 있는 것이다.

그런데 정부의 사력을 다한 부동산 부양 총력전에도 불구하고 현재의 집값 반등은 재건축 위주의 집값 상승이라고 할 수 있다. 물론 재건축 집값 상승에 영향을 받아 점차 호가 위주의 상승세를 나타내는 지역이 수도권에서 늘어가는 것 또한 사실이다. 하지만 집값 상승의 폭과 거래량, 매도-매수세 동향, 거래 동향, 국토부 실거래가 추이 등을 종합해보면 2006년 이후 집값 상승 움직임이 나타날 때마다 전반적인 집값 상승 에너지는 갈수록 약해지고 있다.

집값 상승 지역의 범위 또한 갈수록 줄고 있다. 1차 폭등기까지는 전국 대부분 지역에서 집값이 함께 상승했지만, 2005~2006년의 2차 폭등기에는 수도권 지역만 폭등했다. 또 2007년 이후에는 집값 상승이 수도권의 잔여 지역들로, 2008년 초에는 서울 강북 3개 구 등 뉴타운 지역으로 축소됐다. 2009년의 반등기에는 재건축이 집중된 강남 3개 구와 강동구, 과천 등에 집값 반등세가 집중되고 있다. 언론의 선동 보도와 왜곡 과장 보도로 수도권 전 지역에서 엄청난 집값 상승세가 일어나고 있는 것처럼 생각되지만 실제로는 상당한 괴리가 있다.

이 같은 양상을 속이기 위해 부동산 투기 선동가들과 엉터리 언론들은 이를 '지역별 차별화'라고 포장하고 있다. 집값 상승 지역의 범위가 점점 줄고 있다는 점을 '눈 가리고 아웅' 식으로 속이고 있을 뿐이다. 물론 그들의 말대로 단기적으로 오를 곳은 오를 수 있다. 하지만 그들은 자신들이 지금 거론하고 있는 지역들의 실거래가가 사실은 2006년 말 이후 30~40%씩 급락했다는 사실은 말하지 않는다. 현재 상황을 더 정확히 표현하는 말은 부동산 버블이 심한 지역일수록 가격이 더 크게 굴등락한다는 말일 것이다.

다만, 현재의 집값 반등이 얼마나 오래 지속될지는 속단하기 어렵다. 현 경제 상황이 워낙 가변적인 데다 현 정부가 상상을 초월하는 온갖 무리한 정책들을 질러대기 때문이다. 합리적인 정책 예측을 하기 힘든 나라에서 단기 전망을 하는 것은 매우 어려운 일이다.

그럼에도 불구하고 현재의 주택 가격은 도저히 지탱하기 어려울 정도로 과도하게 높은 수준임이 분명하다. 따라서 구체적인 시기보다는 가격 기준으로 전망하자면, 이른바 '버블 세븐' 지역에서 국토부 실거래가 기준으로 2006년 말의 고점을 회복하지 못하고 재하락할 가능성이 높다. 2006년 말의 집값은 투기 심리 등 각종 요인으로 집값 상승 에너지가 최고조에 이르렀을 때 기록된 것이다. 현재 주택 시장의 상승 에너지나 경제 환경은 절대 2006년 말의 고점을 회복할 정도가 아니다. 잠재적 주택 거래자들 또한 의식적이든 무의식적이든 2006년 말 고점 가격을 가격 상한선으로 생각하고 있을 것이다.

그런데 강남 3개 구와 강동구, 양천구 등의 실거래가는 한때 고점 대비 30~40% 수준까지 떨어졌다가 2009년 6월 현재 고점 대비 6~22% 떨어진 수준까지 반등했다. 이미 이들 지역은 2008년 말의 단기 저점을 기준으로 볼 때 어깨 수준까지는 반등한 것으로 짐작된다. 물론 이들 지역의 상승세가 주춤하는 가운데 다른 수도권 지역들의 상승세가 좀 더 지속될 수도 있을 것이다. 하지만 앞에서 거론한 각종 주택 시장의 구조적 상황을 감안할 때 집값이 언제든 재급락해도 전혀 이상하지 않다.

물론 현실적으로는 현 정부의 집값 부양책과 경기 침체기에 부동산 광고에 목 맨 언론들의 선동 보도로 이 같은 반등세가 일정 정도 더 지속될 수는 있다. 하지만 그 같은 반등세가 길어도 1~2년 이상 더 지속되기는 힘들 것이다. 결국 반등세가 멈추면 2007년 초 이후 거래가 끊어지면서 일정한 시점이 지나 가격이 하락하던 사태가 재연될 것이다.

이번 집값 반등이 멈추고 재하락하면 집값은 지속적인 내리막길을 걸을 가능성이 높다. 2010년대 한국 부동산 시장은 정도의 차이는 있겠으나 1990년대 일본의 재판이 될 가능성도 적지 않아 보인다. 집값 하락이 마무리된 상태에서 보면 현재의 집값은 터무니없는 가격으로 느껴질 정도로 계속 떨어질 것이다. 앞으로 5년 안에 물가 수준을 고려한 수도권 집값은 고점 대비 반 토막 날 수도 있다. 필자가 그렇게 전망하는 구체적인 이유들은 본문에서 자세히 소개할 것이다. 다만, 여기서는 게이오 대학 오바타 세키 교수의 저서 《버블 경제학》(이아소)에 나오는 구절을 인용해 현재의 집값 반등 상황이 왜 '마지막 불꽃'일 가능성이 높은지를 생각해 보자.

대부분의 지역에서 이미 버블이 붕괴됐어도 역으로 급격히 가격이 반등하는 경우가 있다. 이 반전은 드문 일이 아니다. 전형적인 버블은 일단 붕괴하고 나서 급격히 가격이 반등하면서 최후의 꽃을 피운다. 첫 번째 버블 붕괴가 일어났을 때 배짱이 약한 사람들은 보유한 주식을 모두 팔아치우고 버블로부터 내려온다. 그 결과 버블이 꺼진 자산을 계속 보유하거나, 새롭게 사거나 하는 것은 배짱 좋은 투자자뿐이다. 그들은 하락한 가격으로는 절대 팔지 않기 때문에, 그 후 주가는 오를 수밖에 없고 급등한다. 그리고 그때 시장의 분위기는 낙관적이 되어 그 시점까지 버블에 참가하지 않았던 새로운 투자자가 사줄 가능성이 있다. 그들은 조금 더 가격이 내려가면 참여하려고 생각한 투자자들이다. 그들에게 첫 번째 가격 하락은 기다리고 기다리던 기회다. 그들이 참여하면서 첫 번째 폭락 후 버블의 부활적인 가격 상승은 더욱 가속화된다. 따라서 버블은 첫 번째 가격 폭락으로 붕괴되지 않고, 두 번째 이후의 가격 폭락으로 진짜 붕괴된다.

인용 내용은 주식시장을 중심으로 현재의 세계경제 위기를 부른 버블이 꺼지는 과정을 설명한 것이지만, 현재 한국 수도권의 주택 시장 상황에도 잘 들어맞는다고 생각된다. 기득권 언론사와 정부, 건설업체들이 합작해 서민들을 속이고 선동해봐야 이미 한국의 부동산 버블은 지탱하기 어려운 한계점에 도달해 있다.

현재 한국에서는 치열한 부동산 계급 투쟁이 벌어지고 있다. 미국에서는 저소득층의 주택 소유 기회를 늘려준다는 취지로 부동산 버블이 시작됐다면, 한국의 부동산 버블은 철저하게 건설업체들과 다주택 투기자들의 배를 불려주는 과정에서 부풀어 올랐다. 2000년대 이후 주택 보급률이 10%포인트 이상 증가하는 동안 주택 소유율이 2%포인트밖에 늘지 않았다는 것은 무엇을 의미하는가. 공급된 대부분의 주택이 돈 많은 사람들의 다주택 투기용이라는 뜻이다. 부동산 투기 붐이 이는 동안 희희낙락했던 다주택 투기자들과 건설업체들은 지금 잔뜩 물려 있다. 이 다주택 투기자들과 건설업체들이 부동산 시장에서 빠져나오지 못해 안달하고 있다.

때마침 이들 부동산 부자를 철저히 옹호해주는 정권이 집권했다. 그리고 건설사들과 기득권 언론들이 삼각 편대를 이루고 있다. 그들은 권력을 가졌고, 서민들을 후릴 수 있는 언론을 가지고 있다. 그들이 그동안 해먹은 것도 모자라 이제 털고 나가기 위해 '마지막 폭탄 돌리기'를 하는 국면이다. 그들에 비해 서민들은 절대 약체인 것처럼 보인다. 하지만 버블 붕괴 압력이라는 시장의 힘이, 그리고 진실이 서민들의 편이다. 단기적으로는 기득권 세력의 힘이 압도하는 것 같지만 결국에는 버블 붕괴 압력이라는 시장의 힘이 '운명의 힘'처럼 관철될 수밖에 없다. 그것이 지금까지 자본주의 역사가 가르쳐주는 바다. 따라서 일반 가계들이 이들의 선동에 휘둘려 괜히 다주택 투기자들의 '폭탄 처리반'으로 전락하는 우를 범하지 않기를 진심으로 바란다.

부동산 버블과 그에 편승한 과욕의 폐해가 어떠한지는 지금 전 세계가 목도하고 있다. 이제 전 세계의 부동산 버블이 꺼지는 시기고, 우리도 피할 수 없다. 그 과정에서 큰 충격이 있겠지만, 한국 경제가 정상 궤도로 돌아가기 위해서는 감내해야 하는 충격이다. 근본적 수술을 통해 부동산 버블이라는 악성 종양을 떼 내지 않으면 한국 경제는 사망에 이를 수도 있다.

그런데 어처구니없게도 현 정권은 자신들 임기 내에 버블 붕괴의 충격을 최소화하고 다음 정권에 폭탄을 떠넘기려는 속셈으로 근본 수술을 미루고 있다. 오히려 악성 종양을 더욱 키우고 있는 것이다. 선량한 국민들을 선동해 부동산 투기판을 더욱 키우려 하고 있다. 부동산 경기와 이와 연관된 건설 경기를 띄우기 위해 한국 경제 전체를 희생시키고 있다. 말끝마다 '시장원리'를 외치는 정권이 하는 짓마다 시장의 정상적인 조정 과정을 방해하고 있다. 그동안 땅값, 집값이 너무 높았고 사람값은 똥값이었으므로 이제 사람값을 높이고 땅값, 집값은 낮추는 조정 과정을 거쳐야 하는데 이 정부는 이를 정면으로 거부하고 있다.

무능과 무지로 점철된 정부 관료들과 정치적 탐욕에 이끌린 정치권의 거듭된 정책 실패 때문에 언제까지 국민이 자신들의 집값이 더 올라야 한다며 악다구니를 써야 한다는 말인가. 그러는 사이 한국 경제는 끝없는 나락으로 빠져들고 있는데 말이다. 공동체의 경제적 기반과 공동체 구성원 간의 연대가 무너지면 그 사회의 구성원인 개개인이 행복하기란 어렵다. 이제라도 한국 경제의 파탄을 피하면서도 부동산 버블을 빼고 우리 모두가 집단 바보 상태에서 벗어나는 길을 찾아야 한다. 그리고 유주택자와 무주택자 간의 계급 투쟁을 마무리 짓고 땀 흘리며 열심히 일하고 능력과 창의성을 발휘하는 사람들이 공정한 게임 규칙에 따라 정당하게 보상받는 건전한 민주주의 시장경제를 건설해야 한다. 그것이 우리 아이들에게 부끄럽지 않은 나라를 물려줄 수 있는 유일한 방법이다.

끝으로 이 책을 출판하기까지 많은 노력을 기울여준 더난출판사 관계자분들께 진심으로 감사드린다. 특히 지난 책에 이어 이번 책까지 인연을 잇게 된 민신태 팀장과 김명효 과장 두 분에게는 무한한 신뢰와 감사의 뜻을 전하고 싶다. 늘 욕심 많은 남편을 뒷바라지하기 위해 많은 것을 양보해온 아내 김태현과 세상에서 가장 사랑하는 아들 재헌, 딸 재인에게도 미안함과 고마움을 동시에 전한다. 건강한 민주주의 시장경제를 일구는 초석이 되자는 신념으로 똘똘 뭉쳐 있는 동료 연구원들의 격려와 성원이 이 책을 내는데 큰 힘이 됐다. 무엇보다 '우물 안 개구리'였던 필자의 세상 보는 눈을 틔워 준 김광수 소장님께 무한한 존경과 감사의 뜻을 전한다. 필자가 다른 이들과 나눌 어쭙잖은 지식이라도 갖게 된 것은 필자가 우물 밖으로 나와 소장님이라는 거인의 어깨 위에 올라앉아 있기 때문이다. 물론 이 책 내용에 문제나 오류가 있다면 전적으로 아둔한 필자의 탓임은 두말할 나위 없다.

1장

부동산

지금 분양 시장에 뛰어들면 건설업체들에 좋은 일만 시켜주는 셈이다. 그리고 2~3년 후 아파트 분양가를 주변 시세에 맞춰 내려달라고 시위를 하게 될지도 모른다. 하지만 건설업체들이 자선사업가들도 아니고 그렇게 해서 아파트 분양가를 내려줄 리 만무하다. 이 글을 읽는 독자들은 '미분양 폭탄 처리반'이 되지 않기를 진심으로 바란다.

정말 지금이 집을 살
마지막 기회일까

"강남 집값, 2006년 고점 가격 회복." "인천·청라, 청약 열기 뜨겁다." "수도권 집값 상승세 반전." "한국 경기, 전 세계에서 가장 빨리 회복." "지금이 집을 사기에 가장 적절한 시점." "지금이 집을 살 마지막 기회." "2010년 이후 집값 본격 상승세." "다른 나라는 몰라도 한국은 다르다." "지방은 몰라도 수도권 집값은 안 떨어진다."

2009년 상반기에 많은 이들이 이런 내용의 보도를 수도 없이 접했을 것이다. 각종 언론 매체에서 금방이라도 다시 집값이 폭등할 것처럼 경쟁적으로 유사한 내용의 부동산 관련 보도를 쏟아냈기 때문이다. 또한 각종 인터넷 부동산 포털 등에도 이런 주장을 하는 '고수'라는 사람들이 널려 있다. 그런데 이상하지 않은가. 언론의 보도만 보면 부동산 시장에서 난리가 난 것 같은데 지금 당장 나가 보면 동네 부동산 중개업소는 여전히 한산하니 말이다. 집을 팔려고 내놓아도 여전히 집을 보러 오는 사람은 그다지 많지 않다. 물론 집값이 급락하고 거래가 얼어붙었던 2008년 말보다는 사정이 좋아졌지만, 언론에서 떠드는 것과는 큰 괴리감이 느껴질 것이다.

더구나 "미분양 물량 사상 최고", "준공 후 미분양 갈수록 태산", "인천·청라 외에는 분양 참패", "버블 세븐 경매 물건 지난해보다 급증", "건설업체들 분양가 인하 도미노" 등등 앞서 거론한 언론의 보도들과는 도저히 아귀가 맞지 않는 보도들이 이어지니 더더욱 헷갈릴 수밖에 없다. 그리고 조금만 생각해 봐도 전 세계적인 경제 위기의 한복판에서 가계 소득이 줄어들고 기업의 구조조정이 연달아 진행되고 있는 상황에서 집값만 뛴다는 것이 비정상으로 느껴지지 않은가. 다른 모든 나라에서 부동산 버블이 꺼지고 있는데, 한국에서만 집값이 급락하다가 도로 오른다는 게 너무나 이상하지 않은가.

이제부터 필자는 일반인들이 이해하기 어려운 부동산 시장의 현실에 대해 설명할 것이다. 아마도 필자의 설명은 언론의 과장 또는 왜곡 보도에 젖어 있는 분들에게는 조금 충격적으로 느껴질지도 모르겠다. 앞으로 설명하는 내용이 기존에 알고 있던 것과 다르다면, 그만큼 자신이 정보 왜곡의 덫에 걸려 있다고 생각하면 될 것이다.

　본격적인 설명에 앞서 일본에서 부동산 버블이 붕괴했을 때 언론들이나 소위 부동산 전문가라는 사람들이 어떤 식으로 말했는 가 짚어 보겠다. 일본 도쿄 등 3대 도시 주택지의 가격 추이를 나타 낸 〈그림 1〉을 보자. 그래프에는 당시 언론 등을 통해 많이 나왔던 말들이 정리되어 있다. 어떤가. 2000년대 내내 너무나 익숙하게 들 은 말들이지 않은가. 특히 부동산 버블이 붕괴되는 초기에도 "집값 이 떨어졌을 때 집을 사라", "지금 집 안 사면 앞으로 영원히 집을 살 수 없을 것이다"는 등의 감언이설이 난무했다.

　그런데 수년 후 언론과 부동산 전문가라는 사람들은 다른 소 리를 내놓기 시작했다. "더 늦기 전에 집을 처분하라!" 그러면 그사

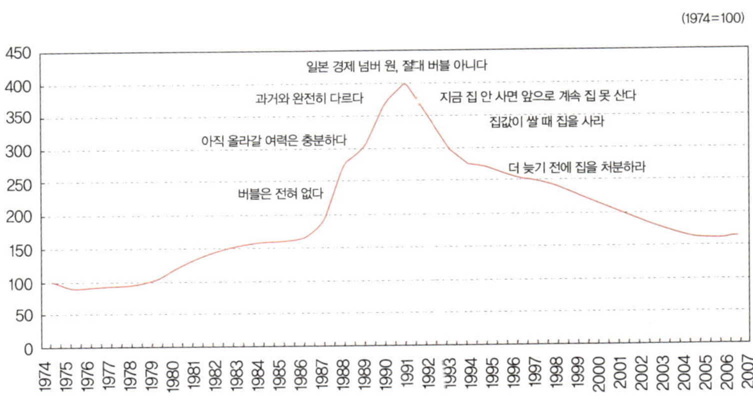

이에 집을 샀던 사람들은 도대체 어떻게 됐을까.

이번에는 우리보다 몇 년 앞서 부동산 버블이 무너진 미국의 경우를 살펴보자. 필자가 직접 설명하기보다는 김광수경제연구소(KSERI) 포럼의 회원이자 시애틀에 거주하는 교포인 필명 'Lost in Seattle'님이 쓴 글의 일부를 인용하겠다.

지금부터 시애틀의 2006년, 2007년 당시 부동산 시장의 분위기를 말씀드리겠습니다.

2005년 가을

로스앤젤레스를 비롯한 미 서부 주요 지역과 동부 주요 지역을 중심으로 (집값이) 올라도 너무 오르지 않았느냐는 심리가 팽배해져 갑니다. 매물은 늘어나고, 가격은 떨어지지 않았지만 거래량은 현저히 줄어들기 시작합니다. 시애틀도 심리적 영향을 받아 겨울에 들어가면서 약간 주춤합니다.

2006년 봄

시애틀을 제외한 미국의 주요 대도시들은 거래량이 줄고 가격은 약간씩 오르는 하락세로 들어가는 징조를 보이기 시작합니다. 이때 시애틀은 갑자기 부동산 가격이 다시 오르기 시작합니다. 시애틀 지역 언론에는 장밋빛 기사가 헤드라인을 장식합니다.

“보잉, 앞으로 10년간 수주 이미 확보했다.”

“MS, 종업원 수 창사 이래 최대 폭 늘인다.”

“시애틀, 집값은 고공행진.”

2005년 겨울 잠시 주춤했던 매수자들이 다시 부동산에 투자하기 시작합니다. 당시 그동안 집을 빌려 살던 사람들도 이대로 있으면 영원히 집을 살 수 없다는 강박관념에 휩싸여 드디어 너도나도 부동산 투자 대열에 들어갑니다. “아기 업은 아줌마가 객장에 등장하면 발을 뺄 시기”라는 주식 격언이 생각날 정도로 많은 사람들이 부동산에 투자합니다.

2006년 가을

드디어 미국의 주요 대도시들은 폭락을 맞이합니다. 이미 2005년부터 폭락 조짐은 보였습니다. 거래량이 적고 가격이 오르는 상황은 폭락 전 부동산 시장의 전형적인 모습입니다. 시애틀은 다른 양상을 보입니다. 이때도 시애틀의 부동산 가격은 지속적으로 상승했고, 건설 회사들은 더 많은 주택을 공급합니다.

2007년 봄

시애틀 언론들은 하나같이 시애틀의 탄탄한 경제와 부동산을 자랑합니다. “시애틀은 특별하다!(Seattle is SPECIAL!)” 뉴스에서 앵커들이 신나서 큰소리로 시애틀만 부동산 가격이 뛰는 이유를 설명합니다. 주요 언론 중 어느 곳도 폭락의 가능성을 언급하지 않습니다. 하지만 실제 부동산 시장의 상황은 그렇지 않았습니다. 매물은 넘치고, 거래량은 약간씩 빠지기 시작했습니다. 그래도 부동산 가격은 계속 상승합니다. 로스앤젤레스의 2005년, 2006년 상황과 비슷한 양상입니다. 당시 부동산 시장에 새로 뛰어들거나 투자를 늘린 한국인들도 꽤 많았습니다. 끝없이 오르는 주택 가격에 불안해서 사신 분들도 있고, 끝없이 오르는 주택 가격에 신이 나서 하나 더 투자한 분들도 있었습니다. 예, 시애틀은 그렇게 특별했습니다.

2007년 여름

드디어 서브프라임이 그 실체를 드러내며 금융권을 타격합니다. 드디어 시애틀의 주택 가격도 빠지기 시작합니다.

그리고 2년 후인 2009년 여름

시애틀의 부동산 가격은 2004년 시세로 돌아갔습니다. 시애틀의 주택 가격은 2005년에 가장 높은 상승률을 보였고, 2007년 최고치를 기록했습니다. 그러나 2005년 이후 주택을 장만한 사람들은 모두 손해를 보았습니다. 특히 2006년, 2007년 막차를 타신 분들은 거의 패닉(panic) 상태입니다. 원래 자산이 많지 않았던 분들이 혹시나 더 오르면 못 살까 걱정되어 집을 산 뒤로 세상 사는 낙을 잃어 버렸습니다. 자신이 번 돈 모두를 아직도 계속 가치

가 떨어지고 있는 집에 바쳐야 한다면 정말 미칠 지경 아니겠습
니까? "밑 빠진 독에 물 붓기"는 바로 이런 경우에 쓰는 말일 것
입니다.

저는 지금 2007년의 시애틀을 2009년 현재의 서울에서 보
고 있는 듯합니다. "한국, 세계에서 제일 빨리 경기 회복 예상",
"강남 재건축 과열 양상". 모든 사람이 다 부동산에 투자하고자
할 때는 아마도 막차일 가능성이 크다고 봅니다.

사실관계부터 바로 보자

현재 상황을 정확히 판단하려면 일부 언론의 선동적 보도와 다른 사실관계부터 바로 파악해야 한다. 판단의 기본 자료인 사실관계가 잘못돼 있으면 판단 자체를 그르칠 수밖에 없다. 그런데 현재 언론에서는 이 같은 사실관계를 왜곡하거나 부풀리는 경우가 너무 많다. 따라서 엉터리 보도로 인한 '착시 현상'을 바로잡지 않으면 부동산 시장의 큰 그림을 보기 어렵다. 개인적으로는 기본적인 사실관계부터 바로잡고 논의를 시작해야 하는 상황이 안타까울 뿐이다.

언론 보도와는 다른 실제 상황

그래프를 통해 최근 집값 흐름을 정리해 보자. 〈그림 1〉의 그래프들은 모두 2009년 6월까지 국민은행이 발표한 주택 가격 통계를 바탕으로 작성된 것이다. 참고로, 국민은행의 주택 가격 통계는 신규 주택과 기존 주택 거래가 분리되지 않는 등 상당한 문제가 있지만, 각종 부동산 포털에서 제공하는 사기적인 집값 통계보다는 그래도 신뢰할 만하다. 또한 1986년 이후부터 집값 추이를 볼 수 있는 유일한 통계이기도 하다.

〈그림 1〉을 보자. 2008년 하반기 시작된 아파트 가격 급락세는 2009년 2월경부터 주춤해지면서 미미한 수준의 반등이 나타나고 있다. 수도권 전체로 보나, 수도권의 각 광역지역자치단체별로 보나 마찬가지다. 이것은 정부의 온갖 부동산 부양 총력전의 결과다. 대다수의 신문에서 게거품을 물고 떠드는 대세 상승기로 접어든 듯한 집값 반등은 도대체 어디에서 일어나고 있는 것일까.

이번 집값 반등의 진원지라는 강남 지역은 어떨까. 우선, 강남구와 서초구의 집값은 2008년 하반기 급락세를 보인 이후 상당한 정도의 반등 양상을 보이고 있음이 사실이다. 하지만 언론의 과장된 보도와는 상당한 거리가 있다. 물론 다른 지역에 비해 서울 강남 지역이 약간 더 상승한 것은 맞지만, 결코 언론에서 말하는 수준의 집값 회복은 나타나지 않고 있다.

더욱이 서초구와 강남구의 집값 상승 추세를 살펴보면 과거의

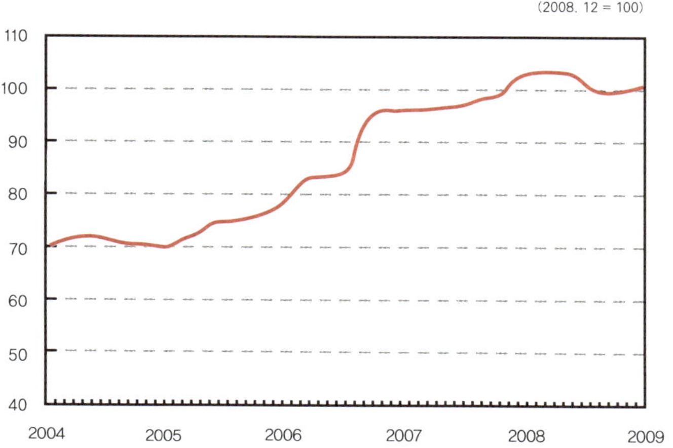

서울 아파트 가격 추이
(2008. 12 = 100)
110
100
90
80
70
60
50
40
2004
2005
2006
2007
2008
2009

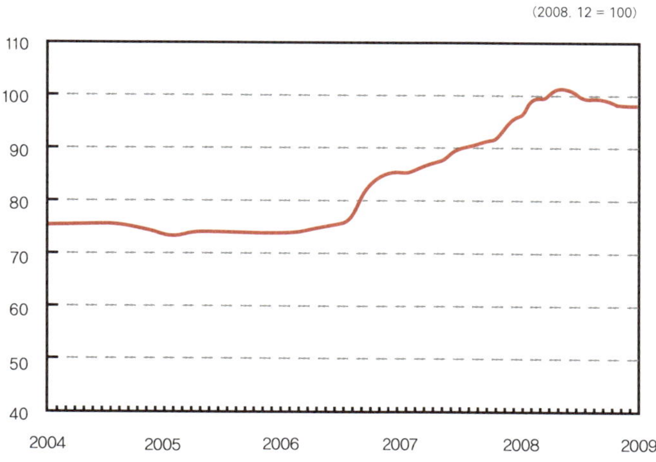

인천 아파트 가격 추이
(2008. 12 = 100)
110
100
90
80
70
60
50
40
2004
2005
2006
2007
2008
2009

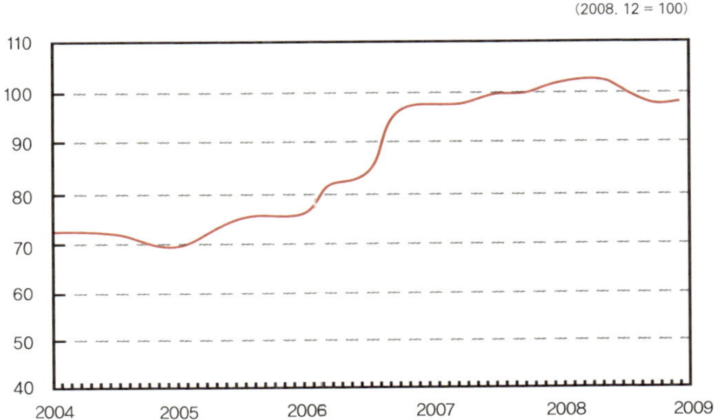

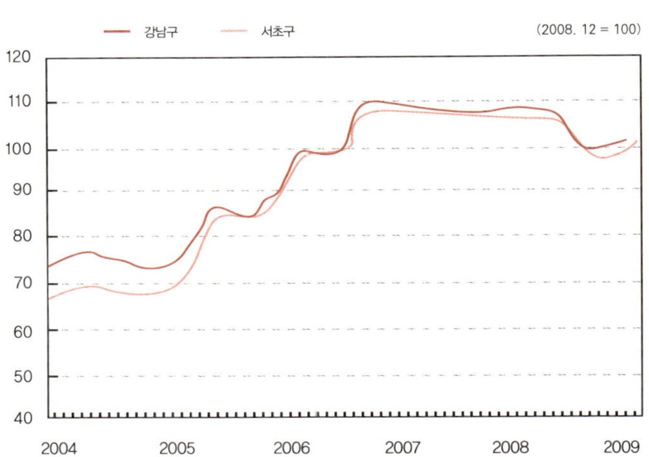

(주) 국민은행 자료로부터 KSERI 작성

급등 때와는 다른 양상임을 알 수 있다. 수도권 집값은 2001~2002년과 2005~2006년 두 차례에 걸쳐 폭등했다. 특히 2005~2006년의 폭등기 때에는 세 차례에 걸쳐 폭등과 숨 고르기를 되풀이하는 양상을 보였다. 그러다가 2007년부터 매수세가 사라져 거래량이 급감하면서 아파트 가격은 정체를 보이다가 2008년 하반기부터 드디어 하락세로 반전하기 시작한 것이다. 2009년 3월부터 가격 하락세가 멈추거나 다소 상승하는 모습을 보이고 있으나, 사실 과거의 상승기에 비하면 상당히 미약하다. 정부의 강남 재건축 규제 완화 방침이나 종합부동산세 등 각종 세금 감면, 잠실 롯데 초고층 빌딩 건축 허용, 서울시의 한강변 초고층 재건축 허용 등 부동산 부양 총력전에도 불구하고 이 정도에 머물고 있기 때문이다.

그런데 더욱 놀라운 것은 아파트 단지별 주택 거래 신고 내용을 토대로 작성된 국토해양부의 실거래가 추이다. 2006년부터 집계되기 시작한 국토부의 실거래가는 아직 데이터가 충분치 않아 본격적인 주택 통계 지표로 삼기는 어렵다. 하지만 구별 주요 아파트단지의 실거래가 흐름은 충분히 살펴볼 수 있다. 다만 이 자료는 국토부가 이른바 탈세를 목적으로 한 '다운 계약'을 걸러낸다는 명분으로 일정선 이하의 거래 가격은 공개하지 않아 부동산 하락기의 급매물 거래가 배제되어 있다는 문제점이 있다.

이른바 '버블 세븐' 가운데 하나인 서울 강남구 대치동 은마아파트와 경기도 성남시 분당구 서현동의 삼성아파트의 월별 실거래가 추이를 38쪽의 〈그림 2〉를 참고로 살펴보자. 같은 면적의 아파트라도 층이나 향별로 가격 편차가 있지만, 이를 무시하고 아파트 면적별로 거래 가격 평균치를 구했다. 이렇게 하더라도 해당 아파트 가격의 큰 흐름을 살펴보는 데는 문제없으리라고 판단된다. 실거래가 추이를 보다 명확히 나타내기 위해 거래가 없는 달은 전후로 거래가 있었던 가장 가까운 두 달의 평균 가격으로 평활했다.

우선, 강남 재건축의 대명사 가운데 하나인 은마아파트의 실거래가 추이를 보면 2006년 말부터 2007년 초에 고점을 기록한 뒤 2008년 말까지 지속적인 하락세를 나타냈다. 2008년 말에는 77㎡(23평)형의 경우 고점의 11억 3000만 원에서 7억 7000만 원까지 32%가량 하락했다. 그러던 것이 2009년 초부터 급등하여 5월에 9억 1000만 원을 기록했으나 고점과 비교하면 여전히 20%가량 낮은 수준이다. 85㎡(25.7평)형은 14억 원에서 2008년 말 9억 원으로 35%가량 급락했다가 2009년 5월 11억 1000만 원으로 상승했으나 고점 대비 20% 이상 하락한 상태다. 이처럼 강남 재건축 가격이 2009년 초에 일부 급반등 양상을 보인 것은 맞지만 이는 투기적 가수요에 의한 것으로 실제 거래량은 저조한 상태가 계속되고 있다. 일부 언론의 보도처럼 "강남 재건축 집값이 고점을 회복했다"는 것과는 거리가 있음을 알 수 있다. 집값 반등세가 나타나자 일부 매도자들이 기대감에 부풀어 제시한 희망 가격을 실제 거래 가격으로 위장하여 기사를 쓴 것이다.

이번에는 버블 세븐의 또 다른 한 축인 성남시 분당구 서현동

서울 강남구 대치동 은마아파트 실거래가 추이

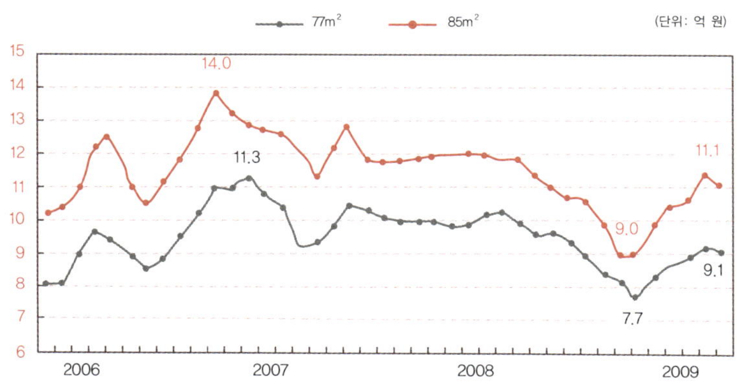

경기 분당구 서현동 삼성아파트 실거래가 추이

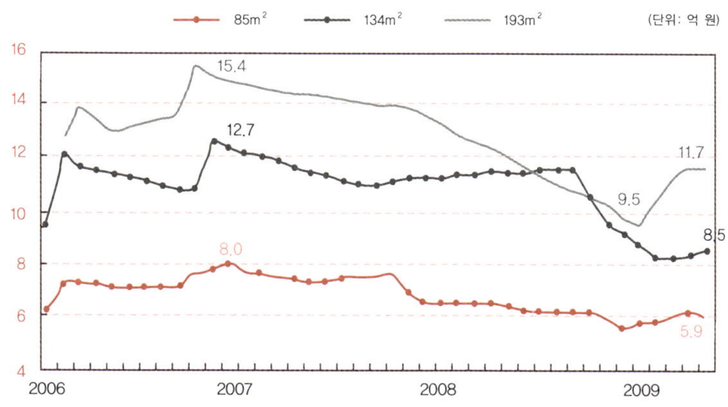

(주) 국토해양부 자료로부터 KSERI 작성

삼성아파트 사례를 85㎡(25.7평형), 134㎡(40평형), 193㎡(58평형) 별로 살펴보기로 하자. 서현동 삼성아파트는 강남 은마아파트보다 더 거래가 없다. 이는 매수세가 없어 그만큼 더 가격 하락 압력에 노출되어 있음을 시사한다. 은마아파트와 마찬가지로 2006년 말을 기점으로 집값이 내리막길을 걸었던 이 아파트 단지는 2009년 들어서도 반등다운 반등을 하지 못한 채 하락세가 주춤한 정도다. 다만, 최고 평형인 193㎡(58평)형어만 투기 수요가 몰려 소폭 반등했다. 85㎡(25.7평)형 아파트는 고점의 8억 원 대비 2009년 5월 현재 5억 9000만 원으로 26% 하락했으며, 134㎡(40평)형은 12억 7000만 원에서 8억 5000만 원으로 33% 이상 하락했다. 또 193㎡(58평)형은 15억 4000만 원에서 2009년 초 9억 5000만 원을 기록해 40%가량 폭락했다가 5월에 투기적 호가에 기대 11억 7000만 원으로 다소 반등했지만 여전히 고점 대비 25%가량 하락한 상태다.

부동산 광고에 목을 맨 언론들이 착각에 빠진 잠재적 매도자들이 부르는 호가 위주로 보도하는 내용과 실거래가 흐름은 사뭇 다른 양상임을 확인할 수 있다. 그나마 2009년 초 가장 반등세가 강한 지역의 가격 흐름이 이 정도다. 2009년 상반기에 그나마 반등다운 반등이 일어났다고 할 수 있는 곳은 서울에서는 강남 3개 구와 강동·양천·마포구, 경기도에서는 과천과 분당 정도뿐이다. 게다가 반등이 일어났다고 해도 고점에 비해서는 여전히 상당히 낮은 수준이다.

지면의 한계 때문에 여기에서 모두 보여줄 수는 없으나, 그 외

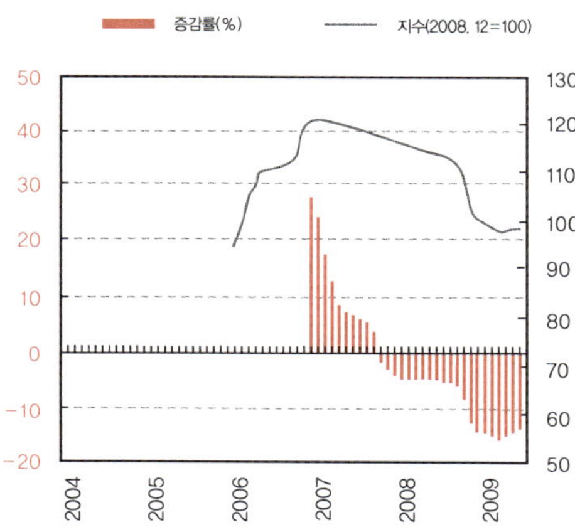

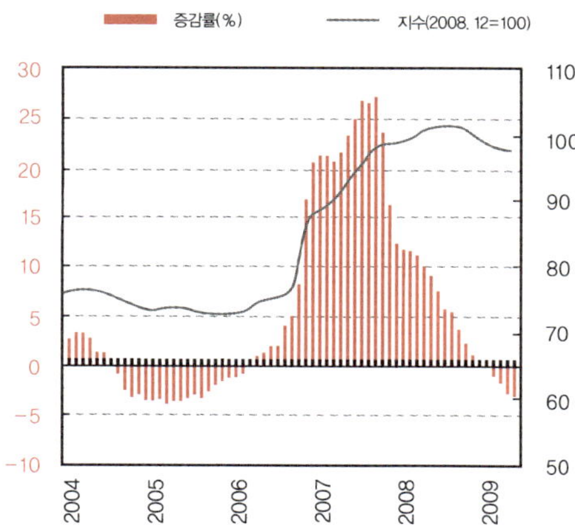

(주) 국민은행 자료로부터 KSERI 작성

수도권 지역은 매우 미미한 반등세가 나타나거나 하락세가 주춤한 정도에 불과하다. 위에서 말한 지역 이외에 수도권 부동산 시장 핵심 지역의 가격 추이를 〈그림 3〉을 통해 살펴봐도 이 같은 추세는 충분히 알 수 있다. 물론 2009년 상반기에도 하락세가 지속된 지역도 상당히 많다. 특히 서울, 경기도의 집값 상승세가 한 풀 꺾이기 시작한 2007년부터 불이 붙기 시작한 인천의 집값은 2008년 하반기 이후 줄곧 내리막길을 걷고 있다.

이 같은 국토부 실거래가에 대해 언론들은 어떻게 보도하고 있을까. 이를 보도한 두 개 기사를 비교해 보자. 우선, 포털 사이트 다음의 부동산방 뉴스 톱에 오른 《아시아경제》의 기사다.

또한 실거래가 중 가장 많이 오른 곳은 서울 강남 개포 주공 1단지(3층)로 지난달 대비 6000만~7000만 원이 오른 9억 6000만~9억 7000만 원인 것으로 신고됐다. 이어 서초동 반포 에이아이디차관아파트(2층)가 10억 원에 거래되면서 지난달 대비 최고 6500만 원가량 높은 가격에 거래된 것으로 조사됐다. 강북에서는 서울 도봉구 창동 상계 주공 17단지(10층)가 지난달 대비 400만 원가량 상승한 1억 3100만 원에 거래된 것으로 기록됐다. 경기도 성남 분당에서는 서현 시범 우성아파트(10·13층)가 6억 1500만~6억 3500만 원으로 2009년 들어 가장 높은 가격에 거래된 것으로 나타났다.

_ "전국 아파트 거래량 11개월 내 최고", 《아시아경제》 6월 17일자

기사 내용만 보면 마치 5월에는 실거래가가 오른 곳밖에 없는 것처럼 보인다. 그런데 5월 서울 강남권 재건축단지는 가격이 내린 사례가 더 많았다. 궁금한 사람은 국토부 보도자료를 열어서 확인해 봐도 좋다.

이번에는 같은 내용을 다른 식으로 풀어쓴 기사를 보자.

아파트 실거래가는 단지별로 다소 하락한 것으로 나타났다. 서울 대치동 은마아파트 77㎡형(2층)은 전달에 비해 1800만~3300만 원가량 떨어진 8억9500만 원과 9억1000만 원에 거래됐다. 강남 개포 주공 1단지 51㎡형(5층)은 8억 9500만 원에 거래돼 전월에 비해 최고 5500만 원가량 떨어졌다.

반면 거래량이 증가한 서울 강북 지역의 경우 다소 가격이 올랐다. 상계 주공 17단지 37㎡형(10층)은 전월에 비해 300만 원 오른 1억 3100만 원에 거래됐고, 노원구 월계 미륭아파트 52㎡형(7층)은 900만 원가량 오른 2억6000만 원에 팔렸다.

_ "강남 아파트 거래량 급감… 전월 대비 765건↓" 《이데일리》 6월 17일자

둘 중에 어떤 기사가 더 사태를 정확하고 정직하게 보도하고 있는가. 필자가 굳이 답하지 않아도 알 수 있을 것이다.

이처럼 평균적으로 가격이 내린 국토부의 실거래가조차 마치 오른 것처럼 보도되는 경우가 너무 많다. 그리고 그런 보도들이 인터넷 포털 등을 통해 여과 없이 광범위하게 확산되고 있다. 일반인

들이 실상과 동떨어진 상황 인식을 갖는 것도 무리가 아니다.

거래량은 늘었다는데 왜 이렇게 한산할까

이번에는 〈그림 4〉를 참고로 수도권 광역지자체별 아파트 거래량을 살펴보도록 하자. 이 자료는 국토부가 아파트 거래량을 집계하기 시작한 2006년 1월부터 2009년 5월까지의 거래량 추이를 나타낸 것이다.

그래프를 보면 2008년 하반기 이후 극심한 거래 부진에 시달리던 서울과 수도권 부동산 시장에서 2009년 상반기에 거래량이 늘어난 것이 사실이다. 하지만 2006년 거래량 폭증을 동반한 집값 폭등이 나타난 이후 큰 틀에서 볼 때 부동산 거래량은 여전히 침체를 벗어나지 못하고 있다. 정부의 부동산 투기 조장책과 언론의 선동 보도로 생겨난 부동산 투기 수요로 소폭 증가한 정도다. 2007년 이후 집값은 높은 상태가 계속 유지되고 있는 반면 거래량은 확 줄어드는 '부동산 스태그플레이션' 수준의 거래량을 벗어나지 못하고 있는 것이다. 2008년 상반기의 강북발 부동산 급등 때와 비교해도 거래량은 적은 수준이다. 인천의 경우 뒤늦게 각종 개발 바람이 불어 2007년 이후에도 비교적 거래가 활발했으나, 2008년 하반기 이후 거래량이 급감했다가 소폭 회복된 정도다. 현 정부는 "노무현 정부 때 도입한 각종 규제로 부동산 시장이 죽었다"며 각종 부동산

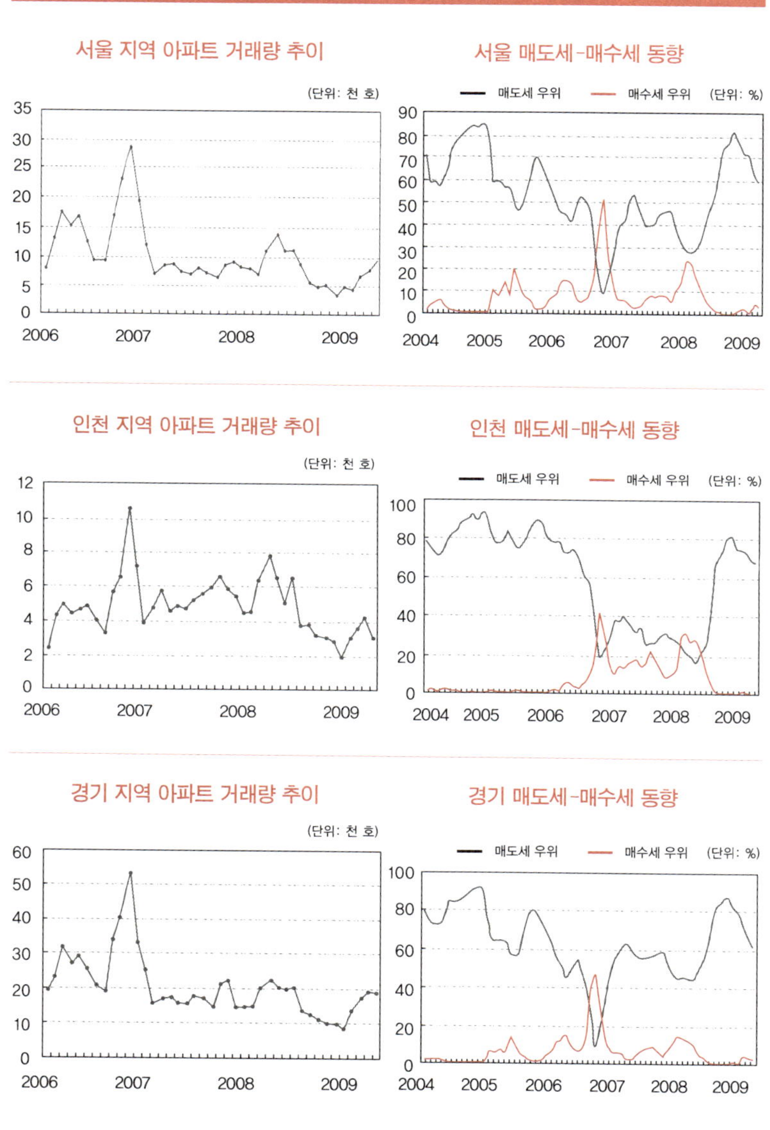

(주) 국토부 자료로부터 KSERI 작성

투기 조장책을 '규제 완화'로 포장하며 거래를 활성화하겠다고 나섰다. 하지만 결과는 투기 수요만 조금 조장했을 뿐 정상적인 거래 활성화로는 이어지지 않고 있다.

부동산 시장의 거래가 활성화되지 않는 이유는 명백하다. 가계 소득 대비 집값이 여전히 너무 높기 때문이다. 거래를 활성화하는 가장 효과적이고 가장 비용이 적게 드는 방법은 공급자인 건설사나 잠재적 매도자들이 집값을 낮추는 것이다. 수도권을 비롯한 전국 각지에 넘쳐나는 미분양 물량도 분양가가 지나치게 높기 때문에 나타나는 현상이다.

안 팔리면 가격을 내려야 한다는 것은 경제학과 시장경제 원리의 기본 중 기본이다. 어느 누구도 시장가격과 수급 간의 기본 역학 관계에서 벗어날 수 없다. 어느 누구도 시장가격의 수급 조절 원리를 이길 수는 없다. 지난 수백 년에 걸친 자본주의 시장경제의 역사가 그것을 증명한다.

그런데 현 정부는 각종 부동산 부양책으로 집값의 하향 조정을 막으면서 이미 거의 소진된 투기 수요를 억지로 부추겨 거래를 활성화하겠다고 나섰다. 정부가 가장 반시장적인 방식으로 부동산 시장을 교란하고 있는 것이다. 온갖 정치적 욕심과 자신들의 계급적 이해관계에 사로잡혀 가장 기초적인 경제 원리마저 부정한 것이다. 자기들이 편할 때만 '시장 원리'를 부르짖는다면, 그것은 기득권 만능일 뿐이다.

역시 〈그림 4〉를 바탕으로 매도세-매수세 동향을 살펴보자. 매도세-매수세 동향은 국민은행이 주택 가격을 조사할 때 회원 부동산 중개업소를 통해 현장에서 매수세가 우위인지, 매도세가 우위인지 집계한 것을 나타낸 결과다. 참고로, 매도세와 매수세가 비슷하다는 응답도 있었으나, 설명의 편의상 여기서는 생략했다.

그래프를 보면 집값 상승기에는 매도세 우위가 확 줄어드는 대신 매수세가 따라붙을 때마다 집값이 폭등했음을 알 수 있다. 그런데 2009년 상반기 상황을 보면 매도세 우위가 상당히 줄어들기는 했으나, 여전히 60~70%대의 높은 수준을 보이고 있다. 여전히 집을 팔고 싶어 하는 사람들이 압도적인 다수라는 뜻이다. 그런데 매수세 우위를 보이는 곳은 극히 미미해 전반적으로는 매수세가 따라붙을 조짐이 거의 없다.

2008년 초 강북발 부동산 가격 급등 때와 비교해 보면 이러한 현상은 더욱 극명하게 드러난다. 언론은 강북발 부동산 가격 급등 못지않은 가격 급등이 나타난 것처럼 보도했지만, 실제 매수세는 그때에 비해 크게 미약한 상태다. 앞서 지적한 대로 실거래가가 언론에서 보도하는 호가와 왜 그렇게 큰 괴리를 나타내는지, 부동산 거래량이 왜 여전히 침체 상황을 벗어나지 못하고 있는지를 설명해 준다. 언론에서는 부동산 시장에 매수 대기자들이 매우 많은 것처럼 보도했지만 실상은 정반대다. 매수세는 바닥을 기는 가운데 잠재적 매도자들만 헛바람이 들어 호가를 올리고 매물을 거둬들이고 있을 뿐이다. 이런 상황에서 매수세가 따라주지 않으면 잠재적 매도자들은 결국 무릎을 꿇게 돼 있다. 대세 하락기에 나타나는 반등기에 잠재적 매도자들이 필파하는 이유가 여기에 있다.

이 같은 상황은 집을 사려고 하면 집값이 터무니없이 비싼데 왜 팔려고 하면 매수자를 찾을 수 없는지도 설명해 준다. 언론의 선동 보도 때문에 매도 호가와 매수 호가의 괴리가 너무나 크게 벌어져 버렸기 때문이다. 오죽하면 부동산 중개업자들이 "실제로 살 사람은 없는데 신문에서 오른다, 으른다 하니 팔려고 드는 사람들이 호가를 높이는 바람에 거래가 안 일어난다"고 불평하겠는가. 국민은행이 매달 부동산 거래 동향을 조사해 집계한 자료인 〈그림 5〉에서 '거래가 한산하다'는 반응이 '거래가 활발하다'는 반응에 비해 압도적으로 높은 수준을 유지하고 있는 것도 이 때문이다.

필자의 지인도 이 같은 현실이 반영된 일을 겪은 적이 있다. 인천에 사는 그는 장기적으로 집값이 내려갈 것이라고 생각해 집을 내놓았다. 그런데 몇 달이 지나도록 집을 보러 오는 사람이 없었다. 그렇다고 그가 다른 매물보다 비싸게 내놓은 것도 아니었다. 답답한 마음에 부동산 중개업자를 닦달하자, 중개업자는 이렇게 말했다고 한다. "정말 집을 팔고 싶다면, 지금 내놓은 가격보다 20% 정도는 싸게 내놔야 한다. 그렇지 않으면 사려는 사람이 없을 것이다."

이것이 지금 부동산 시장의 현실이다. 빚을 잔뜩 지고 근근이 버티던 잠재적 매도자들이 언론의 선동 보도에 헛바람이 들어 호가를 올리고, 잠재적 매수자는 가뜩이나 경기도 불투명한데 터무니없는 가격에 집을 사고 싶지 않은 것이다. 물론 정부의 투기 조

전국 부동산 매매 동향

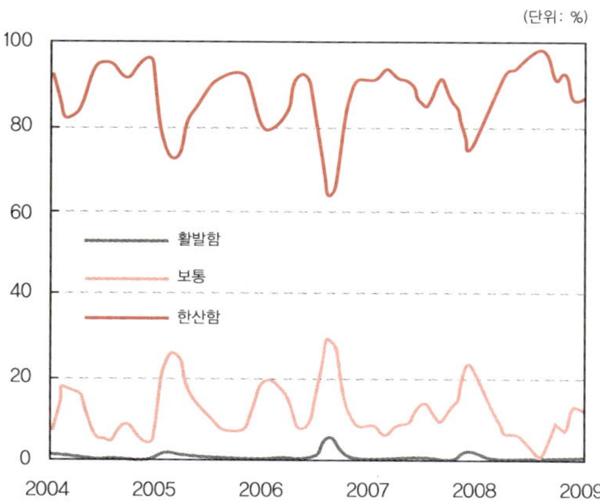

서울 부동산 매매 동향

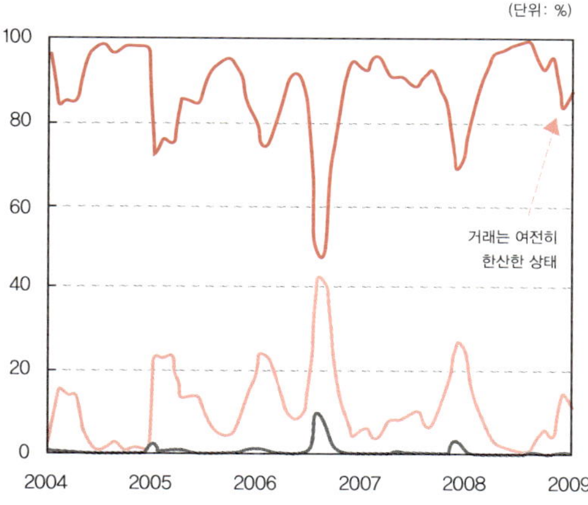

장책과 언론의 선동 보도에 휘둘려 매수에 가담하는 사람들이 생겨나고는 있다. 그렇게 해서 일부 지역의 아파트 실거래가가 상승하기도 했다. 하지만 매도 호가와 매수 호가의 괴리가 이처럼 큰 상황에서는 이 같은 움직임이 결코 예전과 같은 부동산 가격 상승으로 이어지기 어렵다. 이 같은 투기 선동의 약발이 다하면 부동산 가격은 다시 급락할 가능성이 높다. 이 책의 독자들은 이 같은 선동에 휘둘리지 않기를 바랄 뿐이다.

정부·언론이 만든 반짝 반등, 꺼지는 건 시간문제

위에서 언급한 상황을 종합해 보면 2009년 상반기 부동산 시장에서 나타난 반등세는 과거 상승기 때와 비교하면 매우 미미한 정도다. 멀리 볼 것도 없이 2008년 초에 나타난 강북발 집값 급등과 비교해도 가격 상승세 및 거래량, 매도-매수세 동향 모두 미약한 상태다. 반짝 반등한 원인은 두말할 필요도 없이 정부가 각종 투기 조장책 등으로 부동산 투기 부양 총력전을 펼치고, 분양 광고에 목을 맨 상당수 언론의 선동 보도가 총동원된 결과다. 언론들은 성급한 '바닥론' 여론 몰이에 나서고 왜곡된 '외환위기 학습 효과'를 들먹이며 투기를 선동했다.

한국은행의 기준금리 인하로 인한 저금리 기조, 정부의 원리금 대출 만기 연장 조치와 재건축 규제 완화 방침 등 투기 조장책,

그리고 서울시의 한강변 초고층 재건축 허용 방침 등도 반짝 반등에 기여했다. 특히 서울 강남이나 경기도 과천 재건축 지역에서는 재건축 규제 완화라는 형태로 정부로부터 수억 원씩 특혜성 보조금을 받은 것이나 마찬가지다. 어찌 보면 반짝 반등이라도 하지 않는 게 이상할 수도 있을 정도다.

하지만 분명한 것은 국내 부동산 시장 역시 미국 등과 마찬가지로 이미 2007년에 버블 붕괴의 큰 흐름 속에 진입했다는 사실이다. 투기적 가수요가 몰린 일부 지역을 빼고는 집값 반등세가 거의 나타나지 않았고, 거래는 전반적으로 여전히 침체돼 있다. 이번 반등이 언제까지 지속될지 속단하기는 어렵다. 하지만 분명한 것은 이번 반등이 끝나면 집값은 다시 긴 내리막길을 탈 가능성이 높다는 것이다. 과다한 가계 부채와 실질 소득의 감소, 실물 경기 침체에 따른 실업률 급등, 그리고 금융권의 높은 예대율과 연체율, 부실 채권 증가 등으로 인해 부동산 버블 붕괴는 어떤 식으로든 피할 수 없다.

다만 한국의 경우 현 정부의 부동산 부양 총력전으로 버블 붕괴가 계속 지연되고 있을 뿐이다. 유례없는 인위적인 저금리 기조와 가계 대출 만기 연장 등의 조치에 힘입어 부채를 잔뜩 지고 집을 여러 채 산 가계들이 억지로 버티고 있다. 필자의 주변에도 이런 사람들이 숱하게 있다. 심지어는 은행 빚을 20억 원 이상 지고서 매년 1억 5000만 원에 가까운 이자를 지급하는 경우도 알고 있다. 고점 때 60억 원 가까이 갔던 개발 예정지를 부여잡고 말이다.

하지만 지금은 사려는 사람이 아무도 없어 얼마에 거래될지 짐작하기도 어려운 상황이다. 그가 변화한 현실을 깨닫지 못하고 미련을 버리지 못한다면 전 재산을 날릴 수도 있다. 이 경우 말고도 빚을 내 부동산 투기에 가담한 의사, 변호사, 자영업자 들도 숱하게 알고 있다. 하지만 집값, 땅값이 오르지 않는데 가계들이 무한정 버틸 수는 없다. 이번 반등이 집값 대세 상승으로 이어지지 못할 것임을 깨닫지 못한다면 집값이 재급락할 때 큰 손실을 입게 될 것이 분명하다.

부동산 시장, 큰 그림을 보라

큰 그림을 보지 못하고 지엽말단에 사로잡혀 판단을 그르치는 경우를 자주 본다. 일상사에서도 그런데, 내용이 복잡한 경제 현상이라면 어떨까. 현재의 부동산 문제가 특히 그렇다. 불과 몇 년 전만 해도 대세 상승기여서 큰 그림을 몰라도 일반인들이 크게 낭패 볼 일은 없었다. 하지만 지금은 다르다. 부동산 시장의 큰 흐름을 보지 못하고 일부 언론이나 부동산 투기 선동가들의 선동에 말려들면 낭패 보기 십상이다.

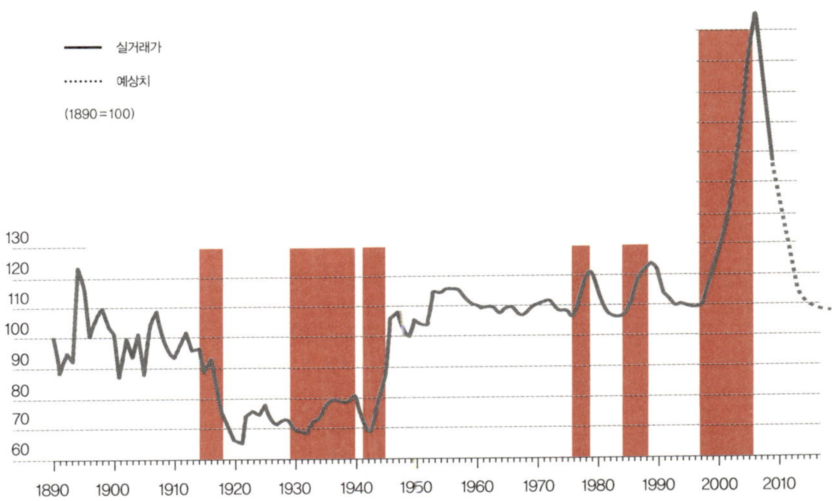

출처: 《비이성적 과열irrational Exuberance》 제2판

본론에 들어가기에 앞서 〈그림 1〉을 통해 로버트 실러 예일대 교수가 작성한 미국의 실질 집값 추이를 살펴보자. 실러 교수는 미국에서 가장 널리 인용되는 S&P 케이스-실러 주택가격지수의 창안자 가운데 한 명이다. 위의 그래프는 1890년부터 물가 상승률 효과를 제외한 미국의 기존 주택 가격을 지수화해 나타낸 것이다. 이를 보면 1890년 가격지수 100으로 시작된 미국의 집값은 등락을 거듭하며 파동을 나타내고 있다. 1970년대와 1980년대에도 부동산 붐이 일었지만, 어김없이 한때의 붐은 가라앉았고 가격지수는

여전히 100~110 수준으로 수렴했다. 물론 세계 대공황 때처럼 가격지수 100 이하에서 비교적 장기간 머문 적도 있고, 2000년대처럼 가격지수가 유례없이 급격히 상승한 적도 있다. 하지만 현재 미국의 상황에서 보는 것처럼 과도한 부동산 버블은 반드시 꺼졌고, 부동산 버블의 크기만큼 붕괴의 충격 또한 컸음을 짐작할 수 있다.

그러면 한국은 어떨까. 서울 강남 지역 11개 구의 아파트 가격 추이를 나타낸 〈그림 2〉를 보자. 많은 이들이 집값에 대해 생각할 때 〈그림 2〉의 위쪽 그래프처럼 명목가격 추이만을 생각한다. 그래서 집값은 늘 오른다고 생각하는 것이다. 하지만 과자든 냉장고든 자동차든 명목가격은 대부분 시간이 지나면 오른다. 앞에서 실러 교수가 한 것처럼 물가 수준을 반영한 실질가격지수 추이를 살펴보면 상황은 사뭇 달라 보인다. (실질가격지수는 기준 시점에서 시간이 멀어질수록 집값 수준이 왜곡되는 문제점이 있다. 다만, 이 책에서는 장기간에 걸쳐 주택 가격의 파동을 직관적으로 보여줄 수 있기 때문에 제한적으로 사용했다.)

국민은행이 주택 가격 통계를 내기 시작한 1986년 이후 한국은 크게 두 차례 부동산 버블기를 겪었다. 편의상 1980년대 후반부터 1991년 초까지 1차 버블기라고 하고, 2000년대 부동산 버블을 2차 버블기라고 하자. 그림을 보면 서울 강남 지역의 아파트 가격이 상승(1987년~1991년 5월)→하강(1991년 6월~1998년 11월)→상승(1998년 12월~2006년 말)→하강(2007년 초~최근)의 파동을 그리고 있음을 알 수 있다. 즉, 부동산 버블 형성과 붕괴가 반복되고

서울 강남 지역 명목가격 추이

(2008. 12 = 100)

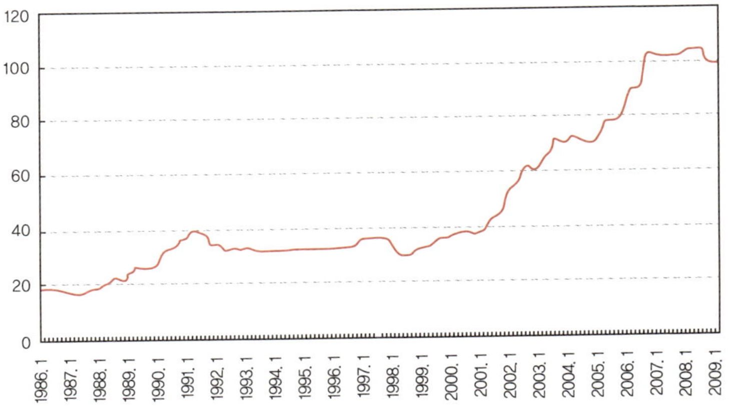

서울 강남 지역 실질가격 추이

(2008. 12 = 100)

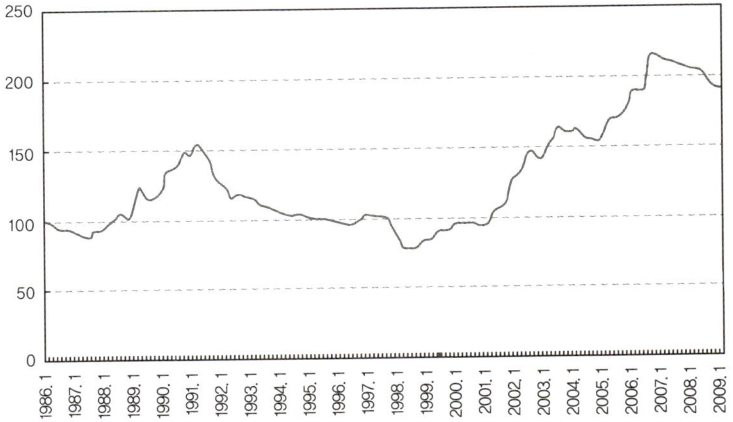

(주) 국민은행 자료로부터 KSERI 작성

있다. 특히 2009년 상반기에 집값이 국지적으로 반등했다고는 하나 주택 가격의 장기 파동이라는 관점에서 보면 2기 부동산 버블이 붕괴되는 초기 과정에서 나타나는 미미한 흐름일 뿐이다.

그렇다면 한번 생각해 보자. 1기 부동산 버블 때보다 훨씬 더 부풀어 올랐던 버블이 꺼지면서 단기간에 다시 대세 상승으로 돌아설 것이라고 생각하는가. 수도권 집값은 고점에 비하면 어느 정도 빠졌다고 하더라도 여전히 매우 높은 수준이다. 이 상태에서 집값이 다시 뛸 것이라고 생각하는가. 뛴다면 과연 얼마나 더 뛸 것이라고 생각하는가. 다른 나라의 사례를 살펴봐도 거대한 부동산 버블이 꺼지다 중간에 멈춘 적은 없다. 그렇게 된다면 아마 냉엄한 시장의 법칙을 이탈한 유일한 사례로 기록될 것이다. 아무리 현 정부가 추가로 부동산 버블을 만들어 부동산 시장을 떠받치려고 해도 지금의 집값은 국민경제와 가계의 평균적인 체력에 비해 너무 높다. 높은 집값은 결국 어떤 형태로든 조정될 수밖에 없다. 물론 단기적으로는 정부의 부동산 부양책 때문에 집값 하락세가 멈추거나 단기적인 반등세를 나타낼 수 있다. 하지만 이 같은 추세가 1~2년 이상 지속될 가능성은 극히 낮다.

반면 정부가 지나치게 높은 집값을 억지로 떠받치며 시장을 교란하는 바람에 주택 시장이 장기 침체로 이어질 가능성은 점점 높아지고 있다. 요요를 해 본 사람들은 다 알 것이다. 요요는 늘어났다가 오므라드는 과정이 있어야 다시 늘어날 수 있다. 그래야 요요를 계속 할 수 있다. 그런데 수축할 시점에 이를 방해하고 계속

한도까지 늘어나게 하면 결국 복원력을 잃어버려 요요가 멈춰버리게 된다. 주택 시장이 10~20년간에 걸쳐 파동을 그리는 것도 부동산 시장 안팎에서 이 같은 수축과 팽창을 반복시키는 힘이 작용하는 데 따른 결과다.

그런데 정부는 지금 엄청나게 부풀어 올랐던 부동산 버블이 꺼지려는 시기에 이를 억지로 막고 있다. 이렇게 하면 당장은 집값이 덜 꺼질지 모르지만 이것은 길게 보면 주택 시장의 자생적 복원력을 잃게 하는 시장 교란 행위다. 이러한 행위로 인해 한국 주택 시장이 장기 침체로 이어질 가능성이 높아지고 있다.

더구나 한국은 인구 감소 시대, 저성장 시대로 이행할 가능성이 커 더더욱 그럴 확률이 높다. 알다시피 2010년대 한국의 부동산 시장은 저출산 고령화의 충격이 본격적으로 나타나는 시기다. 저출산 고령화가 세계 어느 나라보다 급격히 진행되고 있는 만큼 그 충격 또한 세계 다른 어느 나라보다 깊고 클 것이다. 그런데도 근시안적 이해관계에 사로잡힌 정부와 정치권은 그에 대한 전략적 대비가 매우 부실한 상태다. 이 때문에 앞으로 국내 주택 시장에선 일본의 1990년대 버블 붕괴기와 비슷한 양상이 전개될 가능성이 상당히 높다.

저출산 고령화의 충격을 줄이기 위해서도 부동산 버블은 빨리 해소해야 한다. 그런데 현 정부는 한 술 더 떠 이의 해소를 지연시키면서 주택 시장과 한국 경제를 장기 침체의 늪으로 빠트리고 있다.

과거 일본에서는 집값이 어떻게 떨어졌을까

다른 나라의 부동산 거품이 어떤 식으로 빠졌는지를 살펴보는 것은 현재 국내 부동산 시장의 상황을 이해하는 데 참고가 된다. 그런 점에서 인구의 수도권 집중과 부동산 신화가 강했던 점 등 한국과 비슷하다고 여겨지는 일본의 부동산 버블 붕괴 과정을 살펴보자.

대부분의 사람들이 1980년대 후반 부풀어 올랐던 일본의 부동산 버블이 1991년 하반기부터 전국적으로 일시에 꺼져버렸다고 착각한다. 하지만 실제 상황은 사뭇 다르다. 오히려 현재 국내 부동산 시장의 상황과 비슷한 패턴을 보였다.

〈그림 1〉을 살펴보자. 우선, 일본 도쿄 시내 23개 구의 지가지수(명목지수) 추이를 보자. 참고로, 일본은 땅값(지가)을 중심으로 통계를 내므로 상업지와 주택지 지가를 따져보는 게 부동산 시장을 파악하는 정확한 방법이다. 일본의 경우 상업지의 부동산 버블이 심했다. 상업지에 비해 주택지는 가격 상승폭이 작지만 상승-하락 패턴 자체는 거의 일치한다. 도쿄 시내의 경우 전국의 부동산 버블이 정점에 이른 1991년보다 4년 전인 1987년에 폭등세를 마무리하고 거의 정점에 이르러 1988년에 고점을 찍었다. 이듬해인 1989년 도쿄 시내 집값은 소폭 하락했으나, 1990~1991년까지 다시 소폭 반등했다. 하지만 1988년의 정점 수준에는 이르지 못했다.

일본 도쿄 시내 23개 구 지가지수 추이

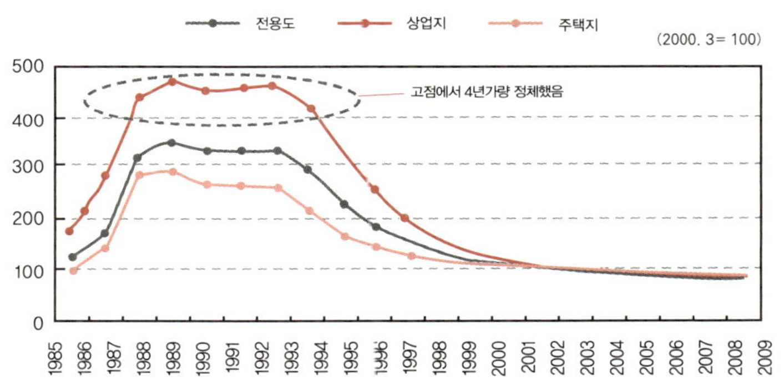

광역 도쿄권 지가 추이

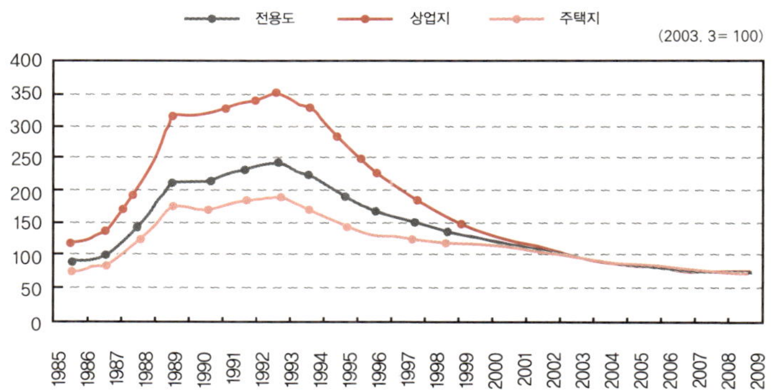

다음으로 한국의 수도권과 성격이 비슷한 광역 도쿄권 지가 추이를 보자. 광역 도쿄권은 도쿄 23개 구와 근교의 시나가와 현, 지바 현 등의 도시들을 포함한 지역을 말한다. 이들 지역을 보면 도쿄 시내 23개 구에 비해 상승세가 완만한 편이지만 비슷한 상승-하락 패턴을 보인다. 1989년 상승세가 주춤하다가 1991년까지 연속 2년 완만하게 오른 뒤 1992년부터 폭락했다. 도쿄 23개 구의 상승분을 제외하면 도쿄 23개 구가 상승한 뒤 외곽 지역의 지가가 뒤늦게 따라 올랐음을 짐작할 수 있다. 도쿄 외에 오사카, 나고야 등 일본 6대 도시와 이외 도시 지역의 지가 추이를 보면 도쿄권과는 달리 1990년까지 지속적으로 오른 뒤 1991년까지 상승세가 꺾이다가 폭락했다. 도쿄의 상승이 마무리된 1988년 이후 다른 도시들이 뒤늦게 따라 오른 것이다.

이를 종합해 보자. 상승기 때 도쿄 외곽을 비롯한 전국 도시의 부동산 가격은 도쿄 23개 구의 패턴을 따라 2년 정도 시차를 두고 올랐다. 반면 하락기 때는 함께 폭락세에 접어들었다. 도쿄 23개 구를 서울 강남이라고 치고 광역 도쿄권을 수도권이라고 치면 한국도 비슷한 양상을 보인다. 〈그림 2〉를 참고로 서울 강북 지역과 강남 지역, 수도권 지역의 집값 추이를 보자. 서울 강남 지역이 먼저 올라 고점에서 멈춰 있는 사이 강북 지역도 집값이 따라 올랐다. 경기도는 서울에 비해 상승폭이 완만하지만 서울 강남 집값과 연동성이 강한 분당, 과천, 평촌, 용인 등 '버블 세븐' 지역이 포진해 서울 강남 지역 집값과 비슷한 상승 패턴을 보였다. 서울

강북 14개 구 및 강남 11개 구의 아파트 가격 추이

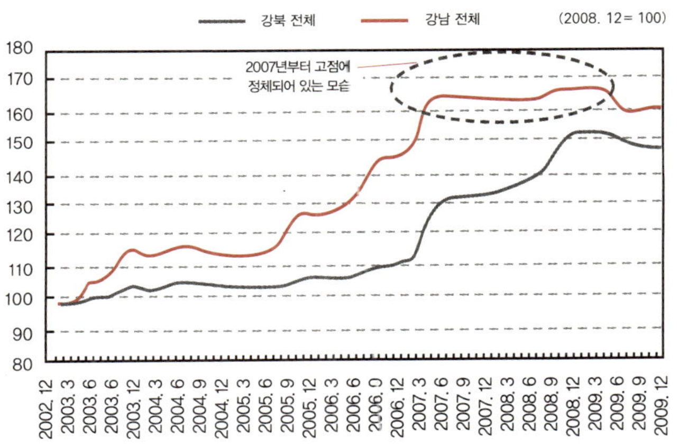

수도권 아파트 가격 추이

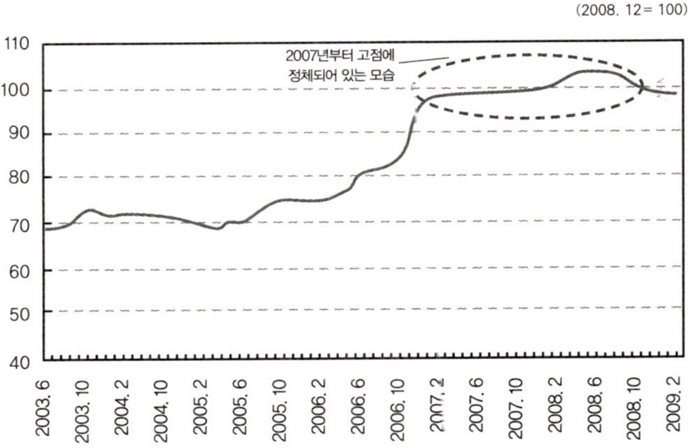

강남 지역과 버블 세븐의 중심인 경기도 집값이 상승을 멈추자 투기 수요는 좀 더 외곽 지역인 서울 강북과 인천으로 옮겨갔다. 겉으로는 뉴타운과 재개발 재건축 등 각종 개발 계획을 소재로 삼았다. 서울 강북과 인천은 2007년 이후부터 2008년 상반기까지 상승세를 이어갔다. 일본 도쿄가 상승세를 멈춘 뒤 3년 동안 도쿄 외곽 지역이 오른 것과 비슷한 패턴이다. 필자는 서울 강남을 용 머리에, 주변부를 용 꼬리에 비유해 집값 상승과 하강 패턴을 자주 설명하는데 그 이유는 바로 이 때문이다.

2008년 하반기 이후 수도권 집값은 동시에 급락세를 나타내다가 정권의 힘으로 반등세가 연출되고 있다. 이 같은 반등세가 얼마나 지속될지 현재로선 속단하기 어렵다.

다만 이 점만은 염두에 둬야 한다. 일본에서도 부동산 버블은 쉽게 꺼지지 않았다. 도쿄의 부동산 가격은 정점에서 3~4년가량 버텼지만, 결국 버블 붕괴의 압력에 무너지고 말았다. 2007년부터 계산해서 서울 강남이 1년 반을 버티다 하락한 뒤 반등했다고 해서 다시 대세 상승할 것으로 기대하는 것은 무리다. 아무리 길어도 1~2년 안에 서울 강남 집값은 다시 내리막길을 걸을 가능성이 높다. 서울 강북이나 수도권 지역이 함께 내리막길을 걸을 것임은 불문가지다. 일시적으로 하락세가 주춤하거나 소폭 반등했다고 해서 대세가 바뀐 것으로 착각하면 낭패 보기 십상이다.

강남 재건축 집값, 재급락 가능성 높은 이유

서울 강남 재건축 단지는 2009년 초 집값 반등의 진원지다. 따라서 강남 재건축 단지의 특성을 살펴보는 것은 부동산 시장의 향방을 점치는 데 큰 도움이 될 것이다. 결론부터 말하면, 강남 재건축 단지는 투기성이 무척 강한 주택 시장이다. 그렇기에 언제든지 급등할 수 있지만, 언제든지 급락할 가능성도 높다. 주택 시장이 대세 하락기인 상황에서는 집값이 단기적으로 급반등했더라도 그 추세가 지속되기는 어렵다. 따라서 강남 재건축 시장은 현재의 상승세가 마무리되면 재급락할 가능성이 높은 상황이라고 할 수 있다.

여담이지만, 2009년 초 강남 재건축 시장이 일시적으로 급등한 것을 두고 "주택은 사치재 또는 지위재의 성격이 있으므로 강남 재건축 같은 곳은 언제든 오를 수 있다"는 식의 엉터리 분석들이 한동안 판을 쳤다. 이는 강남 재건축 시장의 구체적 현실을 어설프게 경제 논리에 짜 맞춘 것에 불과하다.

물론 주택이 자신의 지위를 과시하기 위해 소비를 하는 대상인 지위재의 성격을 갖고 있음은 미국 경제학자인 로버트 프랭크가 《부자 아빠의 몰락 *Falling Behind*》(창작과 비평사)에서 잘 설명한 바 있다. 하지만 주택이 지위재, 사치재여서 강남 재건축 집값이 상승했다고 설명하는 것은 난센스다. 정말 자신의 지위를 과시하기 위한 소비라면 평창동 빌라나 대형 고급 아파트에 수요가 몰려 가격이 올라야 한다.

그런데 2009년 초 그런 주택의 가격은 오르지 않고 강남 재건축 아파트 위주로 반등했다. 이는 한마디로 정부의 각종 특혜성 규제 완화책과 개발 계획 등에 기대 시세 차익을 보려는 투기 수요가 준동한 때문이라고 할 수 있다. 거기에 몰려든 돈이 토지 보상금이든, 빚을 낸 것이든, 환율 효과로 한국 집값을 만만하게 본 재미동포의 돈이든, 언론에서 실체도 없이 떠들어대는 단기 부동 자금이든 말이다. 누가 자신의 지위를 과시하기 위해 낡아빠진 재건축 아파트를 산단 말인가? 한국에는 조금만 생각해 보면 이처럼 터무니없는 주장들이 난무해 사람들의 판단력을 흐리고 투기를 '미화'하고 있다.

이제 본론으로 들어가자. 우선, 〈그림 1〉을 참고로 서울 강남에서 일어나는 주택 거래에서 발생하는 부동산 담보 대출 실태를 한 번 살펴보자. 〈그림 1〉은 한 부동산 정보업체가 서울 강남구 역삼동과 대치동 등 4개 재건축 아파트 단지 거래자들의 2006~2008년 3년간 거래 내역을 분석한 내용을 토대로 필자가 작성한 것이다. 이 기간 발생한 거래의 양상을 살펴보기 위한 것으로, 해당 아파트 단지의 모든 가구들이 이 같은 거래를 했다는 의미는 아니다.

>>> **그림 1 강남 재건축 단지의 대출 이용 실태**

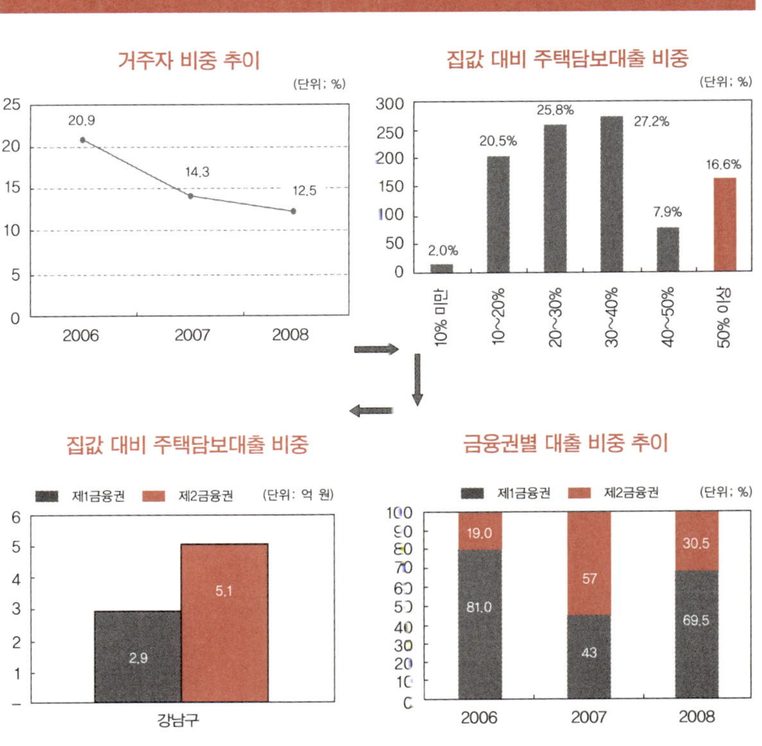

(주) 부동산114 자료로부터 KSERI 작성

우선, 강남 지역 아파트를 산 뒤 실제 거주하는 비율을 살펴보니 2006년 20.9%에서 2008년에는 12.5%로 떨어졌음을 알 수 있다. 강남 지역에서 아파트를 산 사람들 대부분이 실거주 목적보다는 투기 또는 투자 목적일 가능성이 높음을 보여주는 것이다. 시간이 지날수록 거주 비율은 더욱 낮아진다. 그런데 거주 목적이 아니라면 대부분 전세를 끼고 샀다는 말이 된다.

이어 2006~2008년간 매매가 대비 주택담보대출을 얼마나 일으켰는지 보자. 매매가 대비 주택담보대출 비율이 30% 이상인 경우가 50%나 된다. 이 가운데 매매가의 50% 이상 주택담보대출을 일으킨 비율은 16.6%에 이른다. 강남 재건축 아파트 매수자 중 대부분이 전세를 끼고 샀고, 전세가를 집값의 30% 정도로 잡으면 집값의 80% 이상을 타인의 돈으로 충당한 경우도 상당수 있을 것으로 추정된다. 실제로 전세를 끼지 않고 금융기관에서 빌린 주택담보대출 비중만 80%가 넘는 경우도 여러 건 있었다.

금융기관별 대출 금액 비중을 보면 2006년에는 제2금융기관이 19%에 불과하다가 대출 규제가 실시된 2007년에는 57%로 늘어났다. 물론 2008년에 다시 줄어들긴 하지만 말이다. 금융기관별 평균 대출 금액을 한번 보자. 매수자들은 2006~2008년 3년 평균치로 제1금융권에서는 건당 2억 9000만 원, 제2금융권에서는 건당 5억 1000만 원의 대출을 일으켰다. 또한 2007년 강남 지역 아파트 거래 시 대출 비중에서 제2금융권은 57%를 차지한다. 거칠게 표현해서 이들 아파트가 강남 아파트 단지 모두를 대표하는 것은 아니지만, 적어도 이 조사에 포함된 강남 아파트 거래는 금융권 부채를 바탕으로 이뤄진 투기 범벅이라고 할 수밖에 없다.

그런데 어처구니없는 것은 2009년 7월 초 "강남 주택 구입자는 대출이 필요 없다"는 제목의 기사들이 잇따랐다는 점이다. 기사 내용을 보면 강남 주택 구입자들은 여윳돈이 많아 대출 없이 집을 사재기한다는 뜻인데, 필자가 우'에서 설명한 내용을 보면 전혀 사실이 아님을 알 수 있다. 많은 이들에게 이 기사가 그럴듯하게 보였을 것이다. 언론이 그동안 줄기차게 재생산해온 "강남 부자=돈이 남아도는 자산가들"이라는 통념에 딱 들어맞기 때문이다. 일반인들은 기존 통념에 맞는 언론 보드에 대해 의문을 품기 어렵다.

이런 유의 기사는 '스테레오타입(stereotype, 통념) 재생산 기사'의 전형이다. 전문성과 분석 능력이 떨어지다 보니 대부분의 언론사 기자들은 복잡한 사안이 발생하면 일반적으로 널리 퍼져 있는 스테레오타입에 끼워 맞춰 보도한다. 한 언론이 보도하면 다른 언론도 검증하지 않고 줄줄이 그대로 따라 쓰는 '줄줄이 보도', '떼거리 보도'의 속성을 그대로 드러내는 것이다.

떼거리 보도의 시초가 된 연합뉴스(통신사인 연합뉴스의 기사는 다른 언론들이 기사 작성에 앞서 참고하는 기초 자료처럼 돼 있는 데다가, 상당수의 언론이 연합뉴스의 기사를 조금 고쳐 자사가 작성한 기사처럼 내보내기도 한다. 언론 선진국에서는 찾아보기 힘든 파렴치한 보도 행태다. 어쨌거나 이런 상황이다 보니 연합뉴스 기사가 방향을 잘못 잡았을 때

오보나 엉터리 왜곡 보도가 줄줄이 양산되기도 한다. 지금 거론하는 사례도 그런 경우라고 할 수 있다) 보도 내용을 보면 2008년 말 대비 서울 강남 3개 구의 주택담보대출 증가율은 0.5%에 그쳤는데, 수도권 전체의 주택 대출 증가율은 4.0%에 이른다는 것이다. 이를 근거로 연합뉴스는 서울 강남 3개 구의 주택 구입자는 여윳돈을 굴리는 사람들로, 상대적으로 대출 없이도 주택을 살 수 있는 사람들이라고 해석했다. "강남 주택 소유자는 여윳돈이 넉넉한 부자"라는 검증되지 않은 통념을 재생산한 것이다.

물론 기자들이 이런 기사를 쓰는 것은 이런 식으로 오도하는 이른바 부동산 전문가라는 사람들이 있기 때문이다. 기사에서 취재원으로 인용된 사람은 모두 사설 부동산 정보업체 관계자들이다. 이 기사에서 언급된 부동산 정보업체 관계자인 A씨는 "강남 아파트는 주거를 위한 주택이라기보다는 주식처럼 하나의 투자 상품 성격이 강하기 때문에 여유층들이 시세 차익을 노리고 투자를 한다"며 "경기와 관계없이 소득이 꾸준히 발생하는 상류층이 굳이 담보대출을 받을 필요는 없다"고 말했다고 한다. 이런 식으로 부동산 전문가라는 사람들과 기자들이 합작해 엉터리 기사들을 양산하고 있다.

앞에서 봤지만, 강남 3개 구의 주택 구매자라고 해서 결코 대출을 적게 받는다고는 할 수 없다. 물론 그중에는 좋게 말해 고소득자들이 여윳돈으로 투자한 경우도 상당수 있을 것이다. 하지만 전체적으로 볼 때는 이들의 주택 거래는 상당 부분 거액의 부채를 바탕으로 이뤄진다. 2009년 국회 인사 청문회 과정에서 낙마한 천성관 검찰총장 후보자가 4월에 구입했다는 강남구 신사동 아파트의 매매대금 28억여 원 중 은행 대출 7억 5000만 원을 포함해 22억 원이 빌린 돈이라는 점만 봐도 그렇다. (옆길로 새는 이야기지만, 천성관 후보자뿐만 아니라 아파트 다운 계약서를 작성해 사실상 탈세한 백용호 국세청장 후보자를 보면 이 땅의 엘리트라는 사람들의 도덕성은 더 이상 추락하기 힘들 정도로 낮은 수준이다. 법을 가장 잘 지키고 세금을 잘 내야 할 직책을 맡아야 할 사람들이 온갖 파렴치한 수법으로 위장 전입을 하고 탈세를 하며 부동산 투기를 하는데 정부에 뭘 바랄 것인가. 서민들에게는 언제나 '법질서'를 강조하고 이를 준수하라고 엄포를 놓지만, 정작 자신들은 온갖 파렴치한 반칙 행위들을 서슴없이 저지르는 사람이 현재의 지배 엘리트들이다. 아무리 현 정부가 말로는 '서민정부'를 외친다 한들 '공허한 외침'일 수밖에 없는 것 또한 현 정부의 최고위 인사들이 이처럼 모두 파렴치한 '강부자'들이기 때문이다) 서초구 반포 래미안 퍼스티지 268.79㎡(81평)형을 분양받은 한 대기업 임원 B 씨도 마찬가지다. 그는 약 27억 원인 아파트를 분양받으면서 전세 7억 5000만 원에 더해 8억 원의 은행 대출을 받았다. 대기업 임원조차 분양가의 절반 이상을 남의 돈으로 채운 것이다. 이처럼 지금 강남의 집값은 상류층도 빚 없이는 사기 힘들 정도다. 설사 상당한 재력가라고 하더라도 두세 채 이상 다주택을 보유하려면 빚을 안 낼 수 없다. 이런데도 대출이 필요 없는 재력가들만 강남 주택을 사는 것처럼 보도하면 거품이 잔뜩 낀 집값을 합리화해주게 된다. 의도했든 의도하지 않았든 말이다.

기사에서 언급한 서울 강남 3개 구의 주택 대출 증가폭이 상대적으로 작은 것은 대출 규제 때문이다. 2장에서 다시 소개하겠지만, 정부가 주택 대출 규제를 도입한 이후 전체 대출액 가운데 주택 대출액의 비중은 상당히 줄어들었다. 2008년 하반기의 부동산 급락기 때 정부는 사실상 강남 3개 구를 제외한 모든 지역의 대출 규제를 해제했다. 이후 부동산 대출 비중은 2009년 상반기 반등과 맞물리면서 조금씩 늘어났다. 따라서 기사에 언급된 2008년 말부터 따지면 강남 3개 구의 주택 대출 증가율이 다른 지역보다 낮은 것은 너무나도 당연한 현상이다. 2008년 말 이후 2009년 5월까지 서울 강남에서는 대규모 분양이 없었는데, 이로 인한 집단 대출이 없었던 것도 영향을 미쳤다. 반면 2009년 상반기 분양 물량이 많았던 인천 지역의 주택 대출 증가율이 상대적으로 높은 것도 같은 이유에서다. 사실 2008년 말 이후 강남 3개 구뿐만 아니라 서울 전역이 인천과 경기 지역보다 주택 대출 증가율이 낮은 것으로 나온다. 그렇다면 이런 말도 성립돼야 한다. "서울 주택 구입자는 대출이 필요 없다." 수긍되는가. "인천·청라 청약자들 빚을 내서 청약한다"는 기사는 왜 안 나올까. 결국 엉터리 언론과 부동산 투기 조장 전문가들이 합작해 만들어낸 선정적인 통념 재생산 기사일 뿐이다.

사실 더 큰 문제는 정부에 있다. 현 정부는 수도권 집값의 기준점인 강남 집값을 유지하려는 속셈으로 이처럼 투기성이 짙은 강남 재건축 아파트 시장의 사업성을 높이는 데 여념이 없다. 정부

스스로 투기자들의 손실을 보전해 주고 있는 어처구니없는 상황이다. 도대체 어느 선진국 정부가 투기자의 손실을 보전해주기 위해 개발 규제까지 바꾼다는 말인가. 그런 점에서 현 정부는 '투기꾼 정부'라는 말을 들어도 할 말이 없어야 한다.

2009년 초 정부의 강남 재건축 규제 완화 움직임과 제2 롯데월드 건설 및 서울시의 한강변 초고층 재건축 허용 등의 방침으로 강남 재건축 아파트 단지의 집값이 뛰기는 했다. 이 같은 정책 당국의 조치는 이미 시장에 반영된 상태다. 앞으로 집값이 추가로 오를 호재는 많지 않고, 국내 경제는 물론 세계경제가 언론 보도와는 달리 상당 기간 침체를 겪을 것이라는 점을 고려하면 강남 재건축 아파트 매수자들이 얼마나 더 버틸 수 있을까? 투기성이 강하면 강할수록 집값 상승기에 급등 양상을 나타내지만, 거꾸로 집값 하락기에는 어느 한순간 급락 양상을 나타낼 가능성이 높다.

앞에서 은마아파트 실거래가 추이에서 봤듯이 지금 강남의 집값은 실거래가 기준으로 여전히 2006년 말 고점 대비 15~20% 이상 떨어진 경우가 수두룩하다. 그나마 2009년 상반기에 반등한 게 이 정도다. 2006년이나 2007년에 재건축 아파트를 매수한 사람들은 그동안의 기회비용을 전혀 감안하지 않더라도 이미 수억 원의 손실을 본 경우가 수두룩하다. 앞으로 집값이 지속적으로 오르면 모를까 그렇지 않다면 이들의 경우 2009년 초 집값이 올랐을 때 다른 사람들에게 '폭탄'을 떠넘기고 싶어 안달했을 것이다. 거꾸로 과욕에 빠져 연초 강남 재건축 아파트 시장에 들어간 사람들은 폭탄을 떠안은 격이다. 건전한 가계 생활을 꾸려가려는 사람이라면 이처럼 투기성이 강한 강남 3개 구 재건축 아파트 거래에 발을 담글 생각은 안 하는 게 좋지 않을까.

물론 반론이 있을 수도 있다. 그래 봐야 집값의 50% 이상 대출을 끼고 산 경우는 전체 주택 거래자의 16.6%밖에 안 되지 않느냐는 것이다. 그것은 자산 시장의 가격 결정 메커니즘을 몰라서 하는 소리다. 삼성전자 주식 가운데 5%가 거래돼 주가가 오르내리듯이 부동산 시장에서도 전체 주택의 5%만 거래돼도 집값이 오르내린다. 개발 호재가 다한 다음 집값 정체기에 이들의 경제 체력으로 얼마나 더 버틸 수 있을까. 이들이 급매물, 급급매물을 내놓는다고 해보자. 집값은 다시 급락할 수밖에 없다. 2008년 말 강남 집값이 급락했던 것처럼 말이다.

집값, V자형 폭등이
어려운 이유

"외환위기 직후 집을 산 사람들은 부자가 됐다." 많은 이들이 이런 인식을 갖고 있다. 물론 틀린 말은 아니다. 외환위기 직후 집을 산 사람들과 타이밍을 놓친 사람들 사이의 이후 자산 격차는 확연하다. 제때 집을 사지 못해 치솟는 집값에 화병을 앓아야 했던 사람들의 가슴에 맺힌 한이야 오죽하겠는가. 그러다 보니 구체적 상황을 고려하지 않고 이번에는 기회를 놓치지 않겠다는 사람들이 꽤 많은 것 같다. 이른바 집값에 관한, 잘못된 외환위기 학습 효과다. 어찌 보면 2009년 상반기 나타난 집값의 국지적 반등도 그런 학습 효과가 심리적으로 발휘된 측면이 있을 것이다. 또한 이 같은 단기 반등이 외환위기 학습 효과를 다시 강화하기도 하는 것 같다. 사람들의 이런 심리를 이용해 2010년이나 2011년쯤 집값이 폭등할 것이라는 내용의 책들도 출간된 모양이다. 읽을 가치도 없는 책들이어서 구체적 내용은 모르겠지만, 이런 선동에 넘어가면 낭패 보기 십상이다. 그런 책들은 헛바람이 잔뜩 든 사람들이 읽으면 된다. 가족들과 오순도순 살아갈 집 한 칸이 목적인 사람들은 선동에 넘어가지 말기를 바란다.

각설하고, 외환위기 직후와 현재의 상황이 어떻게 다른지 그래프를 통해 정리해 보자. 여기에서 언급할 내용들은 대부분 뒤에서 더 자세히 설명할 것이므로 간단히 짚고 넘어가겠다. 우선 〈그림 1〉을 보자. 외환위기 전 한국 경제는 연 평균 8% 가량 고속 성장을 했고, 외환위기 직후인 1999년에는 10%에 가까운 성장을 했다. 당시에는 동아시아만 외환위기를 겪었고, 미국 등 세계경제는 IT(정보기술) 버블 등을 중심으로 견조한 성장세를 보였다. 하지만 이번에는 대공황 이래 전 세계가 가장 심각한 경제 위기를 겪고 있으므로, 한동안 과거와 같은 성장세를 보이기는 어려울 것이다. 이런 상황에서 한국 경제가 외환위기 직후와 같은 V자형 경기 회복을 할 수 있을까. 한국 정부나 한국 정부의 엉터리 정보 제공(쓰레기 데이터를 넣으면 쓰레기 같은 결론이 나올 수밖에 없음은 자명하다. "garbage in, garbage out.") 등으로 IMF(국제통화기금) 등에서 "한국 경제가 가장 빠른 회복세를 보일 것"이라고 주장하는데, 이는 난센스다. 2권에서 구체적으로 설명하겠지만, 수출로 먹고 사는 나라가 미국 등 주요 교역국들의 경제가 회복되지 않는데, 먼저 회복되기란 어렵다. 만약 그게 가능하다면 눈속임이나 지금처럼 정부가 대규모 재정 적자를 일으켜 만들어낸 매우 일시적인 현상일 것이다. 참고로, 일본은 1990년대 버블이 붕괴된 후 GDP(국내총생산) 성장세가 한 단계 낮아졌음을 확인할 수 있다. 현재 한국에서도 김광수경제연구소뿐만 아니라 여러 연구기관들이 한국의 잠재성장률이 3%대로 떨어졌다는 분석을 내놓고 있다.

가계 순저축률 추이를 보면 외환위기 때는 25%에 이를 정도여서 가계가 얼마든지 각종 투자에 나설 여력이 있었다. 하지만 모든 가계가 이 저축을 몇 년 만에 부동산에 투자하면서 순저축률이 크게 떨어졌다. 가계 순저축률이 세계적으로 가장 낮은 편이라는 미국은 경제 위기 이후 6% 이상으로 올라갔다. 이는 그동안 가계 부채 확대를 통해 해온 과잉 소비를 해소하는 자연스러운 시장 조정 과정이라고 할 수 있다. 그런데, 한국은 정부가 부동산 투기를 부추기는 바람에 가계 순저축률이 오르기는커녕 더욱 떨어져 세계 최저 수준인 미국보다 더 낮아졌다. 이것이 당장은 부동산 가격 반등세를 일으켰지만 길게 보면 더 큰 화를 부를 것임은 두말할 필요도 없다.

어쨌든 한국 부동산 시장은 가계가 자기 호주머니를 털고 난 뒤 부동산 담보 대출을 받아 지르는 단계에 들어갔다. 그래서 예금 대비 대출을 나타내는 예대율의 경우 2004년 100%를 넘던 것이 2008년에는 140%로 뛰어올랐다가 정부의 각종 지원책으로 겨우

실질 GDP 성장률 추이

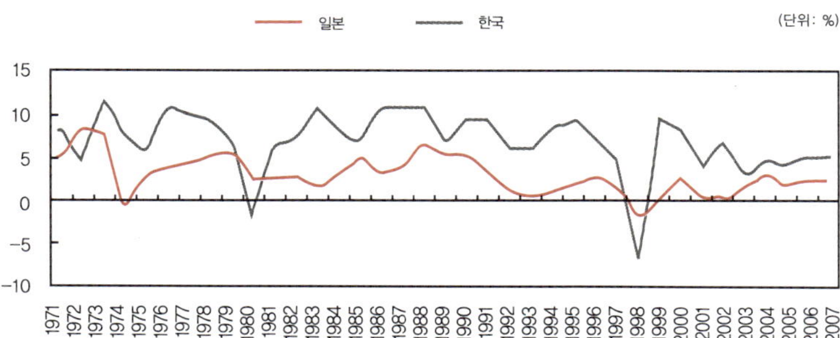

가계 순저축률 추이

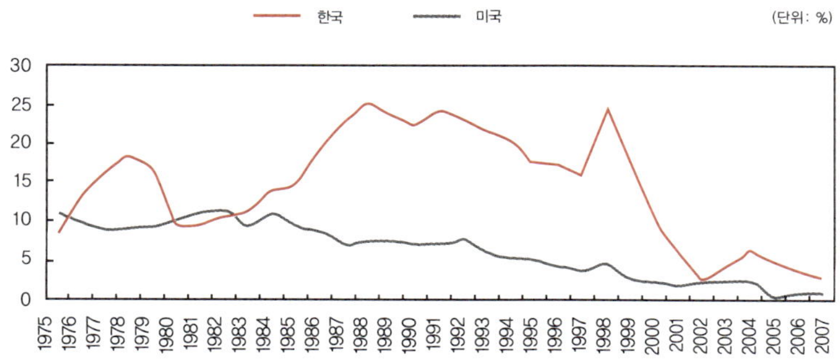

예대율 추이

(단위: %)

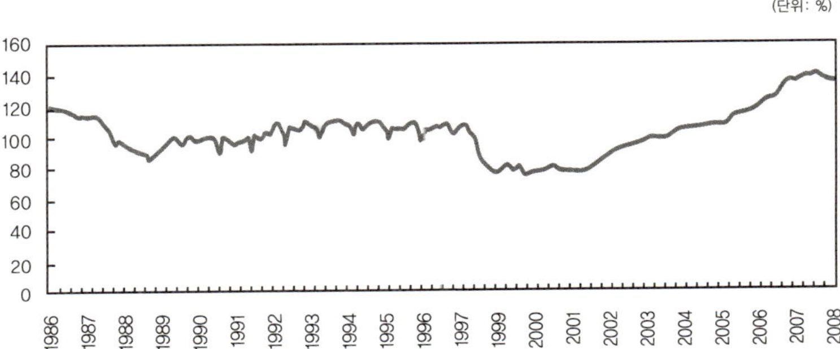

가계 대출 및 주택담브대출 추이

(단위: 조 원)

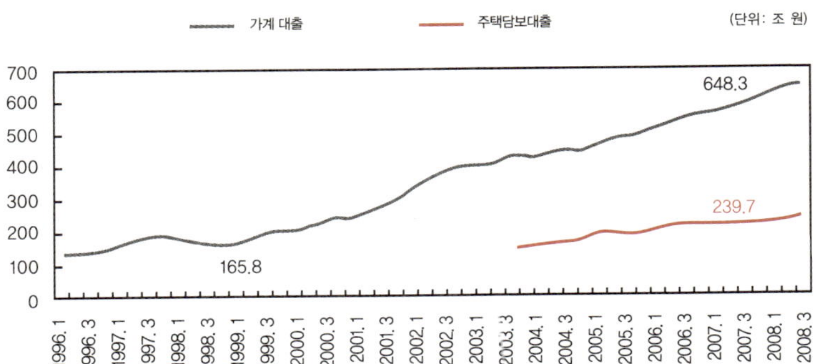

(주) 각종 자료로부터 KSERI 작성

135% 수준까지 내려왔다. 그런데 외환위기 직후 예대율은 78% 정도에 불과했다. 외환위기 직후에 불확실성이 어느 정도 해소되자 은행들은 얼마든지 부동산 시장에 펌프질을 할 여력이 있었던 것이다.

하지만 지금은 은행들이 예대율을 100% 정도까지만 끌어내리려고 해도 갈 길이 멀다. 이런 상태의 은행들이 앞으로도 마구잡이로 부동산 담보대출을 해줄 수 있을까. 정부와 한국은행의 유동성 공급 조치로 늘어난 유동성의 상당 부분이 자산시장으로 향하고는 있다. 은행들은 중소기업 대출이 더욱 위험하다고 판단하기에 그나마 부동산 담보 대출은 일정한 수준에서 해주고 있는 것이다. 정부의 인위적인 금리 인하 조치로 예대마진이 급격히 줄어든 은행으로서는 이렇게라도 하지 않을 수 없다. 이런 사정을 아는 정부는 자산 가치 대비 대출액 비율을 나타내는 LTV(주택담보인정비율) 규제를 다시 강화하고 있다. 은행의 수익성을 위해 일정한 수준에서 부동산 담보대출 영업은 하게 하면서도 은행들이 과열 경쟁에 나서지는 않도록 조정하려는 것이다. 나중에 부동산 가격이 떨어져 일반 가계는 피해를 보더라도 금융권의 시스템 위기로 번지는 것은 막겠다는 속내다. 어쨌든 분명한 것은 금융권이 과거와 같은 대규모 펌프질을 하기 어려워질 것이다.

은행의 예대율 급증은 가계 대출 및 주택담보대출 급증과 연관돼 있다. 가계 대출 잔액은 외환위기 직후 165조 8000억 원에서 2009년 초에는 648조 3000억 원으로 늘어났다. 통계가 없어 외환위기 당시의 상황은 알 수 없지만 추세를 볼 때 부동산 담보대출 잔액 또한 매우 크게 늘었을 것으로 추측된다.

이제 〈그림 2〉를 보자. 먼저, 서울 아파트 가격지수 추이는 앞에서 설명했으므로 짧게 설명하겠다. 외환위기 직후는 1991년 버블 1기의 고점에서 7년 동안 집값이 떨어진 상태여서 외환위기의 충격으로 바닥이 꺼진 상태였다. 집값의 장기 파동으로 볼 때 바닥 중 바닥이었던 것이다. 그때는 다른 변수가 없더라도 집을 사두면 오를 수밖에 없는 시기였다. 그런데 지금은 2007년 초 집값이 고점을 찍고 내리막길을 걷고 있는 상태다. 고점에서 가격이 좀 빠지기는 했지만 여전히 매우 높은 수준이다. 여기에서 집값이 다시 오른다고 한들 얼마나 더 오를 수 있을까.

앞으로 자연 인구가 감소할 것이라는 사실은 잘 알 것이다. 경제활동인구의 주력인 30~40대 인구는 2006년을 정점으로 줄어들고 있다. 그런데 많은 사람들이 그래도 수도권 인구는 계속 증가하고 있다고 알고 있다. 물론 인구가 급격히 줄어든 지방에 비하면 수도권 인구의 순유입이 지금도 늘고 있는 것은 사실이다. 하지만 그 추세를 보면 생각이 달라질 것이다. 수도권 인구 순유입 추이에서 1970~1980년대는 급속한 도시화와 공업화로 사람들이 몰려들던 때이니까 고려할 바가 아니다. 2000년대 추이를 보면 수도권 인구는 부동산 가격이 폭등하던 2002년 21만 명을 고점으로 계속 줄어들어 2008년에는 5만 2000명 수준을 기록했다. 이는 수도권 인구가 이미 포화 상태에 이르러 더 이상 과거처럼 순유입 인구가 증

서울 아파트 실질가격지수 추이

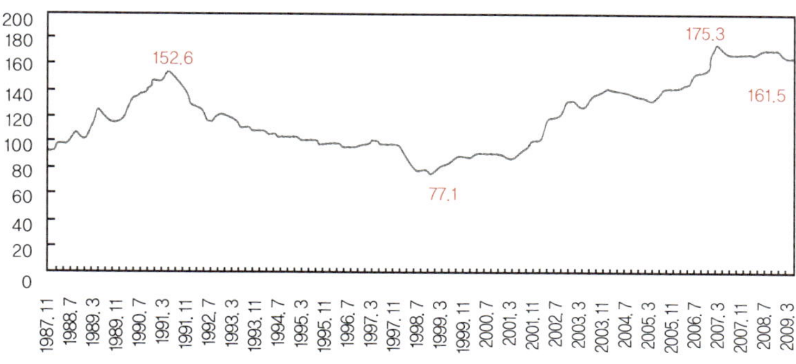

수도권 인구 순유입 추이

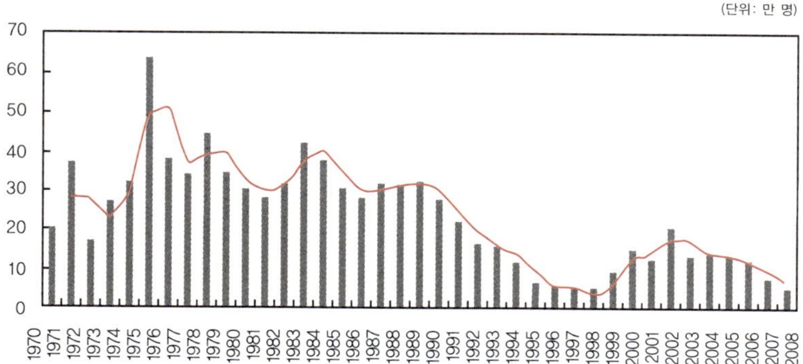

전국 미분양 물량 및 서울 아파트 명목가격지수 추이

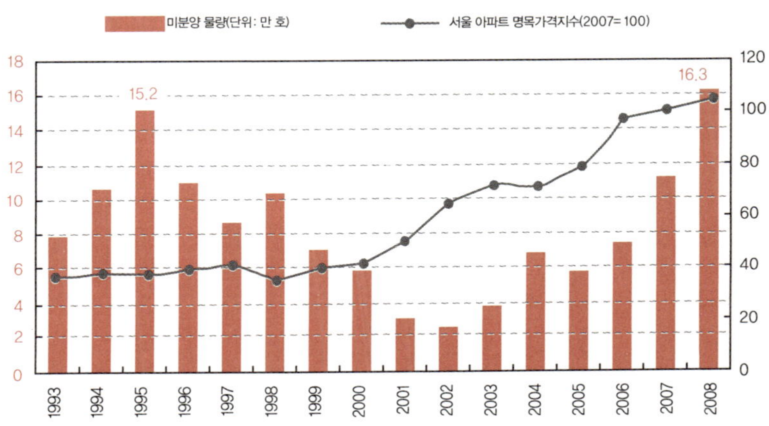

통화승수 추이

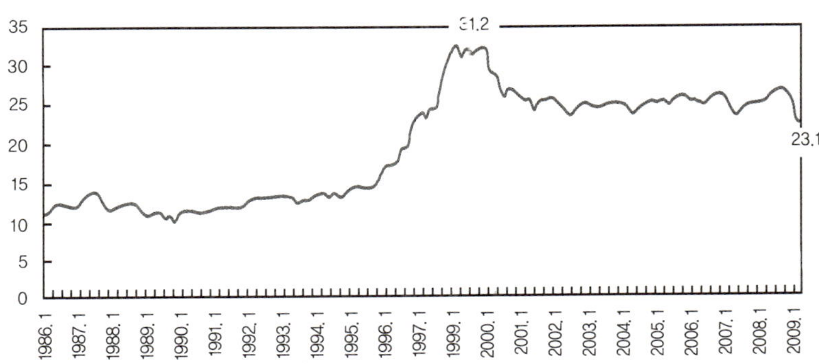

(주) 각종 자료로부터 KSERI 작성

가하기 어려움을 나타낸다.

　이제 미분양 물량 추이를 보자. 1990년대 제1기 신도시를 중심으로 한 주택 과잉 공급으로 1995년 15만 2000호였던 미분양 물량은 조금씩 줄어들다 외환위기 때 경제 위기로 일시 증가한 뒤 다시 줄어들었다. 그런데 2008년 현재 미분양 물량은 수도권 약 2만 5000호를 포함해 16만 호가 넘는다. 이것도 정부가 약 1만 3000호가량 매입해 준 덕에 줄어든 것이다. 더구나 현재의 미분양 물량은 1990년대와는 달리 건설업계가 금융권으로부터 자금 지원을 받지 못할까 봐 축소 보고한 것으로, 실제로는 25만 호를 넘을 것으로 추산된다. 1990년대 미분양 물량이 해소돼 집값이 반등하는데 4~5년 이상 걸렸는데, 이번에는 얼마나 걸릴까.

　일부에서는 저금리로 돈이 확 풀리면 집값이 뛸 것이라고 한다. 과연 그럴까? 외환위기 직후의 구조조정 과정에서 과오가 많았음에도 불구하고 초기에 금융권과 건설업계의 구조조정 등이 일어난 뒤 불확실성이 일정하게 해소되면서 시중에 돈이 돌았다. 지금은 금리를 계속 낮추고 한국은행이 본원통화를 급격히 늘리고 있는데도 금융권의 신용창조 효과는 계속 위축되고 있다. 본원통화 대비 한국은행이 통화 관리의 기본 지표로 삼는 광의통화 M2의 비율을 나타내는 통화승수가 외환위기 때는 31.2까지 올라갔다. 하지만 2008년 하반기부터 27 수준에서 급전직하해 2009년 3월 현재 23.1까지 내려와 있다. 아직까지는 금리가 낮아져서 생긴 유동성이 부동산으로 몰려 집값이 확 뛸 것이라고 보기에는 매우 어려운 상황이다. 물론 경기 침체가 지속되는 가운데 부동산과 주식시장 등 자산 시장에 상대적으로 돈이 몰리는 움직임이 나타나는 것은 사실이다. 하지만 현 상태에서 이처럼 자산시장으로 돈이 쏠리는 현상이 지속될 수 있을지는 의문이다.

이 외에도 지금 상황이 외환위기 때와 다르다는 것을 설명할 수 있는 근거는 많다. 그 모든 것을 여기에서 일일이 다 언급할 수도 없고, 그것을 모두 지표로 나타낼 수도 없다. 더 자세한 내용은 이 책 전반을 통해 차근차근 설명하겠다.

다만, 한 가지 분명한 것은 집값은 이미 대세 하락기에 접어들었다는 것이다. 그리고 경기가 회복되면 무조건 집값이 다시 오를 것이라는 기대부터가 잘못된 것이다. 1990년대 초중반 경기가 지금보다 훨씬 좋았는데도 실질 집값은 지속적으로 떨어졌음을 생각해보면 알 수 있다. 더구나 중요한 것은 이번 세계경제 침체가 상당히 오래 지속될 것이라는 사실이다. 한국도 마찬가지다. 따라서 바닥을 치는 것보다 바닥권을 언제 벗어나느냐에 더 주의를 기울여야 한다. 국내 주택 시장의 침체 기간은 세계경제나 한국 경제 전반의 침체 기간보다 더 길 것으로 여겨지기에 더더욱 그렇다. 잘못된 외환위기 학습 효과 때문에 섣불리 움직였다간 평생 후회하게 될지도 모른다.

부동산,
막차에 올라타지 말라

언론의 부동산 관련 보도가 상당수 부실하거나 왜곡돼 있지만, 2009년 상반기에는 유난히 군소 경제 신문들을 중심으로 한 엉터리 보도들이 난무했다. 이들 군소 경제 신문은 발행 부수가 많지 않으므로 그 자체로는 파급력이 없다. 하지만 이들의 기사는 인터넷 포털에서만큼은 맹위를 떨친다. 이들의 기사 제목이 대체로 자극적이어서인지 인터넷 포털들이 이들 기사를 많이 노출한 탓이 크다. 특히 이들 기사는 뉴스의 경제란이나 이들 포털의 '부동산/금융 재테크'난에 집중적으로 배치돼 사람들을 현혹한다. 이들 신문의 과장 보도 때문에 많은 사람들이 마치 집값 상승이 전반적인

대세인 양 착각하기도 했다. 이 같은 언론 보도의 문제점에 대해서
는 뒤에서 자세히 다루기로 하고 여기에서는 2009년 상반기 인천
송도와 청라 분양 시장의 상황을 진단해보자.

상당수의 언론이 인천 청라와 송도의 분양이 과열 양상을 띠고
있다고 보도했다. 하지만 인천 청라와 송도를 제외하고 전국 어디
에서 분양이 성공했는지 한번 잘 생각해보라. 뒤따라 분양에 나선
김포 한강신도시를 비롯해 분양에 성공한 곳이 거의 없다. 심지어
인천 청라나 송도에서도 미달된 곳이 적지 않다. 인천 청라는 1년
후 분양권 전매가 가능하고, 분양가 상한제로 인근의 다른 아파트
보다 평당 100만~200만 원 이상 싸며, 양도소득세 등이 감면되기
때문에 잘만 하면 먹고 튈 수 있다는 생각으로 많은 이들이 청약했
다. 물론 실수요자도 상당수 있을 것이다. 하지만 크게 보면 차익
을 노리고 들어간 사람들이 더 많을 것이다. 이런 상황을 이용해
대규모 미분양 물량에 자금이 묶인 건설업체들이 대대적으로 분양
광고를 내고, 임직원 가족들까지 동원해 바람을 잡았다. 소위 '떴
다방'들까지 편승해 불법 전매를 통해 수천만 원을 단숨에 움켜쥘
수 있을 것처럼 투기 바람을 더욱 부추겼다.

주택 건설업체들로선 그렇게라도 하지 않을 수 없었을 것이
다. 가뜩이나 미분양 물량이 적체돼 있는 상황에 인천 청라 지구와
송도에서 대규모 미분양 물량이 나오면 건설업체들로서는 곡소리
나게 된 상황이었다. 그래서 시장의 분위기를 띄우기 위해 사활을
건 것이다. 이를 위해 광고 매출이 2008년보다 3분의 1 이상 줄어

든 신문들에 엄청난 광고 물량을 주고 상당한 양의 띄우기 기사들을 양산했다. 물론 이 같은 선동 기사에 혹해 청약한 사람들도 적지 않다.

조금만 시야를 넓혀보자. 대규모 분양이 이뤄졌다는 것은 무엇을 뜻할까? 2~3년 후부터 대규모 입주 물량 폭탄이 이어진다는 말이다. 멀리 갈 것도 없이 2009년 하반기부터 물량 폭탄이 터진다. 2009년 7월 논현 지구의 한화 물량 각각 1622가구, 1298가구를 포함해 2010년까지 1만 2000여 가구가 입주한다. 또 2010년에는 송도에 2008가구, 청라에 7957가구가 들어선다. 인천 시내에서도 2009년 10월 중구 운남동에 1022가구, 서구 신현동에 2966가구가 입주한다. 이렇게 물량 폭탄이 이어지는 가운데 분양 물량은 계속 증가하고 있다. 2010년 신규 분양 물량은 3만 310가구에 이른다.

한강 신도시와 검단 신도시 등 서울에서 더 가까운 신도시에서도 신규 공급이 넘쳐난다. 이런 추세가 계속될 텐데 인천 집값이 오를 수 있을까? 사실 버블 세븐 지역과는 달리 2008년 상반기까지 꾸준히 오르던 인천 집값이 2008년 하반기 이후 계속 하락하고 있는 것은 이 영향이 크다.

지금 인천 청라에서 분양받은 사람들은 정부의 투기 조장책에 힘입어 차익만 챙기고 빠져나오겠다는 사람이 대부분이다. 인천경제특별구역이라고 하지만 각종 부동산 개발 말고 외국자본 유치는커녕 제대로 된 산업 기반 구축도 거의 진전이 없다. 그런데 앞으로 얼마나 많은 사람들이 그곳에서 실수요자로 살까? 인천을 '부동산 특별시'로 만들겠다는 안상수 시장의 비뚤어진 집념 때문에 인천은 앞으로 부동산 가격이 지속적으로 하락하는 도시가 될 가능성이 높다. 당장 1~2년 후 터지는 물량 폭탄 때문에 현재 인천 청라와 송도 청약에 당첨된 많은 이들이 차익을 챙기기는커녕 '피박' 쓸 가능성이 높다. 사실 인천뿐만 아니라 2010년대에는 수도권 전반에 막대한 물량이 쏟아져 아파트 공급 과잉 상태가 만성화될 가능성이 높다.

여기에서 말하고 싶은 요지는 이것이다. 부동산 막차에 올라타지 말라. 막차에 올라타는 순간 앞에 펼쳐진 것은 굉장히 긴 내리막길뿐이다.

물론 경우에 따라 부동산 미니 버블이 조금 더 지속될 수 있을지도 모르지만, 결코 장기 하락이라는 대세는 바꾸지 못할 것이다. 부동산이 주식처럼 단기 매매할 수 없는 것을 생각하고 조금만 더 인내심을 발휘하기 바란다. 정말 가족들과 오순도순 살아갈 내 집 한 칸을 장만하려고 생각하는 분이라면 앞으로 몇 년 안에 집을 싸게 살 수 있는 기회는 얼마든지 올 것이다. 아직도 상황을 파악하지 못하고 투기 바람을 일으켜 분양하려는 건설업체와 이들이 내놓는 분양 광고에 눈이 뒤집힌 신문의 보도에 절대 휘둘리지 말라. 일본에서 정부의 보조금 및 세금 감면책과 건설업체의 유인책으로 버블 붕괴 초기에 집을 산 많은 사람들이 이후 계속된 집값 하락으로 큰 고통을 겪은 바 있다. 한국에서도 그럴 가능성이 다분히 있다. 왜 그런 부동산 덫에 걸려들려 하는가. 겉으로 드러난 경제 현상의 이면에 있는 본질을 꿰뚫어 보기 힘든 일반인들은 언론의 선동 보도에 휩쓸리기 쉽다. 그래서 필자는 이 같은 선동 보도에 휩쓸리지 말 것을 되풀이해서 경고하는 것이다.

그런데 2009년 상반기의 집값 반등이 일시적이고 국지적인 것이라는 점은 필자 외에도 상당수의 부동산 전문가들이 지적하는 바다. 부동산 정보업계의 한 관계자는 자신도 집값의 대세 하락은 불가피하다고 본다고 말했다. 이 관계자는 강남 재건축 아파트 중심의 반등을 '제2차 폭탄 돌리기'라고 규정했다. 2007년 말 분양가 상한제 '밀어내기' 때와 2008년 초 강북 뉴타운 중심의 집값 상승이 대세 하락 전 1차 폭탄 돌리기였고, 이번이 2차 폭탄 돌리기 국면이라는 것이다. 그런데 이 관계자는 이번 2차 폭탄 돌리기가 마지막 폭탄 돌리기가 될 가능성이 높다고 보았다. 이 관계자뿐만 아니다. 2009년 초 우연한 기회에 한국주택학회에서 만난 한 부동산 정보업체 대표도 인구 및 유효 수요 감소 등의 영향으로 앞으로 집값은 장기적으로 하락할 것이라고 말했다.

필자가 굳이 다른 사람들의 애기를 옮기는 데는 이유가 있다. 오래전부터 대세 하락을 주장해온 필자뿐만 아니라 일반인의 통념상 부동산 가격 하락을 애기할 것 같지 않은 사람들도 이렇게 전망하고 있다는 점을 강조하기 위해서다. 물론 이들의 주장을 자세히 들여다보면 집값 하락 기간이나 정도에 있어서는 필자와 차이 날 수도 있다. 하지만 적어도 2009년 상반기의 집값 반등이 일시적이고 국지적인 것으로 지속되기 어렵다는 점에서는 상당 부분 일치한다.

사실 앞에서 여러 사람들의 얘기를 인용했지만, 한국은행 역시 주택 가격이 하락할 가능성을 경고한 바 있다. 한국은행은 2009년 4월 28일 발표한 〈금융 안정 보고서〉의 '주택 가격 수준에 대한 평가'라는 항목에서 서울 지역의 주택 가격이 과대 평가돼 있으며 미국과 영국처럼 장기간에 걸쳐 큰 폭의 하락세가 지속될 가능성도 배제할 수 없다고 밝혔다. 다만 시중 유동성 증가 및 저금리 기조 지속 등에 따른 잠재적 주택 구입자의 차입 여건 개선과 정부의 지속적인 부동산 규제 완화 등이 주택 가격 하락을 제약할 것으로 판단된다는 단서를 달았다.

한국은행뿐만 아니다. 현대경제연구원, 산은경제연구소, 한국신용평가 등 상당수의 전문 기관들이 이번 부동산 미니 버블이 일시적이며 대세 상승으로 연결되기 어렵다는 내용의 보고서를 내놓았다. 자, 한번 물어보자. 한국은행의 발표보다 투기 선동가들의 말에 더 귀를 기울일 것인가? 하기는 과거 일본에서도 부동산 버블이 붕괴된 후 수년 동안 부동산 불패 신화가 완전히 사라지지 않았던 점을 생각하면 지금 일반인들이 느낄 불안감은 충분히 이해할 수 있다. 하지만 부동산 시장의 대세는 꺾였다. 과거처럼 부동산 투기 조장 전문가들과 부동산 광고에 목을 맨 일부 언론의 엉터리 기사에 현혹되어 지금의 반등기에 올라탄다면 나중에 낭패 보기 십상이다. 그보다는 국민경제 전체의 입장에서 사안을 분석, 평가하는 김광수경제연구소와 같은 전문 연구 기관의 말에 귀를 기울

이는 것이 훨씬 더 도움이 될 것이다.

　그런데 이 같은 의견들이 언론 보도나 인터넷 등을 통해서 충분히 전달되지 않고 있는 느낌이다. 안타깝게도 일반인들이 접하는 것은 투기 선동 전문가들의 말을 인용한 신문의 엉터리 기사나 주변 부동산 중개업자들의 이야기가 대부분이다. 이 때문에 자칫 판단을 그르칠 가능성이 적지 않다. 실제로 집값이 다시 오를까 봐 답답했던지 필자가 그런 상담에 전혀 응하지 않는 것을 알고 있음에도 불구하고, 투자 상담을 요청하는 경우가 가끔 있다. 그런데 그런 분들의 사정을 보면 모두 대출을 50%가량 받아야 하는 경우였다. 본인들은 어떻게 생각할지 모르지만, 이 정도면 이미 실수요라고 보기 어렵다. 집값이 더 뛸까 불안해서, 또는 투기 선동에 휘둘려서 무리하게 집을 사려는 것이지 이것을 어떻게 실수요라고 할 수 있겠는가.

　그런데 이런 사람들은 부자도 아니고 월급 모아가며 빠듯하게 살아가는 우리 주위의 평범한 서민이 대부분이다. 이런 불황기에 토지 보상금을 받았든지, 아니면 돈이 넘쳐나 주체를 못 하는 부자라면 "그래, 들어가서 깨질 테면 한번 깨져보라"라고 말하겠다. 아직도 세상 어떻게 돌아가는지 모르고 과도한 탐욕에 젖은 사람들이 한몫 챙기고 싶다면 말리지 않는다. 필자는 그런 사람들까지 염두에 두지 않는다. 하지만 그동안 모은 돈을 싹싹 긁어모으고 수억 원의 대출까지 받아 거품이 잔뜩 낀 집을 사겠다는 서민들이 부동산 시장의 언저리를 맴돌고 있으니 아찔하게 느껴져서 경고를 안

할 수가 없다. 더욱이 아직 노후 걱정을 할 나이가 아닌 40대 이전의 젊은 세대라면 더더욱 그렇다. 길게 보면 앞으로 집을 충분히 싸게 살 수 있는 기회가 얼마든지 있는데 말이다. 주식시장의 단기 랠리라면 몇 달 안에 치고 빠질 수도 있지만, 주택 시장에 들어가면 몇 년간은 집을 소유해야 하는 게 보통이다. 백보 양보해도 앞으로 집값이 과거처럼 오르기는 어려운데 도대체 기회비용과 투자 리스크 등에 대해 최소한의 계산은 해보고 들어가려 하는지 의문이다.

한번 간단히 생각해보자. A라는 사람이 자기 돈 3억 원과 은행에서 빌린 돈 2억 원으로 5억 원짜리 집을 샀다. 물가 상승률이 4%, 은행 대출 이율이 6%라고 할 때 A가 3년 후 각종 기회비용을 만회하고도 차익을 얻을 수 있는 집값은 얼마나 될까? 물가 상승률을 감안할 때 A의 자기 돈 3억 원이 같은 가치를 유지하려면 3억 3750만 원이 돼야 한다. 또한 대출액 2억 원의 연간 이자는 1200만 원이므로 3년간 이자는 3600만 원이다. 이 두 가지만 해도 7350만 원이다. 이 밖에 부동산 거래에 따르는 취등록세와 재산세, 부동산 중개 수수료, 이사 비용 등을 감안한다면 각종 기회비용은 1억 원에 육박한다. 이는 현재 5억 원짜리 집이 3년 후 6억 원으로 올라야 겨우 본전이라는 뜻이다. 현재 집값 수준에 비해 20%가량 오르는 것을 의미하는데, 현재 주택 시장의 사정상 20%나 오를 수 있을까? 물론 일부 지역에서 아직 시장에 반영되지 않은 개발 호재가 나온다든가 해서 그만큼 오를 수 있다고 해도 차후 내야 하는 양도소득세를 감안하면 수지를 맞추기 어려울 것이다. 물론 현 정부가 각종 취등록세 및 양도소득세 감면 혜택을 주고 있으므로 과거처럼 세금 부담이 크지는 않다. 하지만 집값 하락을 막기 위해 도입한 그 같은 혜택은 집값이 정말 20% 정도 뛰는 경우가 생긴다면 모두 사라질 가능성이 높다. 설사 그런 혜택이 계속 유지된다 해도 상당한 기회비용이 들어가는 사실 자체는 변함이 없다. 더구나 현실적으로 지금 집을 사면 기회비용은 기회비용대로 깨지면서 집값은 계속 떨어질 가능성이 더 높다.

이렇게 논리적으로 설득하면 앞에서는 수긍하던 사람들도 돌아서면 "집값은 또 오를지도 몰라"라며 불안해한다. 필자는 이런 분들을 가리켜 '부동산 이중인격자'라고 하는데, 사실 이런 분들이 주변에 많다. 지난 몇 년 동안 부동산 투기를 잡겠다던 정부와 정치권의 말과는 달리 거듭된 정책 실패로 집값이 계속 오르다 보니 생긴 잘못된 학습 효과인지도 모르겠다. 부동산 투기 조장 전문가들의 선동 때문이기도 할 것이다. 2009년 상반기 집값 반등이 이 같은 학습 효과를 더욱 견고하게 했는지도 모르겠다. 그렇기에 필자는 계속 경고할 수밖에 없다. 실수요자도 아닌 사람이 부화뇌동하면 앞으로 매우 큰 경제적 고통을 맛보게 될 것이다. 빚을 많이 내면 낼수록 더욱 그렇다.

미분양 물량,
해소에 최소 4~5년 걸린다

미분양 물량은 현재의 집값 침체가 얼마나 지속될 것인지를 보여주는 주요 변수 가운데 하나다. 주택 공급에는 보통 3년가량 시차가 발생한다는 점에서 현재 쌓여 있는 과도한 미분양 물량은 상당 기간 주택 시장을 짓누를 수 있기 때문이다.

전국의 미분양 물량이 16만 호를 넘어선 데서 알 수 있듯이 현재 유효 수요에 비해 주택은 매우 과잉 공급된 상태다. 〈그림 1〉을 보면 200만 호 주택 건설 사업의 여파로 1990년대 초중반 내내 부동산 시장이 가라앉은 후에도 주택 공급이 계속돼 미분양 물량이 꾸준히 늘어난 것을 알 수 있다. 미분양 물량은 관련 통계가 작성되

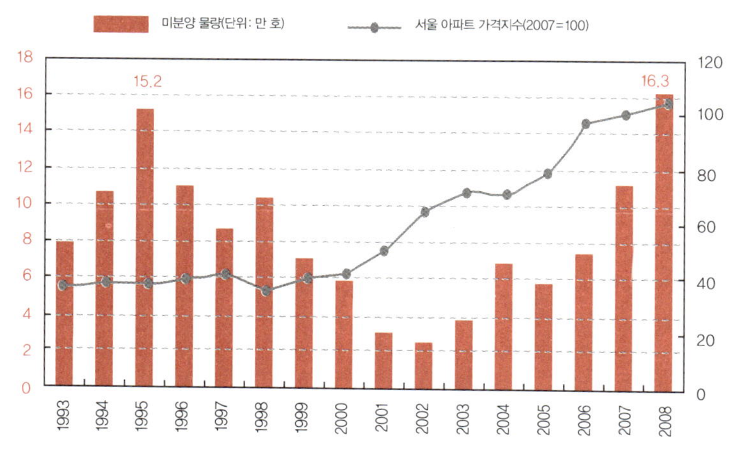

기 시작한 1993년부터 이미 크게 늘어나기 시작해 1995년 15만 호를 넘어섰다.

주택 가격이 1991년부터 하락하기 시작했으므로(그래프상으로 주택 가격이 크게 하락한 이후인 1993년부터 보면 명목가격지수는 크게 떨어지지 않은 것으로 나오지만 앞에서 설명한 대로 물가 상승률을 반영한 실질가격지수로는 외환위기 때까지 거의 반토막 난 것으로 나타난다. 그 점을 감안해서 보기 바란다.) 사실 미분양 물량은 1991년부터 꾸준히 증가했을 것으로 판단된다. 더구나 당시에는 건설업계가 극심한 자금난에 시달리며 금융시장의 눈치를 살펴야 하는 상황이 아니었으므로 공식 미분양 물량과 비공식 미분양 물량의 괴리가 크지 않았을 것으로 짐작된다. 그런데도 1995년 공식적으로만 15만여 호를 넘어선 미분양 물량이 해소되는 데에 최소한 4~5년이 걸렸다.

그러면 현재 16만 호가 넘는 미분양 물량이 해소되는 데에는 얼마나 걸릴까? 부동산 시장 안팎의 여러 여건을 고려하면 그때보다 더 오랜 시간이 걸릴 것으로 판단된다. 그렇게 보는 이유는 앞서 설명한 외환위기 직후처럼 집값이 급반등할 수 없는 이유와 상당히 겹치므로 생략하겠다.

더 심각한 문제는 현재의 미분양 물량 16만 호가 최고점이 아니라는 사실이다. 앞으로 한동안 미분양 물량은 더 늘어날 가능성이 높다. 국토부에 따르면 2009년 4월 미분양 물량은 16만 5641호로 사상 최고치를 경신했다. 수도권에서만 3415호가 늘었다. 건설업체들이 4월 말까지 설정된 미분양 주택 양도세 감면 혜택을 받기 위해 그동안 감춰두었던 미분양 물량을 추가로 신고한 때문이다. 그런데 2009년 5월 전국 미분양 아파트는 15만 1938가구로 전월보다 1만 1918호가 줄고, 또 6월에는 14만 5585호로 전월보다 다시 6353호가 줄어들었다고 국토부는 발표했다. 그토록 줄지 않던 미분양 물량이 두 달 사이에 1만 8271호나 줄어들었다는 것이다. 이는 눈 가리고 아웅하는 식의 숫자 놀음에 가깝다. 국토부는 미분양 주택 구입시 양도세를 한시 면제해주기로 한 대책이 효과를 발휘한 때문이라고 주장했다. 물론 일부 그런 측면이 있을 수도 있으나, 큰 틀에서 보면 이는 속 보이는 거짓말일 뿐이다. 미분양 물량이 줄어든 가장 큰 이유는 분양 취소 때문이다. 4월 1500호, 5월 5500호, 6월 1100호 등 세 달 동안 8100호가량의 분양이 취소됐다.

분양 취소 물량이 갑자기 급증한 이유를 이해하기 어렵다. 그동안 가만히 있던 건설업체들이 모종의 지시에 따라 한꺼번에 분양을 취소한 것이 아닌가 하는 느낌이 들 정도다. 국토부가 자세한 수치를 밝히지 않아 정확히 파악하기는 어렵지만 국토부 산하 대한주택보증이나 주택공사가 매입한 미분양 물량도 상당할 것으로 추정된다. 겉으로는 미분양 물량이 크게 줄어든 것 같지만 실질적으로 미분양 물량이 해소된 것으로 보기는 어렵다. 오히려 임대 및 전세 전환 물량이나 건설업체들이 하청업체나 자사 임직원에게 떠넘기는 물량까지 감안하면 미분양 물량은 실질적으로는 계속 늘고 있을 가능성이 높다. 필자가 한 건설업체 임원에게 들은 애기로는 현재 공식 미분양 물량의 70~80%를 감춰놓고 신고하지 않고 있다고 한다. 실제 미분양 물량은 25만 호 전후라는 것이다. 사실 이는 업계의 공공연한 비밀이기도 하다.

미분양 물량이 늘어나는 것은 공급 과잉이라는 신호이므로 이를 해소해야 하는데, 가장 효과적인 방법은 분양가를 충분히 낮추는 것이다. 그것이 시장 원리에도 맞다. 그런데 정부는 정반대로 가고 있다. 국민의 세금을 들이고 공기업을 동원해 1만 3000호가량의 미분양 물량을 매입해주고 대규모 공공 토건 사업을 벌여 건설업체에 유동성을 지급해주고 있다. 이를 통해 정부가 노리는 것은 너무나 명확하다. 분양가 인하를 통한 집값 하락 충격을 차단하는 것이다. 미분양 물량 매입 조치는 두 개의 차별화된 시장을 만들어 민간 주택 시장에서 건설업체들의 분양가 할인을 억제토록 한다. 또한 공공 토건 사업의 확대는 자금난에 시달리는 건설업체들이 현금 확보 차원에서 분양가 세일을 하지 않고 버틸 수 있도록 한다. 반대로 국민들에게는 각종 투기 조장책을 통해 건설업체의 미분양 물량과 신규 분양 물량을 소화하도록 부추기고 있다. '시장 원리'를 부르짖던 정책 결정자들이 이럴 때는 돌변한다. 이들에게는 최소한의 염치도, 논리도 없다. 기득권 만능주의일 뿐이다. 건설업계를 총력 지원해 분양가를 인하하지 않도록 하고, 그렇게 해서 집값을 유지하면 될 뿐이다.

현 정부가 이렇게 도와주는데 건설업계가 구조조정이나 분양가 인하에 적극적일 리 없다. 정부의 부양책에 기대 사람들에게 투기 바람을 잔뜩 집어넣어 미분양 물량을 해소하려고 하고 있다. 하지만 이런 식으로는 절대 비공식으로 25만 호에 이르는 미분양 물량을 해소하지 못한다.

그런데 이 미분양 물량이 해소되기도 전에 지속적으로 아파트 공급은 늘어나고 있다. 특히 수도권의 미분양 물량이 2008년부터 본격적으로 증가하고 있다는 점을 주목해야 한다. 1990년대 초중반 미분양 물량이 지속적으로 늘어난 데는 부동산 시장의 침체 속에서 뒤늦게 200만 호의 주택 공급이 본격적으로 이뤄진 탓이 크다. 그런데 2006년경부터 본격화된 제2기 수도권 신도시 사업과 이명박 대통령이 서울시장으로 재임하던 시절 한꺼번에 지정한 뉴타운 등에서 공급되는 물량은 2010년 이후 본격적으로 쏟아질 것이다.

주택 경기가 계속 악화되면 주택 공급 물량이 줄어들 수 있지 않느냐고 반문할 수도 있다. 물론 어느 정도는 그렇다. 하지만, 그 같은 주택 공급은 유효 수요에 비해 상대적 관점에서 봐야 한다. 이미 유효 수요에 비해 지나치게 많은 주택이 공급돼 있고 수년간의 잠재 수요조차 투기 바람을 불러일으켜 앞당겨 소진해버린 상황이다. 이런 상황에서 주택 공급이 상대적으로 줄어든다고 해서 미분양 물량을 단기간 내에 해소할 수 있다고 보는 것은 착각이다. 더구나 현재 공급될 예정인 물량들은 이미 토지 보상이 이뤄지고, 분양되거나 일정한 행정적 절차가 진행돼 그 시기가 늦춰질 수는 있지만 대부분 공급 자체가 안 될 수는 없는 상황이다. 당장 2009년 상반기에 버블 세븐이 꿈틀거리고 인천 청라 등에서 분양 바람을 일으키는데 성공하니 하반기에 수도권 분양 물량이 폭증하고 있다. 주택 건설업체들이 기회를 봐서 분양하려는 물량들을 막대하게 보유하고 있다는 증거다.

주택 경기가 얼어붙는다고 해서 건설업체들이 분양을 안 하고 주택을 안 지을 수는 없다. 거꾸로 건설업체들은 막대한 미분양 물량에 자금이 묶여 자금난에 시달리고 있기 때문에 어떤 식으로든 분양해서 '돌려막기'를 할 수밖에 없는 형편이다. 건설업체들이 분양 수입이 없는 채로 이미 사놓은 2~3년치 주택 지을 택지를 금융

비용만 물면서 계속 놀릴 수 있을까.

이렇게 말하면 "건설업체들이 바보도 아니고 미분양될 줄 알면서 그렇게 하겠느냐?"고 말할지도 모른다. 그렇다. 그들은 바보가 아니다. 하지만 주택 경기 사이클에 따른 공급 시차 때문에 주택 과잉 공급이 일어날 가능성은 매우 높다. 특히 주택은 공급 계획과 완공 사이에 짧게는 2~3년, 길게는 4~5년가량 걸리기 때문에 더더욱 이 같은 양상이 심하게 나타난다. 생각해보라. 미국의 건설업체들은 바보여서 부동산 버블이 꺼질 줄 모르고 집들을 지어댔겠나. 한국의 경우 선분양제 등 절대적으로 공급자에게 유리한 제도 때문에 주택 공급 사이클의 진폭이 훨씬 더 크다. 멀리 보지 않아도, 국내 건설업체들이 모두 바보여서 광주, 대구, 부산 등 지방과 경기도 등 수도권에 팔리지 않는 미분양 물량을 잔뜩 안고 있겠나.

대구의 사례를 보면, 이 같은 미분양 물량이 어느 순간 확 늘어나면서 집값 급락으로 이어질 수 있음을 알 수 있다. 대구의 집값은 2006년 6월을 정점으로 꺾이기 시작해 줄곧 내리막길을 걷고 있다. 집값 급락과 거래 위축이 동반되면서 2005년 3000호를 조금 넘던 대구 미분양 물량은 이후 기하급수적으로 늘어 2006년 8700호를 기록했다. 2008년에는 2만 호를 넘어버렸다. 그러는 가운데 대구의 집값은 하락세를 면치 못하고 있다. 이처럼 집값 하락과 미분양 물량 증가의 상관관계는 상당히 명확하다.

수도권 미분양 물량의 대부분을 차지하는 경기도도 시차는 있지만 비슷한 양상을 보이고 있다. 경기도의 미분양 물량은 2006년 3800호 수준이던 것이 불과 2년 만에 2만 2000호를 넘어버렸다. 2006년 말 집값이 폭등한 후 2007년 초부터 거래가 주춤해지면서 미분양 물량이 급증하는 가운데 집값도 서서히 꺾이기 시작했다. 지역별 인구와 경제력 등을 감안하더라도 이미 수도권도 대구의 2006~2007년 정도 상황에 와 있다고 판단된다. 지방에서 시작된 미분양 물량의 충격이 서서히 북상하면서 수도권 주택 시장의 목을 조여오고 있다. 다만, 정부의 총력 부양책으로 반짝 반등한 집값 때문에 많은 이들이 착각하고 있을 뿐이다.

한편 지방의 미분양 물량 적체는 수도권의 미분양 물량 적체를 더욱 가속화하게 마련이다. 건설업체들이 지방은 이미 극도의 주택 시장 침체에 빠져 있으니 상대적으로 상황이 양호한 수도권 시장에서 승부를 보려고 하기 때문이다. 하지만 대부분의 건설업체들이 거의 비슷한 경영 판단을 하고 있다. 그래서 수도권의 주택 공급 비중은 갈수록 높아지고 있다.

〈그림 3〉을 보면 실제로 2009년 건설업체들이 계획하고 있는 분양 물량이 대부분 수도권에 몰려 있는 것을 알 수 있다. 몇 년 전만 해도 50%를 밑돌던 수도권 주택 공급 비중은 2009년 상반기 70%에 이르렀다. 하반기에 분양될 예정인 물량은 2000가구 이상 대규모 단지만 따진 것이기는 하지만 80% 수준에 이른다. 2009년 분양 물량을 100% 수도권 물량으로만 채운 건설업체도 있다. 수도권 분양에 사활을 건 건설업체들의 분양 물량이 쏟아진다고 할 때

미분양 물량은 더욱더 늘어날 수밖에 없다. 가뜩이나 수도권 미분양 물량이 잔뜩 쌓여 있는 상황에서 엎친 데 덮친 격이 될 가능성이 높은 것이다.

정부가 외환위기 이후 3배 이상 늘어난 건설업체들의 자연스러운 구조조정을 유도했으면 그나마 주택 공급이 줄어들었을 것이다. 그런데 정부는 대대적 부양책을 동원해 건설업체의 구조조정을 사실상 막고 있다. 말로는 '구조조정'을 떠들어대지만, 버티면 결국 정부가 도와줄 것임을 아는 건설업체들이 자발적으로 구조조정에 나서겠는가. 최대한 버틸 수 있는 데까지 버틸 것이다. 그러는 가운데 상당수의 기업들이 좀비 기업으로 전락해 '정부 재정 호흡기'로 간신히 연명하면서 주택 사업을 계속 벌일 것이다. 이런 현상이 심화되면 결국 공급 초과로 덤핑 경쟁이 벌어져 분양가를 지속적으로 낮출 수밖에 없다. "미분양 아파트 분양가 인하 도미노"라는 보도에서 보듯이 이미 그 같은 징후가 곳곳에서 나타나고 있다. 아직 초기 단계여서 생색내기 수준일 뿐이다. 하지만 2~3년 안에 이런 상황은 더욱 확대되고 분양가 인하폭도 훨씬 커질 것이다. 아마 미분양 물량을 제대로 해소하지 못한 건설업체들은 2~3년 후부터 본격적으로 파산하기 시작할 것이다. 그때가 되면 건설업체들은 잠재 수요자들에게 집을 사달라고 애걸하게 될 것이다. 그런 식으로 신규 주택의 분양가가 인하되면 기존 집값 또한 떨어질 것임은 불문가지다. 집을 사려는 사람들은 느긋하게 기다리기만 하면 된다.

지금 분양 시장에 뛰어들면 건설업체들에 좋은 일만 시켜주는 셈이다. 그리고 2~3년 후 아파트 분양가를 주변 시세에 맞춰 내려달라고 시위를 하게 될지도 모른다. 하지만 건설업체들이 자선사업가들도 아니고 그렇게 해서 아파트 분양가를 내려줄 리 만무하다. 이웃 일본에서도 버블 붕괴 후 계약한 집값의 인하를 요구하는 숱한 송사가 벌어졌지만 단 한 건도 승소하지 못했다. 이 글을 읽는 독자들은 '미분양 폭탄 처리반'이 되지 않기를 진심으로 바란다.

수도권 물량 폭탄, 이제부터 터진다

많은 사람들이 잘 모르고 있는데, 2008년 경기도 남부 시장을 얼어 붙게 했던 '입주 물량 폭탄' 사태가 2009년 하반기, 특히 연말부터 재연될 가능성이 높다. 아직 버블 붕괴 초기인 데다 반등 국면까지 겹쳐 있어 많은 이들이 수도권 주택 시장의 수급 상황에 대해 착각 하고 있다. 여전히 주택 수요에 비해 공급이 부족하다는 식으로 말 이다. 하지만 2009년 말부터 시작될 수도권 물량 폭탄이 터지기 시 작하면 그 위력을 실감하게 될 것이다.

〈그림 1〉에서 볼 수 있는 것처럼 지금까지는 뉴타운과 재개 발·재건축 지역에서 기존 주택을 대거 밀어내 주택 공급을 줄이는

입주 물량 추이

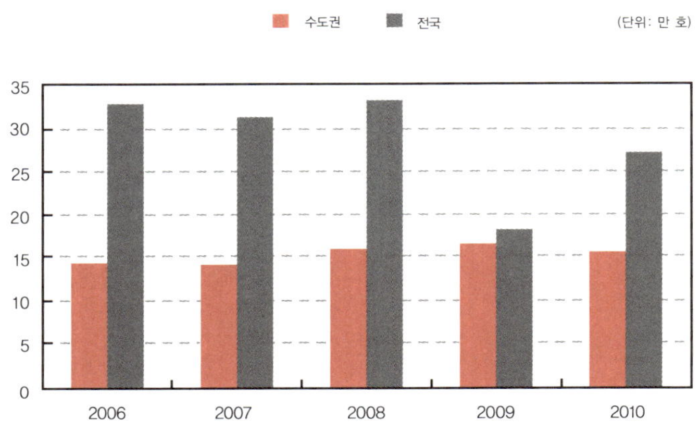

수도권 주요 입주 물량 추이

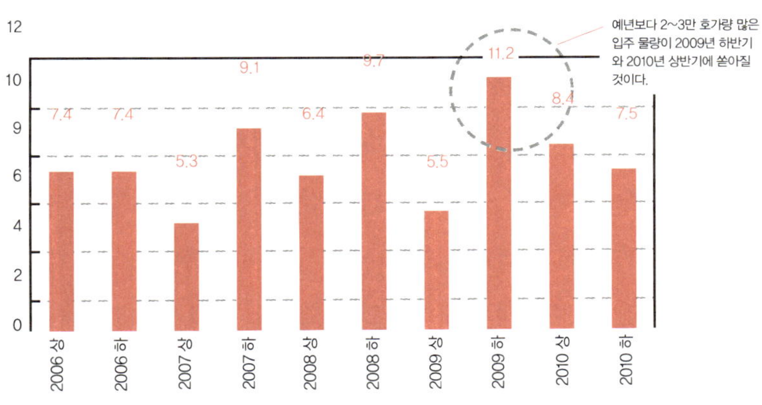

(주) 닥터아파트 자료로부터 KSERI 작성

효과가 있었다. 특히 서울시는 2006~2008년 3년 동안 중소형 주택들을 대거 밀어낸 자리에 중대형 주택을 대거 공급했다. 이것이 2008년 초 중소형 주택 위주의 강북발 집값 급등과 하반기 강남 집값 하락과 역전세난의 한 원인이 됐다. 이 같은 사태는 2009년 말부터 다시 시작될 가능성이 높다.

이제 〈그림 1〉에서 부동산 정보업체인 닥터아파트가 집계한 전국과 수도권 입주 물량 추이를 보자. 이 물량은 전국의 대단지 아파트만을 집계한 것으로 전체 입주 물량보다 크게 적지만 입주 물량의 추이를 보는데는 큰 문제가 없다고 판단된다. 그래프를 보면 전국의 입주 물량은 2009년 상당히 줄어들었다. 이것이 주로 부동산 투기 선동 기사를 통해 전해지는 내용이다. 이런 보도들 때문에 일반인들은 현재 주택 공급이 계속 부족하다는 느낌을 갖게 된다. 지방의 경우 이미 몇 년 전부터 막대한 공급 물량 초과 상태였기에 입주 물량이 줄어드는 것은 너무나 당연한 일이다. 중요한 것은 수도권 입주 물량이다. 그런데 수도권 입주 물량은 오히려 늘어나고 있다.

이를 좀 더 자세히 보기 위해 수도권 입주 물량을 반기별로 살펴보자. 수도권 입주 물량은 대체로 상반기보다 하반기에 늘어나는 계절성을 보인다. 2008년 하반기 9만 7000호까지 늘어난 입주 물량 폭탄은 서울 강남과 남부 축의 역전세난을 부추겼다. 마찬가지로 2009년 상반기 5만 5000호까지 줄어든 물량 폭탄은 집값 반등세에 일정한 영향을 미쳤을 것으로 짐작된다. 그 같은 물량 폭탄이 2009년 하반기에 11만 2000호까지 쏟아질 것이다. 물량 폭탄을 일으킨 2008년 하반기보다 1만 5000호, 2006~2008년 3년간 평균치(8만 7300호)보다 2만 4700호나 많은 물량이다. 2009년 대단지 입주 물량의 3분의 2가량이 하반기에 몰려 있는 것이다. 그것도 연말로 갈수록 물량은 더욱 늘어나 10월과 12월에 집중돼 있다. 물량 폭탄은 계속 이어져 2010년 상반기에는 8만 4000호가 공급된다. 2009년 하반기보다는 줄어들지만 2006~2009년 4년간 상반기 입주 물량 평균치(6만 1500호)보다 2만 2500호나 많은 물량이다. 이 같은 입주 물량 급증은 2007년 분양가 상한제 시행을 앞두고 대규모 밀어내기 분양 물량이 급증했기 때문이다. 2007년 하반기의 분양 물량 급증이 2009년 하반기와 2010년 상반기의 물량 폭탄 급증으로 이어지는 것이다. 여러 요인과 함께 고려해야 하겠지만, 이 같은 물량 폭탄이 집값에 주는 영향은 너무나 명백하다.

그런데 여기에서 끝날까. 절대로 그렇지 않다. 물량 폭탄의 시작일 뿐이다. 〈그림 2〉에서 서울시정개발연구원이 2007년 뉴타운 사업에 따른 멸실(滅失)주택 규모를 추정한 결과를 보면, 2008년 이후 급감하는 것으로 나타난다. 불경기와 사업 지연 등으로 2년가량 연장된다고 쳐도 2010년까지 멸실주택 규모는 크게 줄어들 것으로 추정된다. 반면 뉴타운 사업과 재개발·재건축 등 주택 정비 사업을 통해 공급(완공 기준)되는 호수는 2011년부터 급증할 것으로 추정된다. 서울시의 추정에 따르면 2011년 5만 2000호, 2013년 4만 1000호 등 2011~2013년에만 10만 5000호가 공급될 것으로 추산된다. 2010년까지는 뉴타운 사업 등을 통해 멸실주택이 늘어나 주택이 순감(純減)하는 시대라면 2011년부터는 순증(純增) 주택 수가 급증하는 시기가 될 것으로 보인다.

수도권 전체는 어떨까. 〈그림 2〉의 네 번째 그래프를 참고로, 서울시가 집계한 수도권 신도시와 공공택지 개발 지역, 뉴타운 등 정비 사업 지역의 주택 공급 물량(완공 기준)을 보자. 2011년 28만 7000호, 2012년 23만 호, 2013년 20만 8000호가 쏟아진다. 그런데 이는 현 정부가 추진 중인 수도권 보금자리 주택 공급 호수와 수도권 지자체의 재량으로 벌일 수 있는 지구 단위 계획상의 공동주택 사업 물량과 민간택지 사업 물량, 준공업 지역 등에서 앞으로 공급될 물량은 모두 제외한 수치다. 따라서 이 같은 수치는 전체 공급 물량의 3분의 2 정도 수준으로, 상당히 보수적으로 산정한 것이라고 할 수 있다. 기타 공급 물량을 모두 합쳤을 때 추산되는 공급 물량은 2011년 43만 호, 2012년 34만 6000호, 2013년 31만 2000호로 증가한다. 위에서 2007년을 제외한 2004년 이후 수도권의 연평균 주택 건설 인허가 실적이 20만 호 전후(실제 2~3년 후 입주 물량은 이보다 더 줄어든다)에 그치는 것과 비교해도 막대한 규모다. 물론 이 같은 공급 물량은 주택 경기 침체가 지속될 경우 줄어들거나 공급이 지연될 수도 있다. 그럼에도 불구하고 이들 물량은 대부분 토지 보상이나 관리 처분 인가 등 일정한 행정적 절차를 마친 상태여서 그대로 공급될 가능성이 높다. 건설업체에게 일감을 만들어 주기 위해 혈안이 된 이명박 정부와 바람직한 일이지만 주거

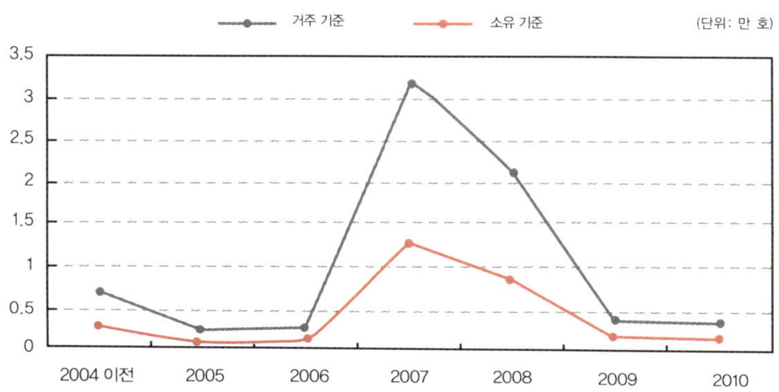

(주) 서울시정개발연구원 자료로부터 KSERI 작성

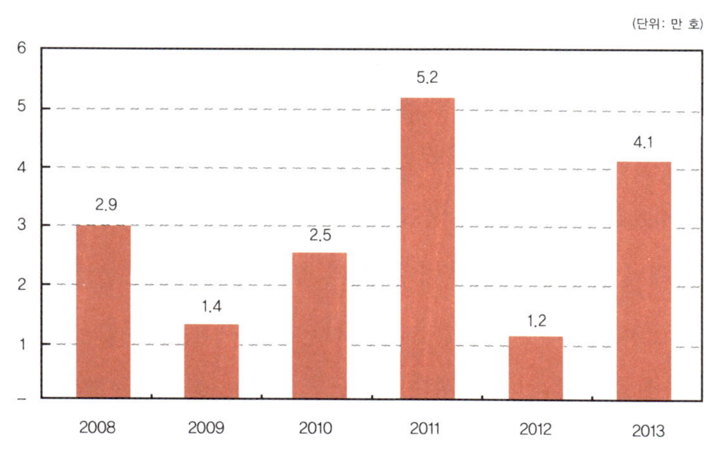

(주) 서울시 자료로부터 KSERI 작성

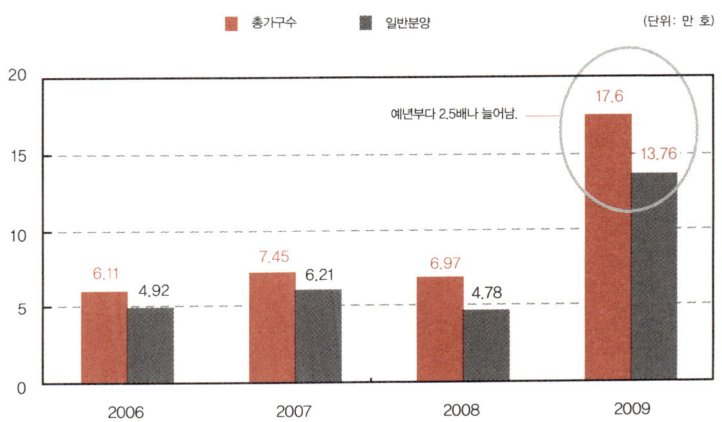

1000가구 이상 대단지 분양 현황
총가구수
일반분양
(단위: 만 호)
예년부다 2.5배나 늘어남.
17.6
13.76
6.11
4.92
7.45
6.21
6.97
4.78
2006
2007
2008
2009
(주) 스피드뱅크 자료로부터 KSERI 작성

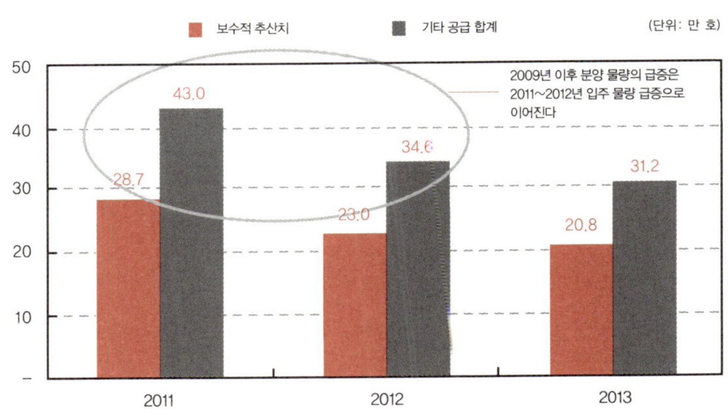

수도권 향후 공급 물량(완공 기준)
보수적 추산치
기타 공급 합계
(단위: 만 호)
2009년 이후 분양 물량의 급증은
2011~2012년 입주 물량 급증으로
이어진다
43.0
28.7
34.6
23.0
31.2
20.8
2011
2012
2013
(주) 서울시 자료로부터 KSERI 작성

정비 사업을 공공 주도로 하기로 결정하고 사업 추진 속도를 높이고 있는 서울시의 정책 때문에 더더욱 그렇다.

이것이 단순한 어림짐작이 아니라 현실이 될 것임을 분명히 보여주는 것이 〈그림 2〉의 세번째 그래프다. 이 그래프는 부동산 정보업체 스피드뱅크가 집계한 1000가구 이상 대단지 분양 현황을 나타낸 것이다. 이 자료는 1000가구 이상 대단지 분양 물량으로 대상을 한정했지만 주택 공급 추이를 짐작하는 데 유용한 자료다. 그런데 2009년 1000가구 이상 대단지 분양 물량은 17만 6000호로 2006~2008년 평균치의 2.5배가 넘는다. 조합원 분양분을 뺀 일반 분양 물량도 마찬가지다. 물론 이들 물량이 모두 수도권 물량은 아니지만 현재 건설업체들이 대부분 침체된 지방 분양 시장을 피해 수도권에 집중하고 있다는 점에서 대부분 수도권 물량으로 추정된다. 이 같은 추세는 2010년에도 이어질 가능성이 높다.

그런데 이처럼 늘어나는 분양 물량은 2~3년 후 입주 물량 폭탄으로 돌아오게 돼 있다. 2007년 하반기 분양가 상한제 시행을 앞두고 발생한 대규모 밀어내기 분양 물량이 2009년 하반기와 2010년 상반기 입주 물량 폭탄으로 돌아오듯이 말이다. 마찬가지로 2009년의 대규모 분양 물량은 2011~2012년 이후 대규모 입주 물량 폭탄으로 돌아오게 돼 있다. 역으로 앞서 살펴본 대로 2011~2012년 수도권의 완공 기준 공급 물량의 급증은 2009년의 대규모 분양 물량 급증으로 예고되고 있는 것이다. 아직 구체적 수치를 산정하기 어려워서 그렇지 2013년 이후에도 수도권 2기 신도시와 대규모 정비 사업, 초고층 빌딩 추진 등으로 수도권 주택 공급은 매우 큰 폭으로 늘어날 것으로 예상된다. 1990년 초 5개 신도시를 조성할 때보다 훨씬 더 많은 물량이 쏟아지게 돼 있다. 그것도 앞으로 주택 유효 수요 계층이 정체기를 지나 빠르게 감소하기 시작하는 시대에 말이다. 이에 따라 2010년대 주택 시장은 만성적인 공급 과잉 상태가 될 가능성이 아주 높다.

이런 설명을 들으면 독자들은 어리둥절할지도 모르겠다. 신문 지면에 "주택 건설(인허가)실적이 줄어 2~3년 후 집값 폭등 우려"라는 엉터리 보도가 난무하기 때문이다. 대규모 입주 물량이나 분양 물량 폭탄 때문에 집값이 내릴 것이라는 경고는 본 적이 없을 것이다. 기자들이 이들을 대상으로 기사를 쓸 때는 "대단지 아파트는 블루칩이니 지금 사두면 돈이 된다"는 식의 광고성 기사로밖에 취급하지 않기 때문이다. 그러니 상당수의 신문들이 '광고 전단지' 취급을 받는 것도 한편으로는 당연하다.

그런데 수도권 주택 공급 폭탄은 단지 몇 년간에 그치는 현상이 아니다. 2010년대 내내 지속돼 수도권 주택 시장을 만성 공급 과잉과 장기 침체의 늪으로 몰고 갈 가능성이 높다.

잘 알다시피 2000년대 주택 가격 상승은 수도권 아파트 중심으로 이뤄졌다. 이러다 보니 건설업체들은 아파트 공급을 대대적으로 늘려 고분양가 폭리를 취하는데 혈안이 됐다. 이렇게 해서 2003년 이후 수도권 전체 주택 공급 가운데 아파트가 차지하는 비중은 90%에 이르렀다. 그중에서도 분양가 폭리를 취하기 좋은 중대형 평형 공급이 크게 늘어 수도권 미분양 물량의 70%가량을 차지할 정도가 됐다. 그 결과 지방에 이어 2007년부터 미분양 물량이 급증하며 수도권도 공급 초과 상태에 빠졌다.

이제 주택이 과잉 공급된 상태에서 수도권에 계속 주택이 공급될 경우 2015년까지 어떤 결과가 초래될지 한번 살펴보기로 하자. 이를 위해 아파트 잠재 수요 및 공급 계획을 추정해 2015년경의 초과 공급 물량을 예상해보았다. 다소 어렵게 느껴질 수도 있지만, 찬찬히 읽어보면 충분히 이해할 수 있을 것이다.

먼저 아파트 과부족 전망은 2015년까지 아파트 추정 공급량에서 아파트 잠재 수요량을 뺀 것으로 정의된다. 아파트 추정 공급량은 서울시가 집계한 수도권의 주택 공급 계획 물량에 아파트 추정 공급 비중으로 80%의 가중치를 곱해 구했다. 2015년까지 계획된 주택과 아파트 공급 물량은 주택 시장의 침체 정도에 따라 어느 정도 달라질 수도 있다. 뿐만 아니라 뉴타운이나 재개발 재건축 사업의 경우 철거되는 물량을 감안한 것도 가중치를 80%로 잡은 근거라고 할 수 있다.

이들 계획된 물량은 대부분 앞서 설명한 대로 2기 신도시로 지정돼 이미 토지 보상이 진행됐거나 뉴타운이나 재개발 사업 등에서 관리 처분이 내려져 철거가 진행되는 등 어떤 식으로든 진행될 수밖에 없는 사업이 대부분이다. 특히 현 정부는 그린벨트를 풀어 보금자리 주택을 짓는 등 수도권 아파트 공급을 늘리겠다는 강력한 의지를 밝힌 바 있다. 이로 볼 때 이들 물량은 시차가 있더라

아파트 과부족 = 아파트 추정 공급량 − 아파트 잠재 수요량
아파트 잠재 수요량 = 전체 가구 수 × 아파트 비중
아파트 비중(%) = 아파트/전세주택 × 100

수도권 아파트 수급 전망

수도권 아파트 과부족 전망

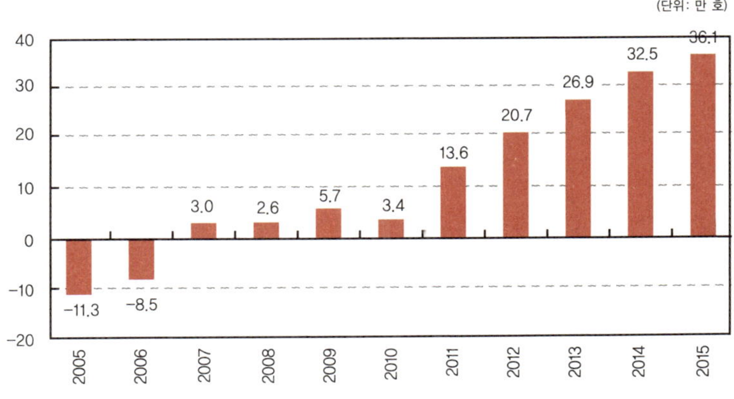

(주) 각종 자료로부터 KSERI 작성

도 대부분 그대로 공급될 가능성이 높다.

뿐만 아니라 이 자료에는 2014년 서울 공급 물량과 2015년 인천 공급 물량이 누락돼 있어 실제보다 2014년 이후 물량이 매우 과소하게 추산된 것으로 보인다. 하지만 여기에서는 이를 그대로 인정하기로 한다. 또한 이 추산치에는 수도권 지자체의 재량으로 벌일 수 있는 지구단위 계획상의 공동주택 사업 물량과 민간 택지사업 물량, 그리고 서울시가 공동주택 단지 개발이 용이토록 한 준공업 지역 및 초고층 빌딩 등에서 앞으로 공급될 물량 등은 모두 제외했다. 이런 점에서 수도권 아파트 추정 공급량은 상당히 보수적으로 산정한 수치라고 할 수 있다.

아파트 잠재 수요량은 국토부의 기존 주택 보급률 계산상의 보통가구 수에 전체 주택 중 아파트 비중을 곱한 것으로 정했다. 보통가구 수는 전체 가구 수에서 1인 가구와 5인 이하 비혈연 가구 수를 제외한 것이다. 1인 가구가 유효 주택 수요층이 되기 어렵고 통계상의 문제점이 많다는 점은 2권에서 설명할 것이다.

아파트 비중은 시간이 흐름에 따라 가구 수 및 아파트 선호도, 가구 소득 수준, 심지어 투기적 가수요의 변화까지 종합적으로 반영한 '현시적 지표*'라고 할 수 있다. 그런 의미에서 보통가구 수에

---

* 현시적 지표: revealed index, 잠재적 수요량을 추정하는 방법은 여러 가지가 있는데, 여기서는 겉으로 드러난(revealed) 소비자의 행태를 바탕으로 수요를 추정하는 방법을 썼다. 2000년대 이후 아파트 공급 비중은 다른 주택 유형에 비해 주택 수요자가 다른 주거 유형에 비해 아파트를 얼마나 선호하는지(그것이 실수요든 투기수요든)가 주택시장에 종합적으로 반영돼 직접 드러난 지표라는 뜻이다.

아파트 비중을 곱한 것을 아파트 잠재 수요량으로 간주하는 것은 매우 설득력 있다. 특히 김광수경제연구소가 같은 방법으로 2007년의 아파트 과부족 추산 작업을 통해 수도권의 미분양 물량 급증 사태를 경고했다는 점에서도 그 적실성이 이미 검증됐다고 볼 수 있다.

이 같은 방법론에 따라 수도권의 아파트 수급을 추정한 결과를 보자. 먼저 수도권의 아파트 공급량은 2005년 336만 호에서 2015년 502만 호로 10년 동안에 166만 호나 증가하는 것으로 나타난다. 또 수도권의 아파트 잠재 수요량은 2005년 348만 호에서 2015년 466만 호로 118만 호 증가하는 것으로 나타난다. 이로 볼 때 2015년에는 수도권 전체의 아파트 공급 과잉이 36만 호 수준까지 올라가게 된다. 2010년까지는 공급 과잉이 그리 심하지 않으나 2011년부터는 공급 과잉이 급증하면서 만성화될 것으로 전망된다. 현재 계획대로 수도권 아파트 공급이 늘어날 경우 적어도 수급 측면에서는 2011년부터 수도권 아파트 가격이 한층 더 폭락하기 시작할 것임을 예고하는 것이다.

수도권 아파트 시장의 공급 과잉을 초래하는 또 다른 구조적 변화 요인이 있다. 아파트 수요 면에서 지금까지 주요 구매자였던 베이비붐 세대가 2010년대 초반부터 은퇴하기 시작하고, 실업난과 비정규직화 등으로 새로 주택 시장에 진입하게 될 30~35세 연령대의 빈곤화가 동시에 진행되고 있다. 즉 수도권 아파트를 구입할 수 있는 유효소득 계층이 줄어들고 있다. 이 부분에 대해서는 필자뿐만 아니라 통계청과 많은 연구기관들이 비슷한 결과를 발표하고 있다. 이런 점을 감안하면 실제 공급 과잉 압력은 위의 추산보다 훨씬 심각해질 가능성이 높다.

물론 수도권이라고 하더라도 지역에 따라 국지적으로 사정이 조금씩 다를 수는 있다. 정부의 부동산 투기 조장 정책으로 일시적으로 일부 지역에서 등락이 있을 수도 있다. 그러나 〈그림 4〉에서 볼 수 있는 것처럼 수도권 과밀화 추세는 이제 한계를 넘어 수도권의 순유입 인구는 2002년을 기점으로 급속히 줄어들고 있다. 또 1990년대 이후 경기 지역의 대규모 신도시 개발로 서울의 인구가 지속적으로 경기도 지역으로 순유출되고 있다. 이는 그만큼 수도권 안에서 거주지 이동이 폭넓게 일어나고 있다는 것을 의미한다.

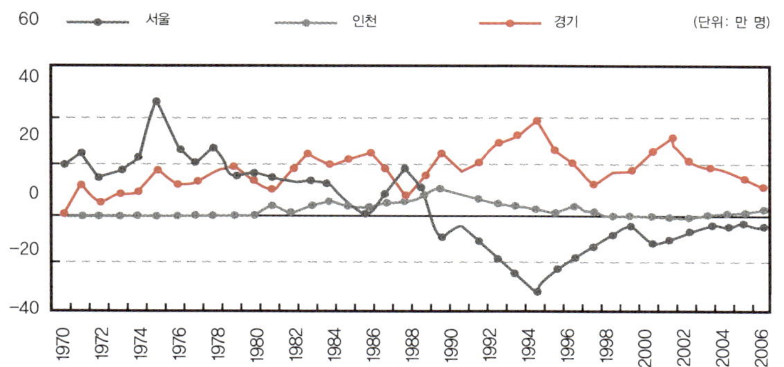

(주) 통계청 자료로부터 KSERI 작성

아파트 공급 과잉이 갈수록 심각해지고 있는 상황에서 국지적 가격 상승이 수도권 전체로 확산될 가능성은 갈수록 희박해지고 있는 것이다.

이런 상황에서도 현 정부는 주택을 무조건 많이 공급하면 집값이 떨어질 것이라는 식의 정책을 추진하고 있다. 개발시대 건설업자의 마인드에서 한 치도 벗어나지 못하고 있는 것이다. 그렇게 하면 시간은 좀 걸리겠지만, 집값은 매우 안정될 것이다. 그런데 말이 안정이지, 사실 안정이 아니다. 물론 이명박 정부는 단기적으로 자금난에 시달리는 건설업체들에게 돈을 퍼주고 경기가 좋아지는 것처럼 포장하려는 속내가 강할 것이다. 하지만 이 같은 근시안적인 단견이 장기적으로는 주택 시장을 확실히 죽이게 될 것이다. 물론 앞으로도 주택 공급은 필요하다. 하지만 주택 수급 구조를 면밀히 고려해 체계적으로 공급돼야 한다. 주택 공급의 시기와 방법론이 중요한 것이다. 그렇지 않으면 국가 전체적으로 엄청난 자원을 낭비하게 되는 꼴이다. 이에 대해서는 뒤에서 자세히 설명할 것이다. 다만, 이렇게 한 치 앞도 내다보지 못하고 무모하게 내지르는 정부가 한심하게 느껴진다. 매우 무식한 방법이기는 하지만 집값은 확실히 떨어질 것 같으니 반겨야 할까. 한 편의 블랙코미디를 보는 듯 씁쓸할 뿐이다.

주택 건설 실적 줄면 2~3년 후 집값 폭등?

부동산 버블이 꺼지면 주택 건설 붐이 꺼지는 것은 당연하다. 이러한 움직임은 신규 주택 건설 허가나 신규 주택 착공 등의 지표가 감소하는 것으로 나타난다. 이것은 그만큼 주택 경기가 침체되어 있다는 것을 뜻한다. 한편으로는 부동산 붐이 일면서 단기적으로 과잉됐던 주택 공급이 자연스럽게 조정되고 있음을 의미하기도 한다.

그런데 언론들이 신규 주택 착공이 줄어들면 2~3년 후에 집값이 폭등할 것이라고 선동하는 것을 보면 정말 어이가 없다. 한번 생각해보자. 지금 미국과 세계 각국에서 현재 신규 주택 착공은 부동산 버블기에 비해 큰 폭으로 줄어들었다. 그렇다고 해서 외국 언론 가운데 신규 주택 착공 물량이 감소했기 때문에 2~3년 후 집값이 폭등할 우려가 있다고 보도하는 곳을 본 적이 있는가. 적어도 필자가 아는 제대로 된 언론들 중에서 그런 보도를 하는 곳은 없다. 실제로 지난 2월에 발표된 2009년 1월 미국 신규 주택 착공 및 허가 건수에 관한 블룸버그의 보도(《U.S. Housing Starts Fell to Record Low in January》)를 검색해서 확인해보기 바란다. 그 어디에도 "주택 공급 부족으로 2~3년 후 집값 폭등 우려" 운운하는 식의 표현은 없다. 심지어 그 기사를 인용해 쓴 국내 기사도 그런 표현을 쓰지 않고 있다.

아무리 '기사 자판기'로 전락한 지 오래된 기자들이라고 하지만 최소한의 비판적 안목은 가져야 한다. 그런데 정부나 건설업계가 제공하는 주장을 무비판적으로 그대로 옮기니 이런 허무맹랑하고 천편일률적인 기사들이 양산되는 것이다.

미분양 물량은 제조업의 과잉 재고 같은 것이다. 국내뿐만 아니라 세계적으로 경기 불황을 겪으면서 각종 산업들이 과거 버블기의 과잉 재고와 과잉 설비를 해소하기 위해 몸부림치고 있다. 과잉 재고와 과잉 설비에 대한 구조조정이 어느 정도 진행돼야 다시 생산을 늘릴 수 있기 때문이다. 이는 너무나 당연한 이치다.

그런데 이처럼 국내 제조업계와 대다수의 외국 건설업계에서는 너무나 당연하게 받아들여지는 이치가 왜 우리 건설업계에는 전혀 적용되지 않는 것일까. 건설업은 어느 별나라 산업인가. 미분양 물량이라는 기존 주택 과잉 재고가 거의 해소되지 않았는데, 건설업체들이 신규 주택을 마구잡이로 짓는 것이 상식적으로 말이 되는가. 현재 수도권에 넘쳐나는 미분양 물량과 미입주 물량이 갑자기 2~3년 사이에 모두 해소될 것이란 말인가. 더구나 2009년에도 인천 청라를 제외한 전국 대부분 지역의 분양 실적이 극히 저조한 것을 볼 때 앞으로 미분양 물량은 계속 쌓일 수밖에 없다. 이런 상황에서 신규 주택이 과거 버블기 때처럼 공급되지 않는다고 해서 곧바로 2~3년 후 집값이 폭등한다는 말인가.

3장에서 설명하겠지만, 현재 집값은 다주택 투기자의 투기 수요 때문에 오르는 것이지 공급이 모자라 오르는 것이 아니다. 수급으로만 따지면 이미 부동산 버블은 사라졌어야 했다. 실제로 수년간 공급이 많았던 수도권 중대형 아파트 공급 과잉으로 2007년 이후 고점 대비 20~40% 폭락했다가 2009년 들어 겨우 회복세를 보이고 있다.

더구나 2008년 전국의 주택 건설 실적은 줄었지만, 주택 시장의 향방을 좌우할 수도권의 주택 건설 실적은 줄어들지 않았다. 19만 8000호로 밀어내기 분양이 성행했던 2007년을 제외한 2004~2006년 수준과 비슷하다. 대부분의 국가에서 부동산 버블 붕괴와 함께 주택 공급이 대폭 줄어든 것이나 수도권 주택 보급률이 가파르게 상승한 점을 고려해보면 결코 적은 물량이라고 보기 어렵다. 주택 시장의 침체가 장기화되는 지표로, 그래서 집값의 추가 하락 가능성이 높은 것으로 읽혀야 할 지표까지 정반대로 왜곡하는 언론의 사기성 보도가 부동산 버블을 키우는 한 축임은 두말할 나위 없다.

막대한 공급 물량 폭탄, 전국에서 터진다

필자가 추정한 주택 공급 물량이 얼마나 보수적으로 산정된 것인지는《대한민국에서 집 없는 부자로 살자》(이비락)라는 책을 보면 잘 알 수 있다. 이 책의 저자 박흥균 지멘스코리아 상무는 전국의 주택 공급 계획 및 진행 상황을 이 잡듯이 세세하게 집계해 놓았다.

저자에 따르면 2009년 현재 수도권 2기 신도시 12곳과 혁신도시 10곳, 기업도시 6곳, 경제자유구역 5곳, 행정복합도시 및 도청 이전 신도시 4곳, 기타 지방 신도시 6곳 등을 포함해 전국어서 모두 43개 신도시가 개발되고 있다. 주택 보급률이 110%에 육박하고 주택 수요가 빠른 속도로 줄어들 것으로 예상되는 상황에서 무려 520만 명을 수용할 수 있는 각종 신도시가 추진되고 있는 것이다. 이 같은 물량을 합리화하기 위해 전국 지자체는 터무니없이 장래 인구 계획을 부풀리고 있다. 예를 들어, 강원도의 현재 인구는 146만 명인데, 강원도 내 각 도시의 인구 계획을 종합하면 2020년에는 300만 명이 넘는다는 식이다. 중앙정부와 전국 지자체는 기업도시, 혁신도시, 경제자유구역 등에 대규모 산업 활동이 일어날 것처럼 선전하며 주택 공급을 마구잡이로 늘리고 있다. 그런데 정작 외국자본 유치나 산업 활동은 일어나지 않고 있다.

수도권도 예외는 아니다. 12개 수도권 신도시에서 공급될 주택 물량은

191만 명을 수용할 수 있는 규모다. 인천 경제자유구역인 송도, 영종도, 청라에서 공급되는 물량만 무려 47만 명을 수용할 수 있는 규모다. 2008~2012년 입주가 이뤄지는 굵직굵직한 수도권 택지 지구 물량은 20만 여 가구, 55만 명이 살 수 있는 규모다. 이뿐인가? 모두 알다시피 현 정부는 2008년 '9·19 대책'을 통해 서울 주변의 그린벨트를 풀어 앞으로 10년 동안 모두 40만 호를 추가로 짓겠다고 발표했다. 가구당 두 명씩만 잡아도 80만 명이 입주할 수 있는 물량이다. 이를 모두 합치면 수도권에서만 2020년까지 373만 명을 추가로 수용할 수 있는 주택 공급이 이뤄지는 셈이다. 그 대부분의 공급이 2016년까지 완료될 계획이다. 사실 필자의 계산에는 뉴타운 등 정비 사업 지구 공급 물량이나 지자체 차원의 지구 단위 계획 물량, 민간 택지 물량, 준공업 지역의 주택 공급 물량, 앞으로 건설될 계획인 초고층 빌딩 등에서 공급되는 물량 등이 모두 빠진 것이다. 그런데도 이처럼 이미 계획된 주택 공급 물량은 막대하다.

물론 이를 합리화하기 위해 수도권 지자체의 계획 인구 부풀리기도 심각하다. 현재 인구와 2020년 계획 인구를 보면 용인시(60만 명→130만 명), 화성시(30만 명→92만 명), 평택시(40만 명→80만 명), 김포시(20만 명→59만 명), 고양시(89만 명→135만 명) 등 상당수의 지자체가 계획 인구를 엄청나게 과대 계상하고 있다. 물론 지방과 달리 수도권 인구는 앞으로도 더 늘어날 수 있지만, 이 정도의 인구 증가와 주택 공급을 합리화하기에는 어림도 없다.

국내 주택 시장,
일본 판박이 될까

2010년대 주택 수급 전망을 토대로 2010년대 국내 부동산 시장의 상황과 1990년대 일본 부동산 시장의 상황을 비교해보자. 2010년대 국내 주택 시장은 일본 주택 시장이 1990년대 부동산 버블 붕괴 후 겪었던 장기 침체 양상을 보일 가능성이 상당히 농후하다. 지금까지 설명한 국내 주택 시장의 수급 사정과 이를 둘러싼 경제적, 정치적 환경과 인구의 동태적 변화가 당시 일본의 사정과 너무나 흡사하기 때문이다. 특히 현 정부와 정치권의 잘못된 정책 대응 역시 과거 일본과 너무나 비슷하다. 이를 구체적으로 살펴보자.

〈그림 1〉을 보자. 1980년대 말 발생한 일본의 부동산 버블은

도쿄, 오사카, 나고야 등 3대 도시권을 중심으로 진행됐다. 한국의 부동산 버블이 주택, 그중에서도 아파트를 중심으로 발생한 반면 일본의 부동산 버블은 상업 용지를 중심으로 전개됐다. 일본 3대 도시권의 지가 추이를 보면 최근 3~4년 동안 소폭 반등했음에도 불구하고 부동산 가격이 고점이었던 1991년 수준에 크게 못 미침을 알 수 있다. 특히 일본 3대 도시권의 상업용 지가는 고점 대비 20%를 약간 넘는 수준이며, 버블이 발생하기 전인 1986년의 60% 수준에 머물러 있다. 물론 이 기간 물가 상승률을 감안한 실질 지가는 이보다 훨씬 더 낮은 수준이라고 할 수 있다.

일본의 주택 보급률은 부동산 가격이 폭등한 1988년 111%로,

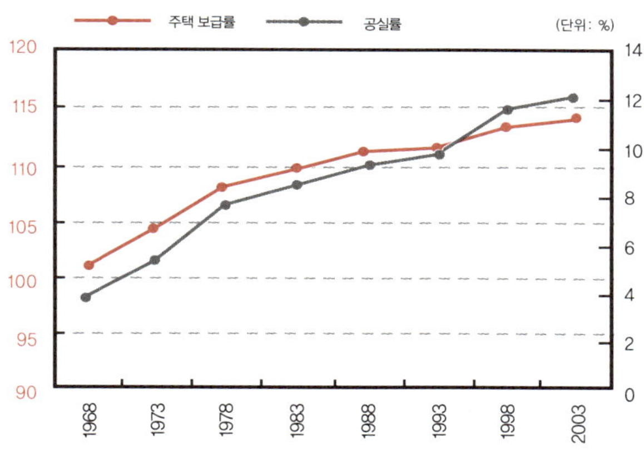

35~54세 인구 추이

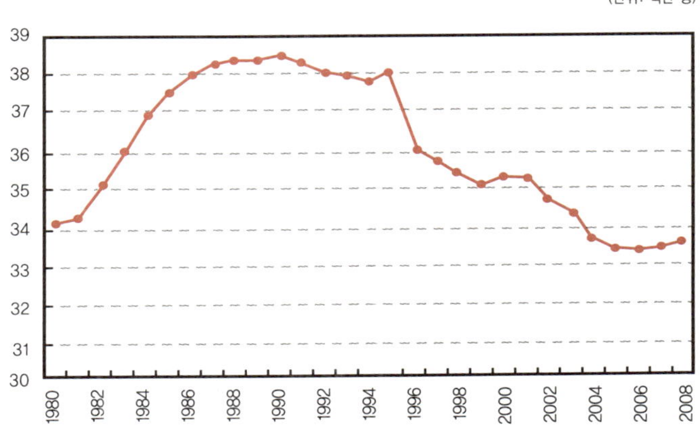

신규 주택 착공수 추이

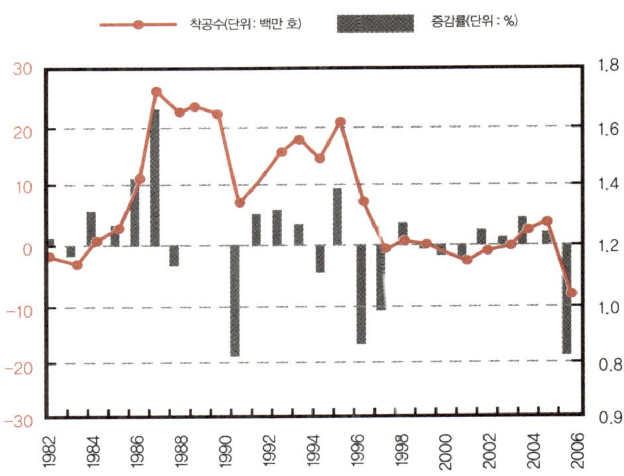

(주) 각종 자료로부터 KSERI 작성

버블 발생 전부터 100%를 넘었다. 한국도 2008년 전국 주택 보급률(추정치)이 110%에 육박해 일본과 상황이 크게 다르지 않다. 또한 일본의 인구는 주택 유효 수요 계층인 35~54세 인구가 1990년 3860만 명으로 정점에 달한 후 빠른 속도로 줄어들어 2005년에는 3400만 명 이하를 기록할 것으로 보인다. 한국도 35~54세 인구가 2010년경 정점을 기록하고 이후 줄어들 것으로 보인다. 한국도 일본처럼 부동산 버블이 붕괴하는 시점을 전후해 주택 유효 수요 인구가 급속히 줄어드는 셈이다.

이처럼 주택 유효 수요 인구가 줄어들고 부동산 버블이 붕괴하는 상황에도 일본에서는 대규모 신규 주택 공급이 계속됐다. 일본 정부의 건설 경기 부양책으로 건설업체들이 살아남아 대규모 신규 주택을 계속 공급했기 때문이다. 일본의 연도별 신규 주택 착공 추이를 보면 부동산 버블이 발생하기 전인 1980년대 초에는 매년 120만~130만 호 전후의 신규 주택이 착공됐으나, 부동산 버블이 시작된 1986년을 거쳐 1987~1990년에는 연간 170만 호 전후의 신규 주택이 착공됐다. 또 부동산 버블이 붕괴하기 시작한 1991년 이후 1997년까지는 연평균 150만 호 수준을 유지했다.

일본 정부는 부동산 버블 붕괴를 막기 위해 건설업체들의 아파트 건설을 강력히 지원했다. 빠른 속도로 금리를 내려 주택 금융 공고와 은행이 주택 자금 대출 세일을 벌이도록 하는 한편 거액의 주택 감세라는 미끼를 던져 싸늘하게 식어가는 주택 수요를 불러일으키려고 애썼다. 수요와 공급 양 측면에서 시행된 일본 정부의

각종 지원책으로 시장 상황과 구관하게 아파트 공급이 늘어난 것
이다.

그러나 주택 공급량은 1998년 동아시아 외환위기와 일본 내
금융 위기가 확산되면서 버블 발생 이전의 120만 호 수준으로 줄
어들었다. 일본 경제가 버블 붕괴 후 2차 위기를 맞자 그동안 정부
의 '재정 호흡기'에 기대 연명해온 대형 금융기관과 종합건설업체
들이 잇따라 파산하기 시작했다. 이때는 부동산 버블 붕괴에도 불
구하고 주택이 지나치게 과잉 공급된 데다 인구 감소로 인한 주택
수요 감소도 본격화된 뒤였다. 주택 공급이 연간 120만 호 수준으
로 줄어들면서 지가는 계속 하락했다.

전체 주택 가운데 빈 주택의 비율을 나타내는 주택 공실률도
1993년 9.8% 수준에서 2003년에는 12.2%까지 증가했다. 일본 전
국의 주택 8채 가운데 한 채가량이 빈 집으로 남아도는 상황이 된
것이다. 더 이상 시장의 수급에 의한 가격 하락 조정을 피할 수 없
게 되었으며 부동산 버블이 어느 정도 빠졌다고 여겨지던 1990년
대 중반에 분양된 주택이 2000년대에도 자산 가치가 절반에서 3분
의 1까지 추가로 떨어지는 현상이 발생했다.

앞서 살펴본 것처럼 주택 시장의 버블 붕괴와 장기 침체 과정,
그리고 그를 둘러싼 한일 양국의 정책 대응은 너무나 비슷하다. 이
것은 국내 부동산 시장이 과거 일본이 밟아온 전철을 답습하게 될
가능성이 매우 높음을 시사한다.

이명박 정부는 2008년 '6·11 지방 미분양 해소 대책', '8·21 주

택 공급 기반 강화 및 건설 경기 보완 방안', '9·19 도심 공급 활성화와 보금자리 주택 건설 방안', '10·21 가계 주거 부담 완화와 건설 유동성 지원 방안' 등 온갖 부동산 및 건설 경기 부양책을 쉴 새 없이 쏟아냈다. 이렇게 이명박 정부는 자연스러운 시장 수급에 의한 가격 하락을 가로막고 있다. 4대 강 정비 사업 등 당장 시급하지 않은 대규모 토목 사업을 추진하여 건설업체들에게 눈먼 돈을 대줌으로써 건설업계의 구조조정을 가로막고 있다. 대주단 협약이라는 틀을 만들어 구조조정 시늉을 내고는 있으나 시장 수급에 의한 구조조정을 지연시키고 방해할 뿐이다. 분양권 전매 제한과 양도소득세 감면, 재건축 규제 완화 등 각종 투기 조장책을 마구잡이로 쏟아냈다. 이 같은 투기 조장책으로 일시적 반등 국면을 만들어냈지만 이러한 분위기는 오래 가기 어렵다. 불과 2~3년 전에 이런 투기 조장책들이 쏟아졌다면 부동산 가격은 지금보다 수십 퍼센트 더 폭등했을지도 모른다. 그렇게 사력을 다해 부양책을 펼쳤는데도 이 정도의 미미한 반등에 그쳤다는 것부터가 주택 시장의 향방을 짐작하게 한다.

어쨌거나 현 정부의 투기 조장책들은 단기적으로는 부동산 시장을 살리는 것처럼 여겨질지도 모른다. 하지만 결과적으로 주택 시장의 자생적 복원력을 죽여 중장기적으로 주택 시장의 장기 침체를 초래할 뿐이다. 예를 들어, 현 정부는 9·19 대책에서 수도권에 연간 1만 호가량을 10년간 꾸준히 공급하기로 발표한 데 이어 2009년에는 수도권에 25만 1000호를 공급하겠다고 발표했다. 한쪽에서는 예산을 들여 미분양 물량을 매입하면서 다른 한쪽에서는 예산을 들이고 행정력을 동원해 미분양 물량을 늘리는 꼴이다. 모두 수도권의 수급 상황이 어떤지 모르고 자금난에 처한 건설업체들을 먹여 살리기에 급급하다 보니 나타나는 현상이다. 이러니 예산은 예산대로 탕진되고 미분양 물량 해소는 그것대로 지연돼 주택 시장의 장기 침체를 부추길 뿐이다. 그뿐인가. 주택 시장의 자연스러운 가격 하락 조정을 가로막는 바람에 오히려 몇몇 지역을 제외하고는 부동산 거래가 단절되고 침체가 심화되고 있다. 그로 인해 부동산 중개업과 인테리어, 이삿짐 서비스 등 부동산과 연관된 생산 서비스 경제 영역마저 위축되고 있다. 현 정부는 부동산을 살려 경기를 회복시키겠다고 하지만, 실상 경제의 자생적 복원력을 죽여 장기적으로는 부동산 시장도 같이 죽이는 길로 가고 있는 것이다.

집값, 언제
어떻게 꺼질까

이제 수도권 집값 거품이 언제 어떻게 꺼지고 얼마나 떨어져야 바닥에 이를 것인지 한번 추정해보자. 이를 위해서는 현재 집값이 얼마나 과도한지를 먼저 살펴볼 필요가 있다.

〈그림 1〉을 참고로 전국 및 서울의 아파트 가격과 소비자 물가 지수의 상대 가격이 어떻게 변했는지 살펴보자. 주택 가격이 물가 수준 대비 최저점이던 1998년 11월의 물가 및 가격 수준을 100이라고 할 때 2008년 6월의 물가지수는 136.1, 서울의 아파트 가격은 294.6으로 변했다. 10년 만에 상대 가격이 무려 1 대 2.2로 벌어진 것이다. 이는 아파트 가격이 다른 모든 재화에 비해 이 기간 2.2배

나 더 많이 상승했음을 의미하는 것으로, 주택 가격이 얼마나 과도하게 상승했는지를 짐작할 수 있다. 참고로, 같은 기간 전국 및 서울의 아파트 가격은 급등한데 비해 집세는 소비자 물가지수 수준보다 훨씬 낮다. 특히 그 격차는 집값이 급등하기 시작한 2001년 이후 매우 큰 폭으로 벌어지고 있다. 전국 및 서울의 아파트 가격이 사용 가치나 임대소득 수준을 훨씬 상회해서 상승한 거품이라는 의미다.

이번에는 일반 가계의 근로소득과 주택 가격의 변화를 비교해보자. 이를 보면 일반 가계가 체감하는 주택의 상대 가격 변화를 좀 더 분명히 알 수 있다. 특히 가계 근로소득은 가계의 구매력 대

>>> **그림 1** **아파트 가격 및 물가지수 추이**

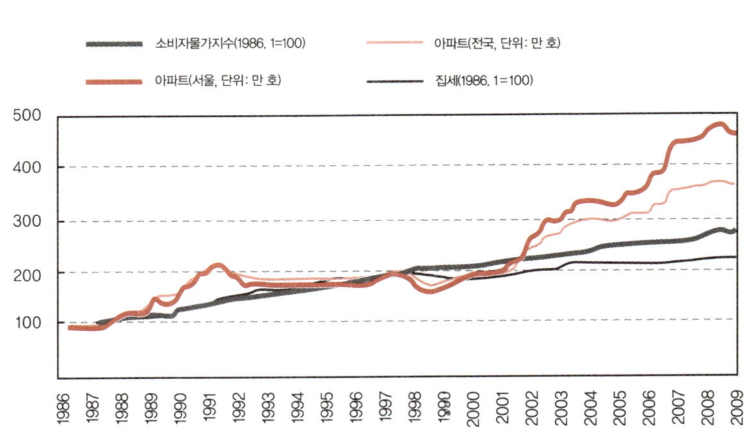

(주) 한국은행 및 국민은행 자료로부터 KSERI 작성

비 주택 가격 수준이 어느 정도인지를 보여준다는 점에서도 좋은 비교 대상이다. 주택 가격의 수준을 가늠하는 대표적인 지표로 가격 소득 비율(PIR, Price-Income Ratio)을 흔히 사용하는 것도 이 때문이다.

버블 1기와 버블 2기의 서울의 아파트 가격 상승률과 도시 가구의 근로소득 추이를 비교해보자. 버블 1기에 서울의 아파트 가격은 110%, 도시 가구 월평균 근로소득은 69.6% 올랐다. 그런데 버블 2기에 서울 아파트 가격은 152.7% 상승했는데, 도시 가구 월평균 근로소득은 51.9% 상승하는 데 그쳤다. 1기에 비해 집값은 더 오른 반면 상승 기간이 두 배 가까이 되는데도 소득은 덜 오른 것이다. 이는 2000년대 부동산 버블이 소득 증가가 아닌 가계 부채에 기반한 악성 버블이라는 뜻이다.

그러면 금액 면에서 이 같은 상대 가격 변화가 가계에 얼마나 큰 영향을 미치는지 알아보자. 버블 2기인 2000년대의 상황을 예로 들면, 2001년 2500만 원이던 가계의 연 근로소득이 2008년에는 3800만 원으로 늘어났지만 같은 기간 서울 지역의 아파트 가격은 2억 원에서 5억 원으로 올랐다. 금액 면에서는 아파트 가격과 근로소득 간의 차이가 2001년의 1억 7500만 원에서 7년 반 만에 무려 4억 6200만 원으로 벌어진 것이다. 이 경우 아파트를 소유한 사람은 그만큼 거액의 불로소득을 올린 셈이고, 무주택자는 상대적으로 그만큼 가난해졌다고 볼 수 있다.

이제 한국의 부동산 버블이 다른 나라에 비해 얼마나 과도하며 앞으로 어떤 식으로 꺼질 것인지 한번 추정해보자. 〈그림 2〉는 한·미·일 3국의 물가지수와 명목 주택 가격 추이, 그리고 두 지수의 차이를 도표로 나타낸 것이다. 미국의 주택가격지수(케이스–실러 지수)로는 서울이나 수도권에 대응하는 미국 10대 도시 가격지수를 사용했으며, 일본 역시 도쿄· 오사카·나고야 등 3대 도시의 주택가격지수를 사용했다.

그래프를 통해 직관적으로 알 수 있듯이 주택 가격이 한 경제가 감당할 수 있는 물가 수준을 지속적으로 뛰어넘어 무한히 상승하는 것은 불가능하다. 물론 부동산 버블이 발생할 때 상당 기간에 걸쳐 물가 수준을 뛰어넘어 버블 가격이 유지되는 경우도 있다. 하지만 더 긴 흐름에서 보면 결국 물가 수준으로 수렴될 가능성이 높다.

우선, 일본을 보면 1986년부터 주택 가격이 급상승해 1991년 정점을 기록했다가 이후 지속적으로 하락해 2003년경에야 물가지수 수준 아래로 떨어진 것을 알 수 있다. 일본의 경우 앞에서도 설명했지만 버블 붕괴 시기에 부실 채권 정리 및 건설, 금융업 등의 구조조정 지연, 급속한 고령화와 인구 감소 추세, 부동산 버블 붕괴 여파 등이 맞물리며 주택 가격이 소비자 물가지수 이하 수준에서 상당 기간 머물렀다.

미국의 경우에도 1980년대 후반에 주택 가격이 물가지수 수준을 약간 상회했으나, 이후 1990년대 내내 물가지수 수준을 밑돌았다. 하지만 2000년대 들어 주택 가격이 급상승하면서 2006년 6월에 정점을 찍고 이후부터 서브프라임론 사태가 본격화되면서 빠른

일본의 물가 및 주택 가격 추이

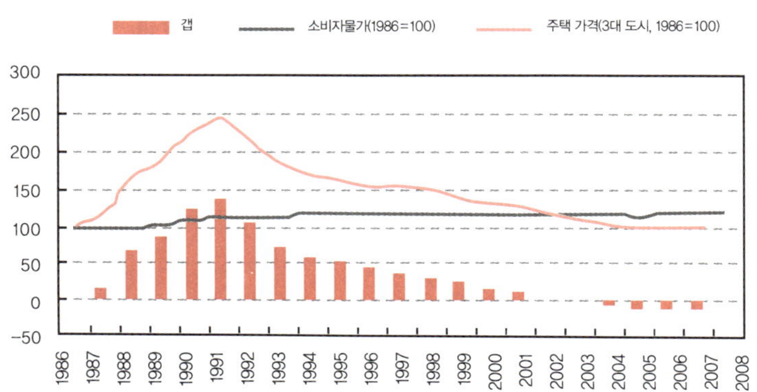

미국의 물가 및 주택 가격 추이

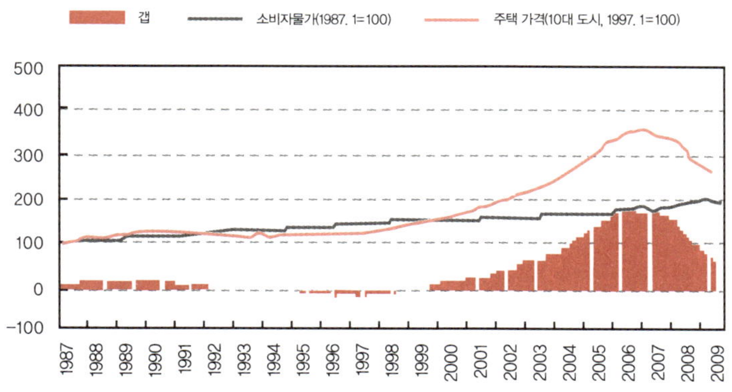

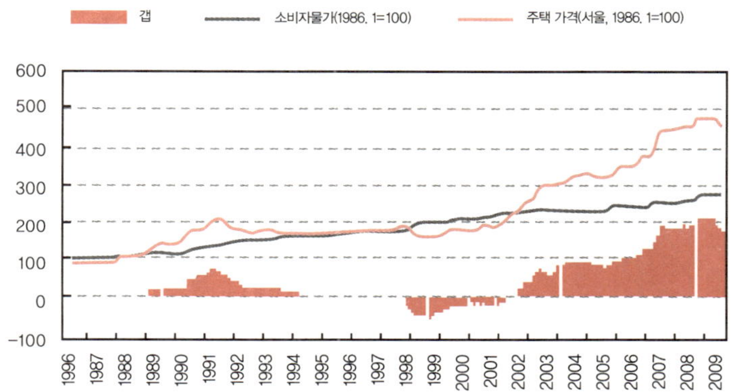

속도로 부동산 버블이 꺼지고 있다. 2009년 2월 현재 미국 10대 도시의 주택 가격은 고점 대비 30%가량 하락했다. 그런데도 상당수의 전문가들은 15% 정도 추가 하락할 것이라고 전망하고 있다. 전문가들의 전망치가 현재 미국 주택 가격이 물가지수 수준과 보이는 격차와 비슷하다는 점을 알 수 있다. 일본의 경우에서도 알 수 있듯이, 미국 역시 부동산 버블이 해소된 뒤에도 상당 기간 주택 가격이 회복되지 못하고 바닥권에서 최소 수년 동안 머무를 가능성이 높아 보인다.

마지막으로, 한국의 경우 2008년 하반기부터 아파트 가격이 하락하는 초기 단계에 진입했지만, 부동산 버블이 거의 해소되지 않고 있음을 알 수 있다. 서울의 경우 아파트 가격과 소비자 물가 지수의 갭은 부동산 버블 정점기의 일본이나 미국에 비해 결코 작지 않다. 따라서 한국의 주택 가격도 어떤 식으로든 미국이나 일본처럼 상당 기간에 걸쳐 버블이 빠질 수밖에 없다. 그 과정에서 상당한 충격이 동반되는 것 또한 불가피하다.

추정 방법 1, 시나리오별 버블 붕괴 전망

이번에는, 과거 국내외 부동산 버블 붕괴 사례들을 통해 시나리오별로 버블 붕괴 과정을 유추해보자.

〈그림 3〉에 일본형 폭락 후 장기 침체, 미국식 폭락, 1990년대 하락 패턴을 대입해보았다. 일단 현재까지 한국에서는 일본과 미국 같은 초기 폭락 양상이 뚜렷하지 않다. 2008년 말 폭락 양상을 보였으나, 정부의 부동산 부양 총력전으로 집값 폭락은 일단 저지됐다. 하지만, 이것이 집값 폭락 가능성이 사라졌다는 것을 뜻하지는 않는다. 미분양 물량이 제대로 해소되지 않았고, 정부 재정을 통한 건설 경기 부양이 한계에 이른 가운데 경기가 기대만큼 조기 회복되지 않을 경우 다시 집값 폭락으로 이어질 가능성이 적지 않다.

설사 미국, 일본과 같은 집값 폭락 양상이 나타나지 않고 1990년대 초반과 비슷한 패턴을 따른다 해도 집값의 장기 침체는 피할 수

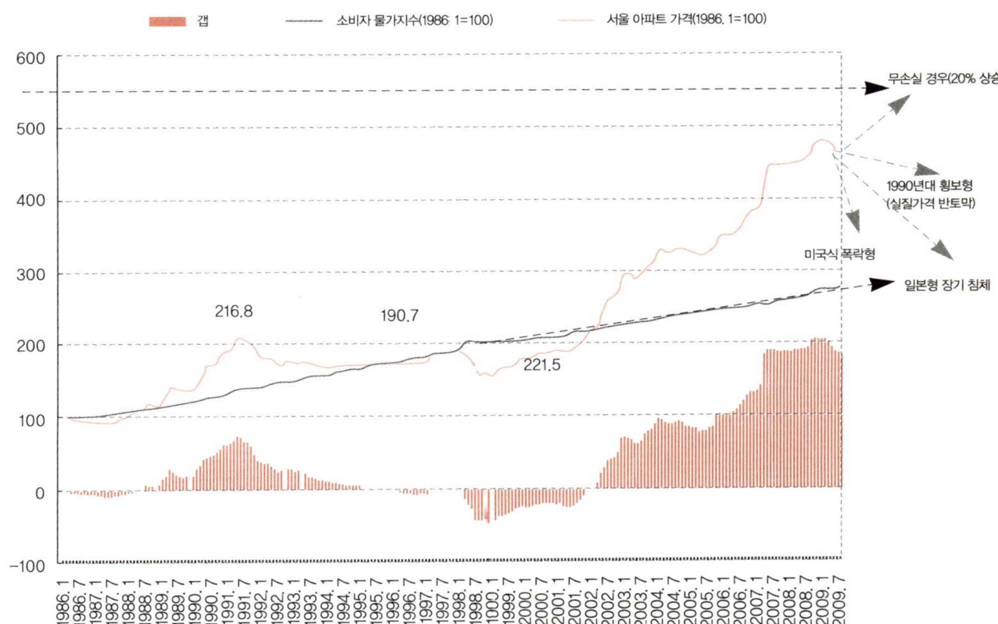

(주) 국민은행 자료로부터 KSERI 작성

없다. 서울 지역을 기준으로, 1차 버블기 때는 주택 가격이 물가지수 수준을 넘어서 2년 10개월간 상승한 다음 물가지수 수준까지 다시 내려가는데 4년 3개월가량 걸렸다. 2000년대의 2차 버블기 때는 주택 가격이 물가지수 수준보다 상승한 기간이 7년 8개월이다. 물가지수와 주택 가격 간의 차이도 1차 버블기 정점인 1991년

4월에는 75 수준인데, 2차 버블기 정점인 2008년 6월에는 206.7까지 벌어졌다. 2차 버블기의 상승 기간과 물가지수의 차이가 1차 때에 비해 각각 2.7배가량에 이르는 셈이다. 만약 현재의 부동산 버블이 1990년대 초반처럼 해소된다고 가정하면 버블 정점기인 2008년 6월을 기준으로 11년 6개월가량이 지나야 주택 가격이 물가지수 수준에 수렴될 것이라고 할 수 있다. 일본과 같은 장기 침체를 겪을 가능성이 상당히 높은 것이다.

많은 이들이 1차 버블기 때 집값이 횡보했다고 기억하는데, 사실 1차 버블기 때도 초기에는 상당한 수준으로 집값이 급락했다. 1차 버블기 때 집값은 13~14개월간 20%가량 하락한 뒤 명목가격지수 평탄기에 들어갔다. 만약 이번에도 이런 패턴을 따른다면 3년간에 걸쳐 고점 대비 20%가량 빠진 뒤 명목지수상 안정기에 접어들게 될 것이다.

물론 이번 부동산 버블 붕괴가 1차 버블기 때의 패턴을 따를 것이라는 뜻은 아니다. 국내 부동산 시장은 2009년 상반기의 국지적 반등기가 끝난 뒤 어느 순간 다시 폭락 양상을 보여도 전혀 이상하지 않다. 그만큼 부동산 버블이 매우 심각한 수준이다. 어떤 시나리오를 따르든 집값은 반등기가 끝나면 앞으로 상당히 장기간에 걸쳐 지속적으로 하락할 가능성이 높다. 집값이 물가지수에 수렴된 시점에서 보면 집값 하락폭은 고점에 비해 매우 클 것이다. 그렇게 본다면 2010년대 집값은 '꾸준하고 지속적인 장기 대하락'으로 사후에 규정될 가능성이 높아 보인다.

한 가지 분명한 것은 부동산 버블 붕괴를 어느 정도 억지로 지연시킬 수는 있어도 막을 수는 없다는 것이다. 과도한 버블일수록 더더욱 그렇다. 이는 지금까지 자본주의 역사가 거의 단 한 차례 예외도 없이 입증한 바다. 우리나라만 예외가 될 것이라는 생각은 허무맹랑한 공상이다. 부동산 시장의 가격 메커니즘에 따라 버블이 자연스럽게 해소되도록 하는 것이 순리다. 그런데 정부는 각종 부동산 투기 조장책들로 오히려 버블을 더욱 키우려 하고 있다. 냉엄한 시장의 힘에 정면으로 무모하게 도전하고 있는 것이다. 단기적으로는 그것이 통하는 것 같지만, 결국 자본주의 역사의 냉엄한 수레바퀴에 압사당하고 말 것이다. 정부가 부동산 버블을 꺼트리지 않으려고 발버둥 치면 칠수록 부동산에 국가 전체의 자원이 묶여 새로운 경제 활로를 찾는 시간이 늦어질 것이다. 게다가 부동산 버블이 안에서 계속 곪아 어느 순간 급격하게 터져버릴 가능성이 높아질 뿐이다. 그때에는 대책도 없다. 부동산 버블이 터지면 부동산 부양에 사활을 건 정부의 기반 또한 와르르 무너질 가능성이 높다. 정부가 더 늦기 전에 깨닫는 바가 있기를 바란다.

추정 방법 2, 엘리엇 파동 이론에 따른 분석

이번에는 주로 주식의 기술적 분석에 사용되는 엘리엇 파동 이론을 적용해 강남 지역의 집값 추이를 전망해보자.

엘리엇 파동 이론은 투자자들의 집합적인 심리가 낙관과 비관 사이에서 변하는 가운데 겉보기에 무질서해 보이는 시장 흐름이 일정한 패턴을 가진 파동으로 나타난다는 것으로 요약할 수 있다. 이 이론은 1930년대 회계사인 랠프 넬슨 엘리엇이 75년간의 주가 움직임을 분석한 결과를 토대로 처음 주장했다. 이 이론은 금융시장 등 투자자들의 집합적 거래 행위 패턴을 분석하는데 널리 사용된다. 물론 엘리엇 파동 이론에 대해 비과학적이라는 비판도 있지만, 경험적으로나 역사적으로 상당한 적중률을 자랑한다. 이 이론의 대가로 인정받는 로버트 프렉터 주니어는 한때 이 기법을 사용해 전미 주식 거래 챔피언십에서 사상 최고 기록으로 우승을 차지했다. 그는 또 2000년대 초부터 주식 및 부동산 버블 붕괴로 1930년대 대공황 이후 최대의 경제 위기가 도래할 것이라고 경고해 주목받기도 했다.

엘리엇 파동 이론에서 말하는 기본 패턴은 〈그림 4〉에서 보는 것처럼 상승 5파와 하강 3파 모두 8개 파동이 하나의 사이클을 구성한 뒤 새로운 파동이 시작된다. 이때 상승 5개 파동은 1·3·5번의 충격(상승)파동과 2·4번의 조정파동으로 구성되며, 하락 3개 파동은 1·3번(그래프에서는 A·C)의 충격(하락)파동과 2번(그래프에서는 B)의 조정파동으로 구분된다. 시장 내외부의 상황에 따라 파의 크기와 지속 기간이 줄거나 늘어나는 등 파동이 변형되기도 한다.

엘리엇 파동 이론을 국민은행의 주택 가격 통계가 시작된 1986년 이후 강남 지역 집값 추이에 적용해보자. 분석에 앞서 전제

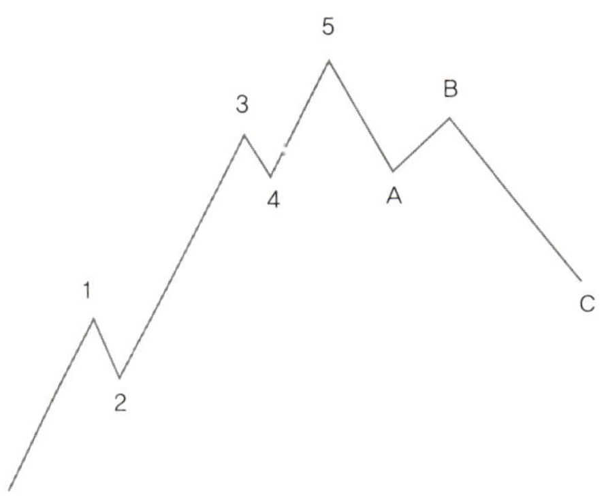

할 것이 있다. 우선, 파동의 진폭을 명확히 하기 위해 강남 지역의 명목 주택 가격을 물가지수로 나눈 가격 추이로 살펴보기로 한다. 여기에서 말하는 강남 지역은 국민은행의 통계상 표현으로, 서초·강남·송파구 등 강남 3개 구 외에 양천·관악·강동구 등 서울 내 한강 이남의 11개 구를 모두 포함한다. 투자(또는 투기) 시장의 성격이 가장 강한 강남 3개 구의 가격 추이는 파동의 양상을 가장 정확히 보여줄 것이다. 하지만 강남 3개 구의 가격 파동을 보여줄 만큼 장기간 작성된 시계열 데이터는 없다. 2002년 12월 이후 강남 3개 구와 강남 지역 전체의 가격 추이가 크게 다르지 않다는 점을 감안할 때 강남 지역 전체 데이터를 대신 사용해도 큰 무리는 없을 것이다. 강북 지역의 경우 2006년 이전까지는 투자 시장의 성격이 약

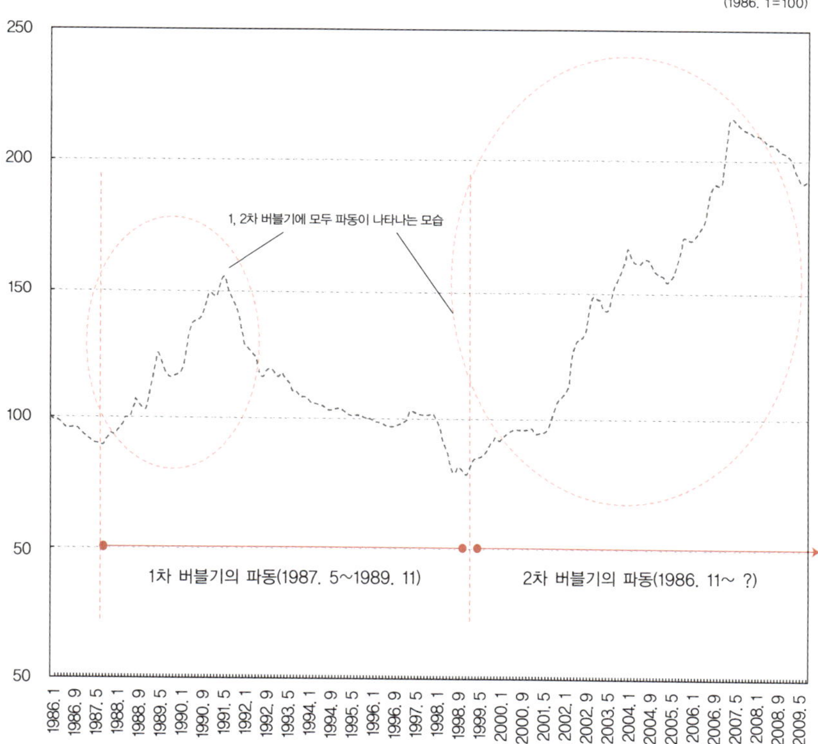

했기에 상대적으로 엘리엇 파동의 특성이 약하게 나타난다. 강남 지역 집값이 수도권 집값의 기준점 역할을 하므로 강남 지역을 분석하는 것만으로도 큰 무리는 없을 것이다.

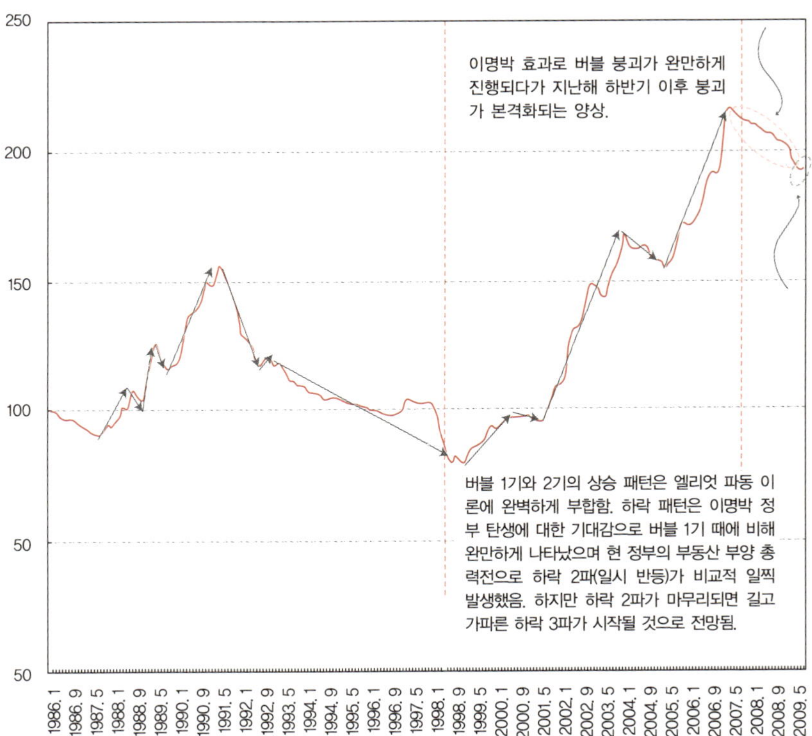

이제 분석에 들어가자. 〈그림 5〉를 보면 버블 1기의 상승 패턴과 버블 2기의 상승 패턴이 상당히 유사하게 나타남을 알 수 있다. 또한 엘리엇 파동 이론에서 말하는 상승 5파의 흐름이 버블 1기와

2기에서 비교적 뚜렷하게 보인다.

버블 2기의 상승 패턴을 엘리엇 파동 이론에 맞춰 설명해보자. 1998년 10월부터 2000년 5월까지 지속된 상승 1파는 외환위기 직후의 반등 국면이다. 이때는 여전히 경기 전망에 대한 부정적 뉴스가 나왔지만 이전 사이클의 저점에서 반등이 일어났다. 2000년 5월에서 2001년 1월까지 진행된 상승 2파(조정파)는 비교적 짧게 진행돼 뚜렷하지 않다. 이후 2001년 초부터 2003년 10월까지 진행된 상승 3파는 '1차 폭등기'로, 집값 상승에 대한 기대감이 커진 가운데 수도권 전역에서 집값이 빠른 속도로 상승했다. 파동 이론에서도 상승 3파를 대체로 가장 크고 강력한 상승파라고 설명한다. 이어 또 한 번의 조정파인 상승 4파는 2003년 11월부터 2005년 1월까지 지속됐다. 이때는 노무현 정부의 '10·29 대책' 발표와 함께 급격한 장기 상승으로 인한 부담 때문에 거래량이 줄고 집값이 상당 수준 떨어졌다. 2005년 1월부터 2006년 12월까지 진행된 상승 5파는 1년여 동안의 조정기를 거쳐 2004년 하반기 이후 이어진 이헌재 재경-강동석 건교 장관의 건설 경기 부양책 및 판교발 로또 광풍으로 촉발됐다. 이른바 '2차 폭등기'다. 특히 강남의 경우 상승 5파는 상승 3파에 맞먹을 정도로 강력한 움직임을 나타냈다. 상승 5파 시기에는 일반적으로 집값 상승에 대한 기대감이 한층 더 확산되고 유감스럽게도 대부분 평범한 가계가 뒤늦게 부동산 시장에 올라타는 시기다. 이처럼 버블 2기의 집값 상승 패턴은 엘리엇 파동 이론과 거의 맞아떨어진다.

그러면 버블 1기와 버블 2기의 하락파 패턴은 어떨까. 우선 버블 1기의 하락 패턴은 하락 2파(조정파)가 1994년 하반기에 미약하게 나타났지만 전반적으로는 급락한 후 완만한 하강세를 보였다. 즉, 하락기에는 엘리엇 파동이 상대적으로 뚜렷하게 나타나지 않았다. 또한 하락 3파가 1996년 말에 마무리되고 새로운 상승 사이클이 시작돼야 했으나, 외환위기의 충격으로 하락 3파가 나타나는 시기가 2년 정도 연장된다. 이른바 바닥이 다시 꺼져버린 것이다.

버블 2기에서도 상승 5파가 마무리된 뒤 2007년 1월부터 실질 가격 측면에서는 하락 1파가 시작됐다. 이때는 이른바 '이명박 기대 효과'에 힘입어 집값은 높은 수준에서 유지되는 반면 거래량은 급감하는 부동산 스태그플레이션 현상이 진행되면서 매우 완만한 형태로 나타났다. 그러다가 시중 금리가 급등하고 경기 침체가 본격화된 2008년 하반기부터 가파른 하락세가 본격화됐다. 보통 이 시기는, 2008년까지 대다수의 부동산 재테크 전문가들이 그랬던 것처럼, 대다수의 투자 분석가들이 여전히 장세를 낙관적으로 전망하는 시기라고 엘리엇 파동 이론은 가르친다.

정부의 재건축 규제 완화 등 각종 부동산 부양책에 따른 투자 심리 회복에 힘입어 2009년 3월부터 국지적인 반등 국면이 전개되고 있다. 하지만 이것이 하락 2파(조정파)인지는 아직 분명하지 않다. 보통 하락 2파는 고점에서 가격이 상당폭 하락한 뒤 고점 대비 상대적으로 낮은 가격 메리트를 노린 반발 매수세가 유입되는 국면이다. 또 거래 시장의 수급 등 펀더멘털이 전혀 개선되지 않는데도 상당수의 투자 전문가들이 여전히 '희망가'를 부르는 시기이기도 하다. 현재 부동산 투기 조장 전문가들이 떠들어대는 것처럼 말이다. 그런 점에서 2009년 상반기의 부동산 시장은 하락 2파의 특성을 어느 정도 띠고 있다. 하지만 앞으로 전개될 큰 폭의 장기 하락 추세를 감안하면 큰 틀에서는 이것이 여전히 하락 1파의 지속이라고 볼 수 있을지도 모르겠다. 하락 1파의 지속이라면 반등폭과 기간은 상대적으로 매우 짧을 가능성이 높다.

만약 이것이 하락 2파 국면이라면 언제까지 지속될까? 엘리엇 파동 이론에서는 파동의 크기를 직전에 일어난 파(여기에서는 하락 1파)의 크기에 피보나치 수열상의 비율을 적용해 추정한다. 이에 따르면 하락 2파는 하락 1파 크기의 38.2% 또는 61.8% 정도 반등한 뒤 다시 하락 3파에 들어가게 된다. 하락 1파 저점인 2009년 3월의 가격지수(191.5)에서 고점 대비 지수 하락폭인 26의 38.2%(9.9)나 61.8%(16.8) 정도 상승한 201.4나 207.5까지 반등한 뒤 재하락을 시작한다는 뜻이다. 2009년 5월 현재 가격지수는 192.9이므로 이론상으로는 조금 더 반등할 에너지가 있을 수도 있다. 하지만, 강남 3개 구의 경우 강남 지역 전체보다 반등 폭이 더 크다는 점을 고려해야 한다.

지금까지의 설명은 어디까지나 이론상의 이야기이므로 현실에서 정확히 관철될지는 미지수다. 예를 들어, 부동산 시장 안팎의 상황 변화에 따라 버블 1기 때처럼 하락 2파가 매우 미미하게 나타나는 등 하락파의 패턴이 뚜렷하지 않을 수도 있다. 주식시장과 달리 정부의 정책 개입에 따라 브동산 시장의 흐름이 상당폭 교란될 수도 있다. '이명박 기대 효과'로 하락 1파의 초기 흐름이 상당히 완만하게 진행된 것이라든지 2008년 말 이후 가파른 급락세가 멈추고 반등한 것은 바로 이런 힘이 작용한 결과라고 할 수 있다.

하지만 다시 말하지만 분명한 것은 수도권 집값이 다시 하락하는 것은 시간문제라는 점이다. 2009년 상반기의 국지적 집값 반등이 대세 상승으로 이어지지 못했다는 사실을 투자자들이 깨닫는 순간 집값은 다시 길고 긴 내리막길로 치닫게 될 가능성이 높다. 대세 하락기에 일시적 조정이 끝난 뒤 재하락할 때는 훨씬 더 크고 강력한 하락세가 나타나는 것이 보통이다. 엘리엇 파동 이론의 법칙이 앞으로 구체적으로 어떻게 강남 지역의 집값 흐름에 관철될지는 알 수 없다. 하지만, 적어도 현재까지 강남 지역의 집값 움직임은 대체로 엘리엇 파동 이론의 설명대로 움직여왔음을 부인하기 어렵다. 폭풍이 휘몰아칠 때 파도의 흐름을 타는 배는 해안가에 무사히 닿지만, 파도의 큰 흐름에 '맞짱' 뜨는 배는 아무리 커도 박살 나게 돼 있다. 독자들은 현 정부처럼 세상 어떻게 돌아가는지도 모르고 파도의 큰 흐름에 '맞짱' 뜨는 무모한 짓을 하지 않기 바란다.

주택 실수요자를 위한
10가지 조언

지금까지 앞으로 주택 시장에서 벌어질 큰 흐름에 대해 설명했다. 이를 이해한다면 가계들이 앞으로 어떻게 해야 할지는 구체적으로 언급하지 않아도 자연스럽게 알 수 있을 것이다. 그럼에도 불구하고 좀 더 구체적인 조언을 바라는 독자들이 많을 것이다. 필자는 재테크 전문가가 아닐뿐더러, 더구나 개별 가계의 구체적 상황을 모르는 상황에서 일률적인 조언을 할 수는 없다. 하지만 원론적인 조언 몇 가지는 할 수 있다.

조언을 하기에 앞서 몇 가지 전제할 것이 있다. 이들 조언은 집으로 대박을 터뜨리겠다는 탐욕에 넘치는 사람들을 위한 것이 아니다. 그런 분들에게는 필자의 조언이 별 도움이 되지 않을 것이다. 누누이 말하지만 그런 사람들을 위한 책은 시중에 널려 있으니 참고하기 바란다. 2009년 상반기에도 버블 폭탄을 받아줄 '더 큰 바보(a bigger fool)'들을 후리는 책들이 여러 권 출간된 것으로 알고 있다. 그 책의 저자들은 무슨 신이라도 들렸는지 전 세계 부동산 버블이 꺼져가는 시기에도 '폭등'을 외치고 있으니 수준은 안 봐도 알 만하다. 어쨌거나 이들 '브동산 불패교'의 전도사들이 매우 선량한 분들임이 분명하다. 제목만 보면 불과 1~2년 안에 부동산 폭등으로 떼돈 벌 기회가 올 것이 틀림없으니 혼자만 알고 떼돈을 벌면 좋을 텐데 모든 이들에게 자상하게 다 알려주니 말이다. 그 좋은 정보를 여러 사람이 알고 투자하면 자기 몫이 줄어들 게 분명한데도 말이다. 혹시 자신의 선동에 넘어가 많은 사람들이 부동산을 사줘야 떼돈을 벌 수 있는 것은 아닐까, 의심하게 된다. 정말 의문이다.

어쨌든 '부동산 불패교' 신도쯤 된다면 이런 책들을 읽어볼 만할지도 모르겠다. 시간 낭비, 돈 낭비일 가능성이 농후하지만, 짚신도 제 짝이 있다고 하지 않는가. 필자가 보기에는 그런 책들을 믿다가 대박은커녕 쪽박 차기 십상이지만, 굳이 말리지는 않겠다. 돈이 남아돌아서, 또는 투기적 성향이 유전자에 각인된 사람이어서 한탕을 노리고 있다면 얼마든지 시도하라. 다만 나중에 자기가 산 집의 가격이 떨어졌다고 해서 정부에 혈세로 집값을 부양해달라고 생떼 쓰지 말기를 바란다. 집값이 오르면 자기 몫으로 챙기고, 떨어지면 국민의 돈으로 투자 손실을 만회해달라는 것은 너무 파렴치하지 않은가.

아래 조언은 어디까지나 가족들과 오순도순 살아갈 집 한 채를 마련하는 것이 목적인 진짜 실수요자들을 위한 것이다. 필자의 세계관이 많이 개입된 조언이므로 독자들은 스스로 걸러서 판단하기 바란다.

1. 기회비용과 리스크를 생각하라

현재 집값은 여전히 매우 높은 수준이다. 백보 양보해서 부동산 투기 선동가들이 말하는 대로 집값이 오른다고 하더라도 여기에서 얼마나 더 오르겠는가. 지역마다 편차는 있지만, 대부분의 지역에서는 이전 고점 이상으로 집값이 올라가지는 않을 것이다. 수억 원을 부동산에 투자해 묵힐 경우의 기회비용을 상쇄하고 남을 정도로 집값이 올라줄 것인지 생각해보라. 그리고 금전적인 부분뿐만 아니라 이자 부담이나 집값 하락에 대한 우려 등 심적인 고통까지 기회비용으로 생각해보라. 빚을 잔뜩 져보면 빚 없이 마음 편하게 사는 것이 얼마나 큰 행복인지를 알게 될 것이다. 또한 기대대로 집값이 올라주지 않을 경우 가계 경제에 생길 리스크도 따져보라. 지금은 절대로 거액의 빚을 얻어 투자할 만한 시기가 아니다.

2. 저평가 착각에서 벗어나라

"우리 동네는 저평가돼 있다" 또는 "우리 동네는 하락을 피할 것이다"라는 환상에서 벗어나라. 부동산 정보업체들은 툭하면 개발 호재를 중심으로 집값이 얼마 올랐네 하는 보도자료를 내고, 상당수 언론들은 이를 그대로 받아쓴다. 그런데 한번 꼽아보라. 수도권 웬만한 지역에 개발 호재가 없는 곳이 있는지. 이제는 개발 호재가 없는 곳이 오히려 예외적이라고 할 수 있다. 따라서 우리 동네가 앞으로 좋아질 것이니 우리 동네만 집값이 오를 것이라는 환상은 버려라. 집값이 떨어지면 대부분의 지역이 떨어질 수밖에 없다. 새로운 개발 호재가 아니라면 기존의 웬만한 개발 호재는 다 묻힐 가능성이 높다. 새로운 개발 호재도 집값 하락기에는 빛을 발하기 어렵다는 것을 명심하라.

3. 대박 착각에서 벗어나라

나도 부동산으로 대박을 터뜨릴 수 있다는 착각에서 벗어나라. 언론이나 각종 부동산 포털 등에는 부동산 투자 성공기가 줄을 잇는다. 하지만 이제 그것들은 모두 옛날이야기다. 앞으로는 부동산으로 대박을 터뜨릴 가능성은 극히 적다. 물론 집값이 전반적으로 떨어지더라도 상대적으로 오르거나 덜 떨어지는 곳이 있기는 하다. 하지만 그것을 평범한 일반인이 어떻게 알 것인가. 설령 그런 곳이 있다면 투기꾼들이 먼저 휩쓸고 지나갈 것이다. 당신은 그들이 투기 차익을 실현하는데 필요한 희생양이 될 가능성이 높다.

더구나 집값이 대세 하락하면 이른바 대박을 터뜨릴 수 있는 곳은 갈수록 줄어든다. 그런 상황에서 당신만은 남다른 재주를 가지고 대박을 터뜨릴 수 있다고 믿는다면 착각이다. 또한 그렇게 선동하는 사람들을 조심해야 한다. 만약 그렇게 부동산 투자로 대박을 터뜨릴 수 있다면 자신만 알고 투자를 해서 대박을 터뜨리는 게 정상 아니겠는가.

4. '집테크' 착각에서 벗어나라

재테크 수단으로 부동산만 한 것이 없다는 환상을 깨라. 지금까지는 부동산을 사서 묻어두면 돈이 된다는 것이 어느 정도 사실이었다. 게다가 부동산의 투자 단위가 주식 등 금융 상품에 비해 워낙 덩치가 크기에 한번 집값이 오르면 한몫 단단히 챙길 수 있었다. 이제 과거처럼 부동산 가격이 오르는 시기는 지나갔다. 거꾸로 부동산 가격이 내리는 것이 일반적인 시대가 온다. 이럴 때 집을 재테크 수단으로 사용하면 큰 손해를 보게 된다. 투자 단위가 크기 때문에 오를 때 많이 버는 것처럼 내릴 때는 그만큼 많이 잃게 된다. 경우에 따라서는 패가망신할 수도 있다. 미국에서 부동산 버블이 붕괴할 때 상대적으로 부동산 투기 성향이 강한 한국계와 중국계의 피해가 훨씬 컸다는 사실을 생각해보라. 세상에 공짜 점심은 없다는 것을 분명히 기억하라.

5. '바닥'보다는 '바닥권'에 유의하라

집값이 어느 정도 빠졌다고 섣불리 들어가지 말라. 고점에 비해 집값이 싸다는 이유로 매수했다가 거기에서 다시 집값이 더 빠질 수도 있다. 이번 집값 하락은 매우 오래갈 것이다. 일반적으로도 부동산 사이클은 경기 사이클보다 긴 편인데, 앞에서 설명했듯이 한국 주택 시장은 여러 가지 이유로 장기 침체를 겪을 가능성이 농후하다. 바닥권이 오래 지속될 수 있으므로 집값이 바닥에 근접했다고 보고 가볍게 움직였다가는 장기간 지속되는 바닥권에 갇힐 수도 있다.

6. 주택 시장은 주식시장과 다르다

'떴다방' 등을 통해 불법 거래를 할 생각이 아니라면 주택 시장에선 주식시장처럼 단기적으로 치고 빠질 수 없다. 인천 청라 지구에서는 분양권 전매가 1년 후부터 가능해 많은 사람들이 몰려들었다. 하지만 거기에 몰려든 대부분의 사람들이 비슷한 생각을 한다면 1년 후 쏟아질 분양권 전매 물량을 누가 받아주겠는가. 마찬가지로 2009년 초 단기 저점일 때 집을 사서 그새 집값이 올랐다고 좋아할 이유도 없다. 해가 가면 갈수록 계속 집값이 내릴 텐데 집값이 올랐을 때 바로 팔 수 없다면 그게 무슨 소용인가. 한번 물어보자. 지금 당장 그 집을 팔 수 있는가. 대부분의 경우 몇 년은 살 것이다. 그 몇 년 후 집값이 올라 있을까. 필자가 보기에 그럴 가능성은 극히 희박하다. 실제로 차익을 실현하지 못한다면 지금 집값이 뛰었다는 게 무슨 소용인가. 이명박 정부의 '강부자 내각' 인사들처럼 다주택자로 부동산 투자의 달인이 아닌 다음에야 대부분의 사람들은 자기 집 한 칸이 전부일 것이다. 필자의 주변에도 집값이 올랐다고 좋아하는 분들이 많지만, 아마 집값이 떨어질 때까지 그 집을 팔지 못하는 사람이 상당수일 것이다. 당장 몇 개월 후의 집값이 아니라, 최소한 몇 년 후의 집값을 생각하라. 그리고 더 나아가 집을 주식 거래하듯 사고팔 생각은 버려라. 집은 '사는 곳'이지 '사는 것'이 아니다.

7. 빚테크는 피하라

필자가 재테크 차원의 상담을 하지 않는다고 해도 상의를 요청하는 사람들이 왕왕 있다. 그런데 자신을 실수요자라고 하는 사람들의 이야기를 들어보면 집값의 절반가량을 대출받아서 집을 사겠다고 하는 경우가 있었다. 착각하지 말라. 50%의 빚을 지고 산다면 이미 실수요자가 아니다. 노모를 편안하게 모실 집이 필요한 사람 등 정말 실수요자라고 하더라도 집값의 20% 이상은 빚을 내 사지 말라. 그 이상을 빚져야 한다면 그것은 집을 소유하는 것이 아니라 은행 소유의 월세를 사는 것이나 다름없다. 빚(레버리지)을 지고 집을 사면 집값이 오를 때는 이익이 크지만, 떨어질 때는 손실도 더 크다.

필자도 신혼 초에 당시로는 거액의 빚을 내 집을 샀다가 빚에 대한 부담감으로 마음고생을 많이 했다. 당시는 외환위기 직후여서 집값이 낮았고, 이후 경기가 좋아지면서 월급이 늘어 비교적 빨리 빚을 갚을 수 있었다. 그런데도 빚을 진 3년간은 마음이 늘 불편했다. 그래서 이후에는 웬만해선 빚을 지지 않는다. 빚에서 해방된 뒤 마음이 얼마나 편했는지 모른다. 그런데 왜 빚의 노예가 되기를 스스로 선택하는가. 지금도 주위를 둘러보면 과도한 빚을 지고 허덕이는 사람들이 상당히 많다. 특히 고소득 전문직 종사자라는 사람들 가운데도 집값이 뛸 때 잔뜩 돈을 빌려 집을 여러 채 샀다가 이자 갚느라 생활이 곤궁한 사람들을 여럿 봤다. 그들은 빚의 노예요, 집 가진 가난뱅이일 뿐 절대 부러워할 대상이 아니다. 차라리 빚 없이 마음 편하게 생활을 즐길 줄 아는 부자가 되는 길을 택하라. 그리고 집은 가격이 가급적 자신의 소득에 비해 부담 없는 수준에 왔을 때 사라.

8. 집값 촉진책에 속지 말라

사정을 아는 사람들이라면 현재 분양가에 엄청난 거품이 끼어 있음을 잘 알 것이다. 지금처럼 미분양 물량이 많은 것은 과잉 공급의 명백한 증거이므로 건설업체들이 분양가를 내리는 게 정상이다. 그것이 경제학 원론에 가장 먼저 나오는 수요 공급의 법칙에 따른 가격 결정 원리다. 그런데 정부는 자금난에 시달리는 건설업체들의 편에 서서 집값 하락을 막기 위해 안간힘을 쓰고 있다. 건설업체들은 이 같은 정부에 기대 거품이 잔뜩 묻은 고분양가는 거의 그대로 둔 채 생색내기 수준의 분양가 할인으로 주택 수요자들을 유혹하고 있다. 건설업체들의 생색내기 촉진책에 속지 말라. 실수요자도 아니면서 정부의 세 감면 혜택 등 미분양 해소 촉진책에 속아 투자 목적으로 집을 사지 말라. 일본에서도 버블 붕괴 초기에 그렇게 집을 샀다가 이후 계속 집값이 빠져 낭패 본 사람들이 부지기수다. 각종 감면 혜택에 혹해 덥석 산 아파트의 가격이 계속 내려간다면 얼마나 속상하겠는가.

9. 실거주 수요가 없는 지역은 피하라

2010년대에 수도권에서 쏟아질 막대한 공급 물량을 생각할 때 실거주 요인이 없는 곳은 더더욱 위험하다. 수도권 외곽의 2기 신도시뿐만 아니라 인천 청라 등 경제자유구역 등에서도 실제로 얼마나 빨리 개발이 진척될지 의문이다. 현재까지의 추세로 보면 정부나 인천시가 그리는 구상은 그대로 실현되기 어려울지도 모른다. 막연한 장밋빛 개발 계획에만 혹해 실거주 목적도 아니면서 섣불리 집을 샀다가는 나중에 후회할 가능성이 크다.

10. 20~40대 젊은 세대라면 서두를 필요 없다

현재의 부동산 시장은 50대 이상 세대들에게 절대적으로 유리한 게임이다. 더구나 젊은 세대는 당장 노후를 대비하기 위해 집이 필요한 것도 아니어서 10년 이상은 느긋하게 기다릴 수 있다. 그렇다면 지금보다 훨씬 싸게, 아마도 거의 반값 이하에 집을 살 수 있는 기회가 그사이에 얼마든지 있을 것이다. 괜히 빚을 지고 거품이 잔뜩 묻은 집을 사서 빚 갚느라 허덕이고 집값이 떨어지는 것을 경험할 필요가 무엇 있는가. 부모 세대들이야 집 한 칸 없는 설움에 북받쳐서 그렇다고 이해하지만, 젊은이들이 집 장만에 목을 매는 것을 보면 안타깝다. 무리하게 집 살 돈으로 자신과 가족들의 행복한 미래를 가꾸는 데 써라. 그리고 자신의 능력을 계발하는 데 투자하라. 그것이 자신의 인생을 가장 행복하게 가꾸는 지름길이다. 나라 장래를 위해서도 도움이 되는 길이다.

2장

부채와 유동성

단기적으로 고통이 따르더라도 한국 경제의 장래를 위해 집값 거품을 빼나가는 것은 피할 수 없는 과제다. 언제까지나 부동산 버블에 취해 경제활동을 영위해나갈 수는 없기 때문이다. 미봉책과 미루기 정책의 결과는 늦어도 2~3년 안에 더 큰 부메랑으로 돌아올 가능성이 높다. 그때 부동산 버블을 더욱 키운 현 정부가 국민 경제 전체에 얼마나 큰 해악을 끼쳤는지 똑똑히 보게 될 것이다.

한국 경제의 화약고, 부동산 담보대출

"시중 금리 상승, 환율 폭등, 건설업체 부도 위기, 신용 경색." 2008년 말 한국 경제의 위기감을 한껏 고조시킨 현상들이다. 그런데 이들 문제의 근저에는 모두 부동산 버블이 있었다.

부동산 버블은 경제라는 신체에 자라난 악성 종양에 비유할 수 있다. 하지만 많은 이들이 이 악성 종양이 말기 단계에 이르기까지 그 심각성을 잘 모른다. 오히려 부동산 버블이라는 종양이 자라날 때는 자산 효과*와 건설 경기 붐 등을 통해 경제가 활성화되는 듯한 착시 현상을 일으킨다. 착시 현상 때문에 그 무서움과 폐해를 경제주체들이 잘 인식하지 못하는 것이다.

정책 당국이나 기성 언론들이 제대로 다루지 않아서 그렇지 사실 부동산 버블은 생겨날 때도 폐해가 매우 크다. 예를 들어, 외환위기 이후 우리 경제의 핵심적 문제들인 소비 위축, 내수 침체, 실업률 증가, 양극화 확대, 고물가 · 고비용 구조 등의 문제는 상당 부분 부동산 버블 때문이다. 하지만 부동산 버블이 꺼질 때는 잔뜩 부풀 때와는 비교도 할 수 없는 큰 경제적 충격이 발생한다. 2008년 하반기에 벌어진 상황도 부동산 버블이 꺼지면서 생긴 현상이었다.

2000년 초 집값이 뛰자 처음에는 사람들이 저축해둔 돈에 은행 빚을 조금 보태 집을 샀다. 그런데 점점 시간이 지나자 집값이 뛰었고 사람들은 점점 더 많은 빚을 내야 했다. 외환위기 이후 가계를 대상으로 한 소매 금융에 집중하기 시작한 은행들이 이를 노리기 시작했다. 금융권은 부동산 담보대출에 경쟁적으로 나서면서 부동산 버블을 한껏 부풀렸다. 금융권으로선 부동산 담보대출이 상대적으로 대출 규모가 커서 수익성이 좋고 담보까지 잡을 수 있어 돈 떼일 염려도 적어 금상첨화였다. 그래서 가계는 엄청난 주택 담보대출을 얻어 집 사재기 경쟁을 벌였고, 금융권은 부동산 시장에 펌프질을 해 버블을 부풀렸다.

지나치게 부동산 시장에 펌프질을 하다 보니 어느새 금융기관

---

* 자산 효과 : wealth effect, 주식이나 부동산 등 자산 가격이 오르면 자산 소유자가 소득이 늘어날 것이라는 기대감으로 미리 소비를 늘리기 때문에 경기를 활성화하는 효과가 있다는 것이 자산 효과다. 기득권 언론이나 정부 관료들이 부동산 경기를 부양하는 이론적 근거로 이를 자주 사용한다. 하지만 2000년대 한국의 부동산 버블기 때는 일반 가계들이 막대한 빚을 지고 투자했기 때문에 이자 부담 증가에 따른 내수 침체 효과가 이 같은 자산 효과를 훨씬 압도했다.

마저 돈이 바닥나 버렸다. 보통 예금자들로부터 받은 예수금을 바탕으로 자금을 필요로 하는 사람들에게 적절한 마진을 붙여 대출해주고 수익을 챙기는 게 은행의 기본 영업 구조다. 그런데 대출 수요가 엄청나게 늘어나다 보니 도저히 예수금만으로는 돈이 모자라는 상황이 돼버렸다. 2004년부터 은행의 총예금 대비 총대출 비율을 나타내는 예대율이 100%를 넘어버린 것이다. 예대율은 은행이 예금자의 지급 요청 등에 응할 여유를 갖기 위해 85~90% 이내를 유지하는 것이 적절한 것으로 평가된다. 그런데 은행들이 이를 초과해도 한참 초과해버린 것이다. 이런 양상은 과다 대출로 자금 부족난을 겪은 1980년대 말의 일본과 너무나 닮은꼴이다.

이렇게 부동산 담보대출을 너무 열심히 한 나머지 은행들은 CD(양도성 예금증서)와 은행채를 발행하고 외화까지 빌려와야 하는 상황이 돼버렸다. 그런데 CD 및 은행채 발행 물량이 늘어나니 CD 및 은행채 금리는 점점 올라가게 됐다. 특히 펀드 열풍으로 돈이 펀드로 몰려버려 예수금이 줄어든 2007년 말과 미국발 금융 위기로 신용경색이 발생한 2008년 말에는 수급 불균형이 더 심해져 CD 금리가 급등했다. 이렇게 되니 국내 주택담보대출의 대부분을 차지하는 CD 연동 변동대출 금리도 급등할 수밖에 없었다. 이로 인해 가계의 대출 이자 부담도 급등해 빚을 잔뜩 진 가계들이 주택 매각에 나서며 부동산 가격이 급락하는 상황이 연출된 것이다.

은행권 과다 대출의 영향은 금리 문제에만 국한되지 않았다. 은행권이 자금난에 시달리며 은행채 발행 물량을 늘리다보니 일반

기업들의 회사채는 웬만해서는 소화될 수 없었다. 일반 기업들보다 신용이 높은 것으로 평가되는 은행채 물량도 소화되지 않는데 회사채가 어떻게 소화되겠는가. 그래서 웬만한 기업들은 회사채를 발행하지 못해 자금난에 시달리는 상황에 빠져들었다.

이런 상황에서 미국발 금융 위기가 터지고 국내에서도 부동산 버블 붕괴가 시작되면서 신용경색이 발생하자 은행채 발행이 힘든 지경이 됐다. 은행들은 그동안 만기가 돌아온 은행채 원리금을 차환 발행해 '돌려막기'를 했는데, 그것이 불가능해져 버린 것이다. 또 CD와 단기 외채를 상환하기 위해서도 자금을 마련해야 해 은행들은 극심한 자금난에 시달리게 됐다. 2008년 말 은행들이 너나 할 것 없이 예금 금리를 올려 예금을 확보하려고 발버둥친 것이 바로 이 때문이다. 은행들은 원화 자금 부족으로 인한 부도 위험에서 벗어나기 위해 주택담보대출 자금을 회수하지 않을 수 없는 상황에 내몰리게 됐다. 은행들이 일시에 주택담보대출 회수에 나설 경우 부채를 진 주택 소유자들의 투매로 집값은 폭락할 수밖에 없었다. 정부와 한국은행은 무차별적인 각종 지원책을 쏟아내 가까스로 이를 막았다.

2009년 3월까지 국내 경제 전반에 위기감을 고조시킨 환율 폭등 문제 또한 부동산 버블과 무관하지 않다. 2008년 외환 수급 측면에서 원/달러 환율이 폭등한 요인은 크게 세 가지다.

우선, 금융 위기가 본격화되면서 현금 확보가 급해진 외국인 투자자들이 국내 주식시장에서 빠져나가면서 외환 수요가 급증했다. 또 갑작스러운 전 세계적 경기 위축에 따른 수출 부진으로 2008년 9월까지 지속된 경상수지 적자로 수출 대기업들의 달러 공급은 줄어들고 수요가 크게 늘었다. 이 두 가지 요인과 더불어 환율 폭등에 크게 기여한 것이 바로 은행권이 빌린 단기 외채를 갚기 위한 달러 수요였다.

국내 은행들의 단기 외화 차입은 2006년부터 급증했는데, 이의 만기가 돌아오면 만기를 연장하거나 다른 외채를 빌려 갚은 식으로 운용했다. 이 역시 은행채 차환 발행처럼 카드 돌려막기 식으로 외화를 빌리고 갚는 일을 되풀이한 것이다. 그런데 전 세계적 금융 위기가 발생하면서 이것이 불가능해졌다. 우리나라에 돈을 빌려준 외국 금융기관들부터가 당장 달러 현금이 급해졌기 때문이다. 그러자 국내 외환시장에서 단기 외채를 상환하기 위한 은행권의 달러 수요가 급증했다. 이것이 원/달러 환율 폭등을 부른 결정적 요인 가운데 하나가 됐음은 물론이다.

이 같은 환율 폭등은 수입 물가 상승을 부추겨 결국 국내 소비자 물가 상승으로 이어졌고, 수입 원자재 가격을 상승시켜 국내 제조업 생산을 침체에 빠뜨리는 악순환을 낳기도 했다.

그러나 뭐니 뭐니 해도 부동산 버블이 낳은 가장 큰 문제는 주택담보대출을 중심으로 한 가계 부채 급증이다. 이는 시중은행이 무분별하게 '부동산 펌프질'을 한 결과라고 할 수 있다. 금융권 전체의 가계 신용 총액은 2001년 말 342조 원에서 2009년 1분기 680조 원으로 340조 원 가까이 늘었다. 매년 40조~50조 원 가까이 불어난

셈인데, 이러한 증가율(1999~2005년)은 OECD(경제협력개발기구) 국가 가운데 스페인, 호주에 이어 3번째로 높은 것이다. 이 가운데 주택담보대출은 2009년 1분기 말 현재 250조 원에 이른다. 중소기업이 기업 운영 자금 명목으로 빌리거나 제2금융권이나 제도권 금융 밖에서 신용대출 명목으로 빌린 위장 대출까지 포함하면 사실상 400조 원을 훌쩍 넘을 것이다.

그런데 이 같은 부동산 담보대출 가운데 상당 부분이 부실화될 위험에 노출돼 있다. 2005~2006년 LTV*와 DTI** 등 대출 규제가 점진적으로 도입됐다고는 하지만, 이때는 이미 많은 가계가 과도한 대출을 일으킨 뒤였기 때문이다. 실제로 2008년 말 MBC 〈PD 수첩〉 팀이 방송 보도를 위해 무작위로 표본조사한 경기도 용인 지역 한 아파트 단지 200가구의 평균 대출액은 3억 4600만 원으로 조사됐다. 대출이 없는 집은 37가구(18.5%)에 불과했다. 물론 용인의 경우 부동산 투기 붐이 극심했을 때 대규모 분양이 이뤄졌으므로 그 정도가 심할 수도 있다. 하지만 이 같은 과다 대출을 통한 가계의 부동산 투자가 용인에 국한된 현상이 아님은 주지의 사실이다.

---

* 주택담보인정비율 : Loan to Value. 집을 담보로 은행에서 돈을 빌릴 때 집의 자산가치를 인정해 주는 비율로 LTV 60%라고 하면 집값의 60%까지 대출해줄 수 있음을 의미한다.
** 총부채상환비율 : Debt to Income. 주택담보대출의 연간 원리금 상환액과 기타 부채의 연간 이자 상환액을 합한 총액이 연간 총소득에서 차지하는 비율로 LTV만 적용할 경우 소득이 충분하지 않은 사람도 거액의 대출을 할 수 있는 허점을 보완하기 위해 대출자의 대출 원리금 상환 능력을 따져 대출 한도를 정하는 장치다.

그런데 이처럼 잔뜩 빚을 지고 집을 산 가계들의 경우 자산 가치가 하락하면 헐값에라도 자산을 처분해 빚을 갚을 수밖에 없는 상황이다. 실제로 2008년 말에 집값이 급락하기 시작하자 이런 현상들이 여기저기에서 나타났다. 이 때문에 '버블 세븐' 지역의 경우 2008년 말 이후 집값이 고점 대비 30~40% 이상 폭락하기도 했다. 이런 상태가 지속되면 다주택자들의 주택 매물이 크게 늘어나며 집값이 끝없는 하강 나선을 그리며 폭락에 폭락을 부를 가능성이 높다. 그에 따라 시중은행의 연체율이 급격히 높아지고 시중은행이 대출 회수에 나서 연쇄 폭락을 부를 가능성 또한 얼마든지 있었다.

2008년 하반기 내내 지면을 갈구었던 제2금융권의 PF(프로젝트 파이낸싱) 대출 부실 문제도 결국 시행사와 주택 건설업체들이 부동산 버블에 편승해 무리하게 주택 사업을 벌인 탓이 크다. 이 같은 PF 대출의 부실화는 저축은행과 보험사 등 제2금융권을 위기로 몰아넣는 한편 PF 사업과 연계된 은행권의 대출 부실 위험도 키웠다.

이처럼 부동산 버블 붕괴는 각 경제 영역에서 연쇄 반응을 일으키며 2008년 말 한국 경제를 바람 앞의 등불 같은 위기로 내몰았다. 부동산 문제는 가계 부채를 매개로 금융과 유동성 문제로 이어진다. 한국 경제의 구조적 위기 한복판에 부동산 버블과 이에 연관된 막대한 가계 부채가 화약고처럼 자리 잡고 있는 것이다.

무차별 유동성 폭격으로
떠받친 부동산 버블

활화산이 용암을 내뿜는 것 같은 기세로 부동산 버블이 급격하게 붕괴하다가 불과 몇 달 만에 휴화산처럼 조용해진 이유는 뭘까. 모두 알다시피 현 정부가 부동산 부양에 '올인'했기 때문이다. 사실상 "집값과 땅값을 올려주겠다"는 공약을 내걸어 집권한 이명박 정부는 부동산 부양에 정권의 사활을 걸었다. 마치 부동산에 영혼을 팔아치운 정권처럼 온갖 무차별 지원책을 쏟아냈다.

우선, 정부는 기업과 가계에 대한 주택 대출과 부실 채권 회수를 막기 위해 금융권에 막대한 자금을 지원했다. 원화와 외화 자금난에 동시에 시달리던 시중은행의 자본을 확충해주기 위해 20조 원의 은행자본확충펀드를 조성했다. 또 주택금융공사를 통해 금융기관이 보유한 주택담보대출 채권을 최대 7조 원까지 매입하도록 했고, 주택 가격 하락분에 대한 담보를 보충해주도록 했다. 대신 정부는 가계 대출자들에 대한 주택 대출 원리금 회수를 막고 원리금 상환 만기를 연장해주도록 금융권을 압박했다. 또 회사채 발행이 막혀버려 유동성 위기에 시달리던 건설업체와 해운업체들을 돕기 위해 10조 원의 채권시장안정펀드를 조성했다. 산업은행, 기업은행 등 국책은행 및 신용보증기금, 기술신용보증기금, 수출보험공사, 토지공사, 자산관리공사, 주택금융공사 등 각종 금융 공기업을 총동원해 관련 업계에 자금을 지원하기도 했다.

특히 '건설족 정부' 답게 건설업체들에 대한 자금 지원은 무제한적이었다. 대한주택보증이 2조 원을 들여 환매조건부 방식으로 미분양 물량을 매입하게 한 것이 대표적이다. 이는 사실상 미분양 주택을 담보로 자금난에 시달리는 건설사에게 자금을 융자해준 것이나 마찬가지다. 토지공사는 3조 원 한도로 주택 건설업자들의 보유 토지를 매입해 건설사의 자금난을 해소해주었다. 또 건설업체들에 대한 PF 대출 부실로 저축은행과 건설업체들이 연쇄 부도에 시달릴 가능성이 높아지자 자산관리공사를 통해 부실 채권이나 부실 우려 채권을 환매 조건으로 매입하는데 1조 3000억 원을 쏟아부었다. 그리고 각종 명목으로 대규모 공공사업을 일으키는 한편 예산의 조기 집행을 통해 자금난에 시달리는 건설업체들에게 돈을 퍼부었다. 건설업체들이 자금난에 시달리다 분양가를 대폭 낮추는 것을 막음으로써 부동산 가격을 떠받치는 역할을 한 것이다.

금융권의 외화 자금난 해소를 위해서도 정부와 한국은행은 천문학적인 돈을 퍼부었다. 외환보유액을 통해 지원한 금액만도 경쟁입찰 무담보 대출, 수출환어음 재할인, 스왑 시장 자금 공급, 수출입 금융 지원, 중소기업 수출 금융 지원 등을 통해 600억 달러에 이른다. 또 한국은행과 FRB(미국 연방준비은행) 간에 300억 달러 규모의 통화 스왑 자금을 끌어왔고, 은행의 대외 부채 1000억 달러에 대해 지급보증을 했다.

이에 그치지 않았다. 한국은행과 정부는 외화 자산을 팔고 대외 채무를 늘려 은행권의 단기 채무를 대신 상환해주었다. 〈그림 1〉을 보면, 2008년 하반기부터 한국의 대외 채권과 채무는 모두 줄고 있다. 정부와 한국은행이 보유한 외화 자산을 팔거나 대외 채무를 늘려 은행권의 단기 채무를 대신 갚아주었기 때문이다. 이런 과정에서 정부와 한국은행의 대외 채권은 2008년 초에 비해 2009년 1분기 700억 달러나 줄었다. 반면 대외 채무는 360억 달러나 증가했다. 이처럼 정부와 한국은행은 은행권의 외화 자금난을 해소하고 원/달러 환율 폭등을 막는 데만 수천억 달러, 한화로 수백조 원을 직간접적으로 지원했다.

한국은행이 정부와 공조해 기준금리를 대폭 내려 시중 대출금리 인하를 유도한 것도 부동산 가격 폭락을 막았다. 은행의 대출금리(신규 취급액 기준)는 2008년 10월 7.79%까지 치솟았으나 한국은행의 기준금리 인하로 큰 폭 떨어져 2009년 3월부터는 5%대 초반

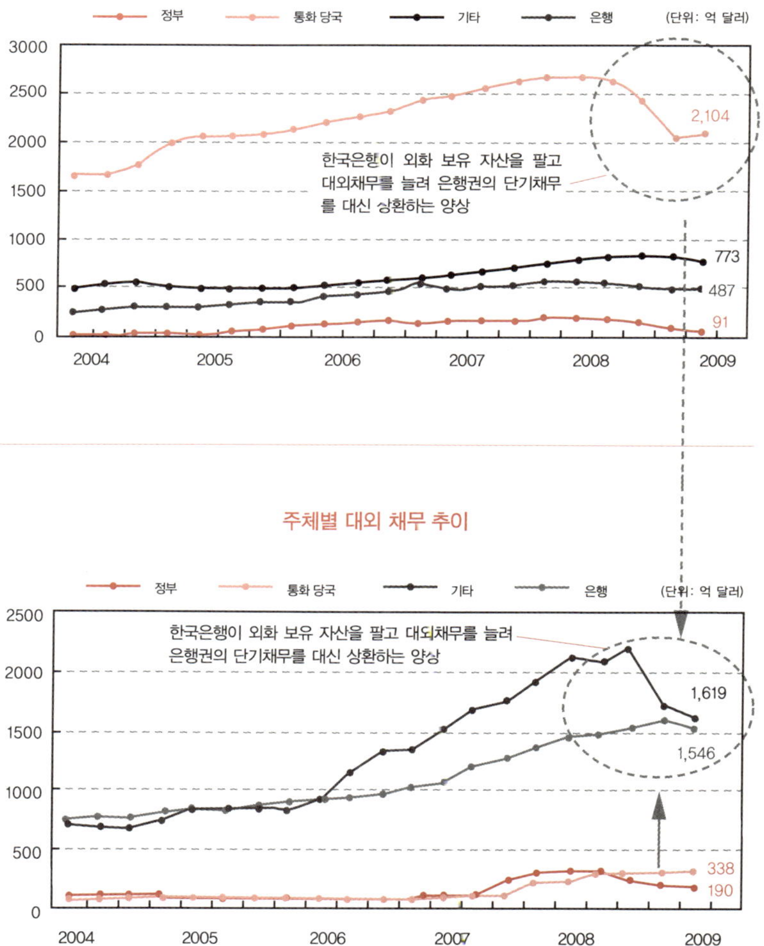

(주) 한국은행 자료로부터 KSERI 작성

을 기록했다. 대출금리가 2000년대 최고 수준에서 불과 5개월 만에 역대 최저 수준으로 급전직하한 것이다. 여기에 더해 정부는 시중은행들로 하여금 가계의 대출 원리금 상환 만기를 연장하고 변동금리를 고정금리로 갈아탈 수 있도록 유도했다.

이 같은 저금리와 담보대출 만기 연장 조치는 부동산 부채를 잔뜩 지고 있는 가계들이 보유한 주택을 투매하는 사태를 막았다. 이렇게 해서 부동산 가격 폭락은 일시적으로 저지됐다. 금융기관, 건설업계, 가계에 대한 정부의 천문학적인 자금 지원으로 부동산 가격 폭락을 틀어막은 셈이다. 어찌 보면 거의 작동 불능 상태에 빠져든 금융 시스템을 정부가 대신한 것이다.

그러면 정부의 이 같은 대응을 어떻게 평가해야 할까. 어떤 정부든 부동산 버블이 부풀지 않도록 사전에 제어하는 것이 가장 바람직하다. 하지만 부동산 버블이 커지는 것을 막지 못해 결국 부동산 가격이 폭락한다면, 그것이 경제 전반의 위기로 번지는 것을 막을 필요는 있다. 따라서 어떤 정부라도 일정한 지원 및 부양책을 쓰지 않을 수는 없다. 하지만 그 정도를 넘어 정부가 부동산 투기를 부추겨가며 다시 부동산 버블을 키우는 것은 전혀 별개의 일이다.

하지만 현 정부가 어떤 정부인가. 주요 각료들과 청와대 보좌진 대부분이 부동산 부자들로 채워진 '강부자 정권'에다 대통령이 현대건설 사장 출신인 '건설족 정부'가 아닌가. 또한 현 정부가 다른 건 몰라도 집값만은 올려줄 것이라는 기대감으로 가득한 '부동산 불패교' 신자들을 정치적 기반으로 하는 정부 아닌가. 이들에게 부동산 시장 부양은 단순히 국내 경제 운영상의 문제 이전에 자신들의 재산을 지키고 정권의 기반을 지키는 문제다.

이러니 현 정부가 정상적인 정부라면 해서는 안 되는 수준의 정책 수단까지 물불 가리지 않고 동원하는 것도 당연하다. 몇 가지만 예를 들어보자. 우선, 건설업체의 미분양 물량을 정부의 재정으로 매입하는 조치는 정상적인 시장경제를 운영하는 나라라면 생각하기 어려운 조치다. 무주택 서민들의 세금까지 들어간 돈으로 부동산 부자들과 도덕적 해이에 빠진 건설업체들을 먹여살려주는 발상은 어디에서 나온 것이란 말인가. 무주택 서민들은 가뜩이나 집값이 올라 서러울 텐데, 자신들의 돈을 정부가 집값을 떠받치는데 사용한다면 세상이 너무 불공평하지 않은가. 미분양 물량이 생겨나면 분양가를 낮춰 해소하면 되지 이를 가로막고 미분양 물량을 사주는 나라가 시장경제를 운영하는 나라인가. 그런 식이라면 왜 숱하게 문을 닫는 자영업자들의 물건은 사주지 않는가. 너무나 몰상식한 조치여서 비판하는 것 자체가 한심하게 느껴질 정도다. 그런데도 건설업계와 이들을 대변하는 연구원들은 버젓이 더 과감한 미분양 물량 매입을 요구하고 정부는 이를 정책으로 실행하고 있다. 마치 제정신이 아닌 사람에게 얘기해야 하는 듯한 답답함을 느낄 뿐이다.

이 밖에도 일일이 거론하기 어려울 지경이다. 현 정부는 부동산 부자들의 세금 부담을 줄이기 위해 부동산 세제를 중심으로 규모가 2012년까지 99조 원에 이르는 감세안을 실행했다. 그것도 경기 부양을 명목으로 막대한 재정 적자를 일으켜야 하는 경제 위기의 한복판에서 말이다. 또한 국회의 법 개정 절차도 거치지 않고 양도소득세 감면 계획을 일방적으로 발표하고 실행에 옮겼다. 국회를 입법부가 아닌 '통법부'로 여기는 독재 시절이 아니면 상상하기 어려운 발상이다. 미국처럼 제대로 3권 분립이 된 나라라면 일어날 수도 없는 일이지만, 만약 일어났다고 가정하면 나라가 뒤집힐 만한 사건이다. 잠실 초고층 빌딩 건축 허용은 어떤가. 안보상 큰 문제가 있을 수 있는 문제를 단지 건설 경기를 부양한다는 명목으로 독단적으로 밀어붙였다. 명색이 보수 성향이라는 정부가 안보 문제를 건설 사업과 엿 바꿔먹은 것이다. 또 경제성이 의심스러운 경인 운하와 4대 강 사업을 사전 환경성 영향 평가조차 요식 행위로 만들며 실행에 들어간 것도 마찬가지다. 이 정도는 약과다. 이명박 정부는 한 걸음 더 나아가 2008년 하반기 이후 강남 3개 구를 제외한 투기 과열 지구 및 투기 지역 해제, 분양권 전매 제한 대폭 완화, 종부세 부담 대폭 완화, 강남 재건축 규제 완화 및 재건축 후분양제 폐지 등 사실상 투기 조장책을 잇따라 시행했다. 정부가 아예 부동산 투기판을 만들어버린 것이다. 도대체 정부가 나서서 부동산 투기를 조장하는 나라가 어디에 있는가. 민간 연구소인 김광수경제연구소는 부동산 투기를 제어하고 부동산 버블 해소를 주장하고 있는데, 정부가 나서서 부동산 버블을 투기까지 조장하며 떠받치는 나라가 정상적인가.

　설사 필요한 지원책이라고 하더라도 시기와 방법론에서 큰 문제를 노출해 업계의 도덕적 해이를 극도로 부추긴 것도 비판하지 않을 수 없다. 미국 등 대부분의 나라에서는 부동산 버블이 어느 정도 꺼진 다음 정부가 지원에 나섰다. 특히 미국은 FRB가 2004년까지 저금리 기조를 유지해 주택 가격 폭등을 방치한 과오가 있지만, 2004년 이후에는 빠르게 정책금리를 올려 주택 가격의 추가 폭등을 방지하려고 애썼다. 미국의 부동산 버블이 더 부푼 상태에서 꺼졌다면 경제적 충격이 얼마나 더 커졌겠는지 생각해보라. 또한 미국 등 선진국에서는 경제 전반의 시스템 위기를 가져오는 금융기관을 제외한 기업에 대한 지원이 매우 선별적으로 실시된다. 그런데 현 정부는 어땠나. 부동산 버블이 꺼지지 않은 상황에서 기준금리를 대폭 인하했다. 구조조정과 자구 노력이 선행되지 않은 상태에서 각종 부실기업들에게 '묻지 마 지원'을 함으로써 옥석 가리기를 방해했다. 과다 부채를 안은 가계가 당장은 고통이 따르더라도 부채를 청산하고 건전한 경제생활로 되돌아가도록 유도해야 했다. 하지만 현 정부는 온갖 부동산 투기 조장책을 동원해 부동산 버블을 더 키우고 말았다. 이러다 보니 단기 과열을 우려해 정부 당국이 풀었던 부동산 규제를 다시 8개월 만에 옥죄는 상황이 벌어지고 있다. 다른 나라에선 부동산 버블이 꺼지고 있는데 우리나라만 또 다시 추가적인 부동산 버블을 걱정해야 한다니 이 얼마나 황당한 일인가.

정부는 부동산 버블 붕괴를 지연시켰을 뿐, 결코 문제를 해결한 것이 아니다. 결과적으로 본격적인 문제 해결을 미룬 탓에 당장의 충격은 줄어든 것처럼 보인다. 하지만 사실 "밑 빠진 독에 돈 붓기"일 뿐이다. 아픔이 따르더라도 몸속 종양을 제거하는 수술을 해야 하는데 현 정부는 자신들 임기 안에는 수술을 안 하려고 미루면서 사태를 더욱 악화시키고 있다.

하지만 이대로 가면 종양이 더 커져 한국 경제는 말기 암 환자와 같은 상황에 이를 수도 있다. 물론 부동산 버블이라는 악성 종양을 제거하는 수술을 하더라도 수술 도중 환자가 숨겨서는 안 된다. 즉, 부동산 버블을 꺼뜨리더라도 경제가 파탄 나는 상황은 막아야 한다. 하지만 현 정부처럼 수술을 계속 미루고 부동산 버블을 부추기며 희희낙락하던 건설업계와 금융권의 도덕적 해이를 부추기면 과거 일본처럼 '좀비 기업'만 양산할 뿐이다. 그렇게 되면 금융권의 부실 규모는 더욱 커질 것이다. 또 주택 시장과 경제 전체의 복원력을 무너뜨리고 가뜩이나 양극화된 사회를 더욱 극단으로 치닫게 할 뿐이다.

단기적으로는 고통이 따르더라도 한국 경제의 장래를 위해 집값 거품을 빼나가는 것은 피할 수 없는 과제다. 언제까지나 부동산 버블에 취해 경제활동을 영위해나갈 수는 없기 때문이다. 미봉책과 미루기 정책의 결과는 늦어도 2~3년 안에 더 큰 부메랑으로 돌아올 가능성이 높다. 그때는 2008년 하반기 이후 내놓은 각종 정책 수단들을 더 이상 동원하기가 쉽지 않다. 그때 현 정부와 국민들은 2008년 하반기의 사태 수습이 얼마나 잘못된 것인지 실감하게 될 것이다. 그때 부동산 버블을 더욱 키운 현 정부가 국민경제 전체에 얼마나 큰 해악을 끼쳤는지 똑똑히 보게 될 것이다.

부동산 투기 조장하던 정부가 부동산 투기 잡는다니···

윤증현 기획재정부 장관은 2009년 5월 취임 100일 기자회견에서 "앞으로 어느 지역이든 부동산 투기 조짐이 보이면 투기 지역 지정이든, 금융 규제든 동원할 수 있는 모든 수단을 총동원해서 반드시 잡겠다"고 경고했다. 이른바 부동산 투기를 용납하지 않겠다는 발언으로 들린다. 좋다. 취지는 정말 좋게 받아들이고 싶다.

하지만 큰 틀에서 보면 황당하기 그지없다. 그동안 이 정부가 해온 것이 도대체 무엇인가. 이명박 정부는 정권이 출범하자마자 오로지 부동산에 올인했다. 이명박 정부에 있어서 부동산은 모든 것을 해결해주는 종교적 신화이자 만병통치약이었다. 그래서 수단 방법을 가리지 않고 부동산 투기를 다시 조장하는데 온 힘을 쏟아 부었다.

이렇게 부동산 투기를 조장하던 정부가 이제 와서 부동산 투기를 막겠다니 병 주고 약 주겠다는 꼴이 아닌가. 마치 대대적인 감세를 한 뒤 추경예산을 통해 각종 '알바' 자리를 만들어 서민들에게 생색내는 것을 연상시킨다. 임기 초부터 수출 대기업을 위한 고환율 정책을 추진해 환율 폭등을 부른 뒤 환율을 안정시킨다는 명목으로 막대한 외환 보유액을 까먹은 것을 떠올리게 한다. 그리고 이제 와서는 수출 대기업의 수출 경쟁력을 위해 원/달러 환율을 일정 수준에서 유지해야 한다는 주장을 내놓는 것과 같은 격이다.

부동산도 마찬가지다. 그동안 지나치게 비대해졌던 부동산 버블이 꺼지는 것을 자산 시장의 메커니즘에 맡겨 가계와 국민경제의 체력에 맞게 조정되도록 놔두면 됐을 것이다. 정부가 각종 부동산 투기 조장책만 펴지 않았어도 지금쯤 투기는 발붙일 생각도 하지 못했을 것이다. 그런데 정부의 투기 조장책에 반응해 일부 지역의 집값이 다시 불안해지자 부동산 투기를 잡겠다고 나선 것이다.

더구나 윤증현 장관은 노무현 정부 때인 2005~2007년 2차 부동산 투기 버블이 발생했을 당시 은행들의 부동산 과다 대출과 부동산 투기를 막지 못한 금융감독원장 겸 금융감독위원장이었다. 지금 한국 경제에 거대한 위기를 불러온 근원이 바로 2차 부동산 폭등기 때 은행들이 외화 및 원화 단기 차입으로 부동산 버블을 잔뜩 부풀린 것이라는 점을 생각하면 그는 국민들 앞에 고개를 들 수 없어야 한다.

도대체 이게 무엇하는 짓인가. 정부의 엉터리 정책이 사회경제적으로 얼마나 큰 혼란과 낭비를 부르는지 한번 곰곰이 생각해보자. 한 치 앞도 내다보지 못하고 냉탕과 온탕을 번갈아 가며 오락가락하는 정부와 정치권의 거듭된 정책 실패가 서민들의 삶을 피폐하게 한 주범임을 정부와 정치권은 깨달아야 한다. 지금처럼 근시안적 시각으로 주먹구구식 오락가락 정책을 편다면 윤증현 장관을 비롯한 정부 고위 관료들은 모두 옷을 벗어야 한다. 누가 해도 그보다는 잘할 수 있기 때문이다.

이렇게 얘기하면 윤증현 장관은 억울하게 생각할지도 모르겠다. 사실 현 정부 들어 무지막지한 부동산 투기 조장책을 주도한 사람은 강만수 전 장관이니 말이다. 하지만 적어도 자신의 말이 진심이라면 이제라도 제대로 된 대책을 내놓아야 한다. 확 풀었던 대출 규제를 조금 조이며 부동산 시장의 간을 떠보는 식이어서는 다주택 투기자들의 심리적 내성만 키울 뿐이다. 만약 이번에도 부동산 정책을 그르친다면 역사는 그를 부동산 투기를 두 차례나 방조한 사람으로 평가할 것이다. 역사가 강만수 전 장관을 두 차례 외환위기를 초래한 장본인으로 기억하게 될 것처럼 말이다.

빚, 언제까지 갚지 않을 수는 없다

한국 경제의 화약고인 가계 부채 문제는 어떤 상황일까. 국내 경기 급락이 주춤해지고 부동산 가격이 제한적이지만 반등하자 사람들은 가계 부채 문제가 모두 해소된 것처럼 착각하고 있다. 하지만 겉보기와 달리 가계 부채 문제는 수면 아래에서 더욱 심각해지고 있다. 바로 현 정부의 몰상식한 부동산 투기 조장책 때문에 말이다.

우선, 2008년 말 이후 주택 대출 규제 완화를 통해 정부가 어떻게 부동산 투기를 조장했는지 보자. 현 정부는 지난해 '11·3 경제 난국 극복 종합 대책'에서 서울 강남 3개 구를 제외한 전 지역을 투기 지역 및 투기 과열 지구에서 해제했다. 이에 따라 강남 3개 구를 제외한 전 지역의 대출 규제가 사실상 대폭 완화되거나 해제됐다. 예를 들어, 투기 지역의 6억 원 초과 아파트는 DTI 40%, LTV 40%까지만 대출할 수 있었다. 하지만 투기 지역에서 해제된 뒤로는 DTI 규제는 해제되고 LTV 규제만 남았는데, 이 비율도 60%까지로 완화됐다. 쉽게 말해, 연봉 5000만 원인 사람은 투기 해제 지역에서 10억 원짜리 아파트를 가지고 있고, 대출금리 연 7.5%에 1년 거치 후 20년간 원리금 균등 분할 상환 조건으로 은행에서 돈을 빌릴 경우 기존에는 DTI 40%인 2억 원 정도까지 빌릴 수 있었다. 하지만 투기 지역에서 해제된 이후에는 DTI 규제가 사라지고 LTV 60%까지 빌릴 수 있어 6억 원까지 대출이 가능해진 것이다. 정부는 또 같은 '11·3 대책'에서 재건축 규제를 추가로 완화하고, 1세대 다주택자에 대해 양도소득세 비과세 혜택을 주기로 했다. 가뜩이나 급팽창한 가계 대출을 더 부풀리고 다주택자들의 투기를 불러일으켜서라도 부동산 버블 붕괴를 막으려 했던 것이다. 또한 투기 핵심 대상으로 재건축단지를 '밀겠다'는 것을 공표한 것이기도 하다.

한마디로 부동산 버블을 더 키워 부동산 버블 붕괴를 막겠다는 식이었다. 그것도 미국발 금융 위기가 본격화되면서 느슨한 대출 규제의 문제점이 적나라하게 드러나는 상황에서 한국 정부는 대출 규제를 확 풀어버린 것이다. 모든 나라에서 금융 규제 완화(Deregulation)의 폐해를 고치기 위해 금융 규제 재강화(Re-regulation)를 모색하는 시기에 정반대로 치달아버린 것이다.

이런 상황에서 기준금리 인하로 급속히 치솟던 시중금리도 빠른 속도로 떨어졌다. 경제 위기와 가계 소득 감소만 아니라면 부동산 투기가 만연할 조건이 완벽하게 형성된 셈이다. 이렇게 해서 부동산 버블 붕괴는 일시적으로 저지됐고, 2009년 들어서는 제한적이지만 부동산 가격이 반등하는 데도 성공했다. 어떻게 보면 역설적으로 경기 불황 때문에 부동산 버블 붕괴가 지연돼버린 것이다.

이 과정에서 정부의 대출 규제 완화는 어떤 효과를 발휘했을까. 〈그림 1〉에 나타난 수도권 주택 대출 추이를 통해 살펴보자.

〈그림 1〉을 보면 지역별 주택 대출 통계가 처음 작성된 2006년 12월 이후 예금은행의 주택 대출 비중은 지역을 막론하고 줄어들었다. 이는 2006년 12월을 정점으로 부동산 가격 상승세가 둔화되고 거래량이 급감한 때문으로 풀이된다. 물론 노무현 정부의 대출 규제가 본격화된 영향도 크다.

그런데 서울과 경기, 인천 지역 모두에서 부동산 대출 규제가 완화된 2008년 11월 전후로 주택 대출 비중이 다시 늘고 있다. 물론 경기 침체로 기업 대출과 다른 용도의 가계 대출 등이 상대적으로 줄어든 영향도 있다. 하지만 대체로 부동산 대출 규제 완화의 영향이라고 판단된다. 2009년 상반기 나타난 부동산 가격 반등은 부동산 대출 규제 완화를 배경으로 하고 있는 것이다. 정부가 서울 강남 재건축 등 부동산 투기판을 벌인 다음 대출 규제를 완화해 투기 판돈을 대준 것이라고 할 수밖에 없다. 물론 부동산 가격이 반등한 것은 앞서 열거한 여러 요인들이 복합적으로 작용한 결과다.

서울 지역 주택 대출 추이

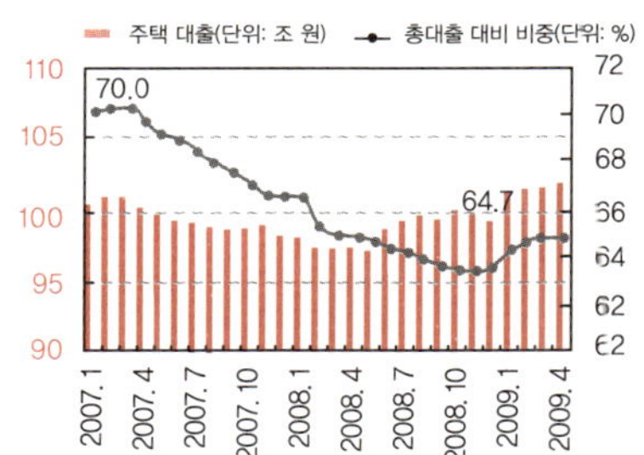

서울 지역 주택 대출 증감률

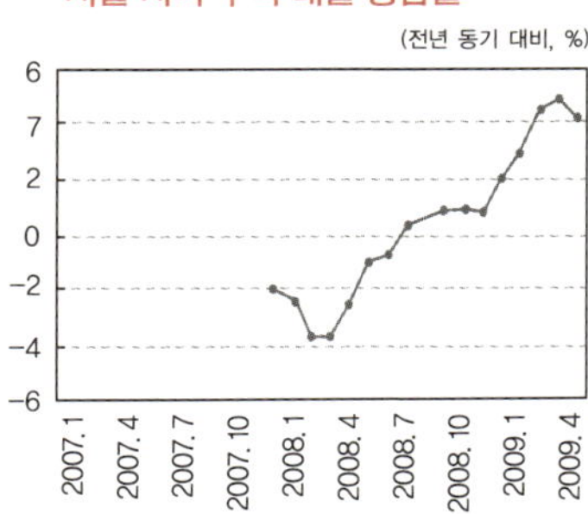

인천 지역 주택대출 추이

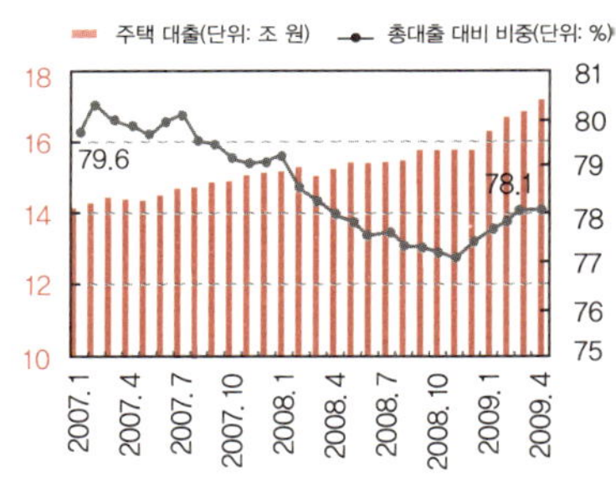

인천 지역 주택대출 증감률

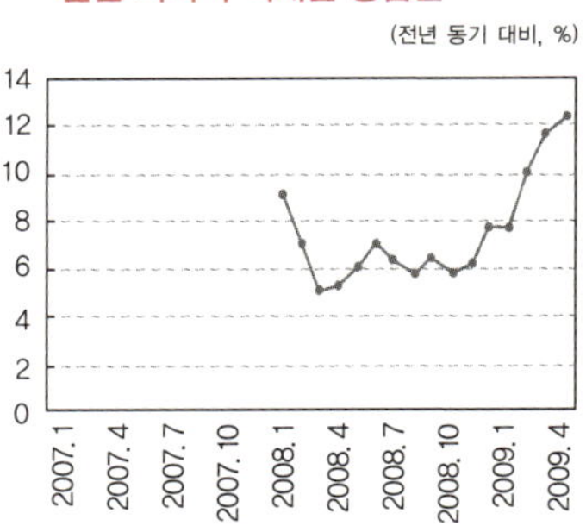

경기 지역 주택대출 추이

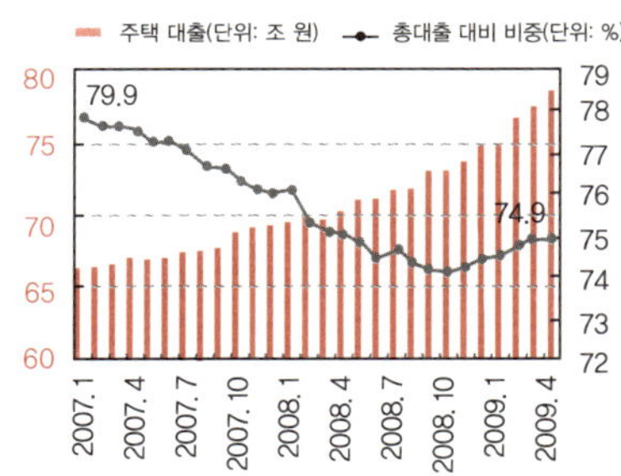

경기 지역 주택대출 증감률

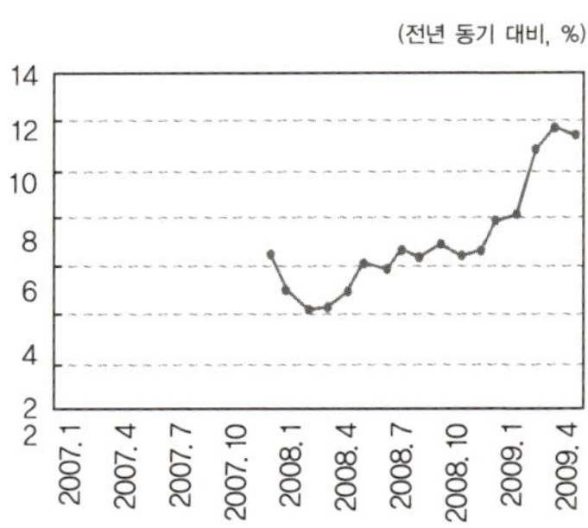

(주) 한국은행 자료로부터 KSERI 작성

하지만 적어도 주택담보대출이라는 돈줄이 없으면 집값 반등은 불가능하다. 아무리 싸움이 격해져도 총이라는 무기가 없으면 대량 총기 살인은 일어나지 않는다. 미국에서 총기 살인이 끊이지 않는 것은 바로 민간의 총기 소유를 허용하고 있기 때문이다. 마찬가지 이치다. 아무리 저금리라고 해도 자체 여윳돈으로 집을 살 수 있는 수요는 대부분 바닥났다. 따라서 주택담보대출이라는 자금줄이 없다면 집값 상승은 기대할 수 없는 것이다. 이처럼 현재 부동산 가격은 주택 대출을 떼놓고 생각할 수 없으며, 거꾸로 거액의 주택 대출 없이는 이미 지탱할 수 없는 상황이라고 할 수 있다. 이는 정부가 부동산 대출 규제를 강화하면 집값은 또 다시 하락세로 반전할 가능성이 매우 높다는 점을 시사한다. 실제로 2009년 8월 초 현재 기획재정부는 DTI 규제를 서울 전역에 도입하는 등 대출 규제를 더욱 강화하는 방안을 검토하고 있다. 그 같은 대출 규제 강화가 어떤 영향을 미칠지는 굳이 자세히 설명할 필요가 없을 것이다.

그러면 이렇게 해서 단기적으로 집값 하락이 멈추고 오히려 뛰고 있으니 그 많던 가계 부채에 대한 걱정은 싹 잊어버려도 될까. 전혀 그렇지 않다.

왜 그런지를 살펴보자. 한국은행 금융경제연구원 김현정 차장, 김우영·김기호 과장은 2009년 2월 〈한국노동패널 자료를 이용한 가계 부채 분석〉이라는 보고서를 발표했다. 이 보고서의 분석 결과 가운데 눈에 띄는 점은 소득이 가장 높은 5분위 계층에서 소득 및 금융 자산 대비 부채가 큰 폭으로 늘었다는 점이다. 예를 들어 소득 대비 고부채 가구 중 5분위 계층에 속한 가구의 부채 비중은 2003년 7.4%에서 2007년 14.0%로 두 배 가까이 늘었다. 금융 자산 대비로도 비슷한 양상이다. 금융 자산 대비 고부채 가구인 5분위 계층의 비중이 전체의 32.7%나 될 정도다. 특히 소득 및 금융 자산 대비 고부채 가구이면서 적자를 보고 있는 가구가 2003년 3.2%에서 2007년 7.7%로 두 배 이상 증가했다. 이들 가구 가운데 가구 수 기준으로 40.9%, 부채 기준으로 70.1%가 4~5분위 계층이다.

이 같은 분석을 통해 그동안 가계들이 자신들의 소득이나 금융 자산 증가 속도를 훨씬 뛰어넘어 무리하게 빚을 내 부동산을 샀음을 알 수 있다. 특히 부동산 사재기는 가장 높은 소득계층인 5분위 계층이 주도했다. 2007년 시점에도 부동산에 물려 자신들의 소득이나 저축해둔 돈으로 버틸 수 없는 고소득층은 여전히 상당한 수준이다. 2000년대 부동산 가격 상승은 이들 고소득층이 은행 빚을 내 다주택 투기를 한 탓인데, 이들 중 상당수가 더 이상 버티기 힘들 정도로 투기가 한계에 이른 것이다. 이들은 부동산 가격이 오르기만을 바라면서 근근이 버티고 있다.

실제로 필자가 아는 사람 가운데는 한 달에 1000만 원이 넘는 수입 가운데 3분의 2가량을 은행 빚 갚는데 쓰고 나머지 돈으로 생활하는 경우도 있다. 3주택자인 그는 2009년 초까지 주택을 처분하지 못해 애를 먹다가 집값 반등기에 금융 비용까지 포함해 20% 가까운 손실을 보고 겨우 한 채를 팔아 숨을 돌릴 수 있었다. 이 경우처럼 2006년 가격 정점기에 집을 두세 채씩 사 빚에 허덕이다가 이번 반등기에 폭탄을 떠넘기고 싶은 사람들이 한둘일까. 그런데 이런 상태에서 만약 부동산 가격이 더 오르지 않는다면 어떻게 될까. 이들 고부채 가구나 적자 가구들은 큰 타격을 받을 수밖에 없다. 버티는 것도 한계가 있지 1~2년은 몰라도 3~4년 이상은 버티기 어렵다. 실제로 서울 강남 지역과 경기도 남부축의 경우 2006년 말 집값이 고점을 찍은 지 2년 후인 2008년 말 국토부 실거래가 기준으로 30~40% 떨어진 지역이 속출했다. 빚을 많이 진 가구 중 버티기 힘든 일부가 급매물을 쏟아낸 때문이다.

그나마 2008년까지는 2005~2006년 크게 늘어난 주택담보대출의 거치 기간이 지나지 않아 상대적으로 원리금 상환액 부담이 적은 때였다. 앞서 언급한 보고서는 원금 상환이 시작될 경우 추가 대출 없이 첫해에 즉시 부동산을 처분해야 하는 가구가 전체 부채 가구의 14.9%에 이른다고 추산했다. 다만, 추가 대출이 이뤄진다면 원금 상환 개시 충격을 크게 완화할 수 있을 것이라고 보고서는 예상했다. 사실 2005~2006년 급증했던 주택담보대출의 거치 기간 만기가 돌아오는 경우는 2009년부터 급증하게 돼 있었다. 그런데 정부 당국과 은행권은 거치 기간과 만기를 연장하면서 원리금 상환 부담을 미뤄줬다. 실제로 2009년 거치 기간이 끝난 가계 대출자들의 70~80%가 거치 기간 연장을 신청해 거의 대부분 연장 승인을 받았다. 이렇게 해서 정부 당국이든 빚을 잔뜩 진 가구든 일단 시간 끌기로 급한 불은 끈 것이다.

하지만 이는 가계의 주택담보대출 상환 부담을 미룬 것일 뿐, 결코 해결한 것은 아니다. 한국은행 자료에서 2~5년 만기의 가계 대출 비중은 2008년 4분기 21.2%에서 1분기 만에 25.6%로 가파르게 늘어나고, 1~2년 만기의 가계 대출 비중도 늘어났다. 반면 1년 미만의 만기 대출 비중은 줄어들었다. 이처럼 1~5년 정도 비교적 만기가 짧은 가계 대출 비중이 단기간에 크게 늘어난 것은 대출 상환 만기가 도래한 가계 대출자들이 만기를 연장한 때문으로 추정된다.

하지만 이 과정에서 연체 이자가 원금에 합산돼 원리금 규모가 커지고 가산 금리 등이 붙어 앞으로 상환해야 하는 원리금 부담이 더 커졌을 가능성이 높다. 1~2년을 넘어 3~4년 이상 계속 거치 기간이나 상환 만기를 연장하는 것은 어렵다. 물론 정부가 가계 대출의 거치 기간과 원리금 상환 기간의 만기를 연장해줄 것을 다시 금융권에 요구할 수 있다. 하지만 그 같은 조치를 언제까지 지속할 수 있을지는 의문이다. 만약 또 다른 금융 위기 등 급성 위기가 발생하거나 경기 침체가 장기화될 경우에는 정부의 지원과 압력이 있더라도 금융권이 만기 연장을 계속 허용하기 어려운 상황에 놓일 가능성이 높다. 금융권부터 급한 발등의 불을 꺼야 하는 상황이 될 수 있다는 말이다.

설사 만기를 연장할 수 있다 하더라도 경기가 급속히 회복되지 않는 상황에서는 계속 버티기 어려운 가계들이 너무 많다. 이런 가계들은 결국 일정한 시점에 보유한 주택을 처분할 수밖에 없다.

특히 시중금리가 어떤 이유에서든 다시 오를 경우 부채 부담을 줄이기 위해 주택을 팔아야 하는 가계가 늘어날 수밖에 없다. 이들 물량이 쏟아져 나오면 부동산 시장이 계속 가라앉을 수밖에 없음은 물론이다.

이런 식으로 2009년 상반기에 오른 집값이 지속되지 못하고 다시 고꾸라질 가능성은 곳곳에 잠복해 있다. 이번 집값 반등기에 털고 나가지 못한 고부채 가구와 적자 가구들은 추가로 1~2년 이상 더 버티기 어려울 것이다. 사실 이들 가구는 어떻게 해서든 부동산 반등기에 털고 나가기 위해 혈안이 돼 있다고 봐야 한다. 집값이 그렇게 뛴다는데도 매도세가 압도적 우위를 나타내는 것은 이 때문이다. 거꾸로 일시 반등기에 집을 사는 것은 결국 부동산 폭탄을 떠안는 격이 될 것이라고 경고하는 것도 이 때문이다.

더구나 2009년 상반기의 집값 반등기에 무리한 주택담보대출을 일으켜 집을 산 사람들은 앞으로 금리가 오르면 큰 위험에 처할 수 있다. 왜 그럴까. 시중금리가 2008년 하반기 폭등했다가 기준금리 인하로 대폭 하락했음은 앞에서 이미 설명했다. 이렇게 해 2008년 10월 7.58%까지 치솟았던 주택담보대출 금리는 2009년 1월부터 5%대로 진입해 역대 최저 수준을 유지하고 있다. 하지만, 주택담보대출 금리는 CD 금리 하락폭만큼 떨어지지 않았는데 이는 은행들이 이 자율에서 제반 비용과 이익을 포함한 수수료 개념인 가산 금리를 올렸기 때문이다. 이 같은 가산 금리는 2008년 하반기까지만 해도 1.4%대에 머물렀는데, 2009년 들어 빠르게 올라 2009년 5월 현재

2.84%까지 치솟았다. 이 같은 현상은 시중은행들이 2008년 하반기부터 연체율 증가와 부실채권 증가 등으로 은행의 대표적 수익성 지표인 NIM(순이자마진)이 감소하자 가산 금리를 올려 이를 만회하는 한편 경기 침체로 인한 대출 위험 증가를 반영한 때문으로 보인다.

그런데 변동금리 대출 약정 당시 높은 가산 금리를 적용하면 금리 상승 때에는 그렇지 않은 경우에 비해 이자 부담이 매우 커지게 된다. 가산 금리는 대출 약정 당시 정한 대로 고정되는데, CD 금리가 가파르게 오를 경우 주택 대출 금리 상승폭이 그만큼 커지기 때문이다.

예를 들어, 2008년 10월 주택담보대출 금리가 7.58%일 때 CD 금리는 6.03%였고, 가산 금리는 1.55%였다. 만약 과잉 유동성 흡수를 위해 한국은행이 금리를 인상하거나 금융시장 충격이 재발하여 CD 금리가 2008년 10월 수준으로 오른다면 주택담보대출 금리는 9%까지 오를 수 있다. CD 금리가 4.5%로 올라도 주택담보대출 금리는 2008년 10월 수준에 이르게 된다.

그런데 실제로 앞으로 금리는 오를 가능성이 높다. 미국 정부가 막대한 적자 국채를 발행해 하락하는 달러화 가치를 방어하기 위해서 정책금리를 올리면 한국은행도 금리를 따라 올릴 가능성이 크다. 이미 한국은행은 총액한도대출과 지급준비율 조정 등 기준금리 이전의 유동성 흡수 조치들을 검토하고 있다. 또한 정부도 재정 적자가 급증하고 있어 국고채 발행을 늘리게 될 수밖에 없는데, 그렇

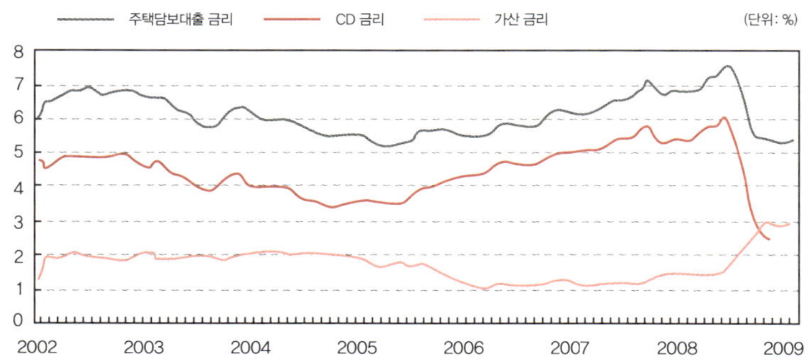

게 되면 채권시장을 압박해 CD와 은행채 금리도 덩달아 오를 수밖에 없다. 기준 금리가 인상되지 않더라도 시중금리는 채권 시장 상황에 따라 얼마든지 오를 수 있다는 말이다. 실제로 지표금리인 국고채 3년물 금리는 2009년 초부터 바닥을 찍고 계속 상승하고 있으며, 회사채(AA- 등급) 3년물 금리는 6월부터 오르고 있다. 이런 가운데 6월 초 이후 미동도 하지 않던 CD 금리도 두 달 만인 8월 6일부터 0.01%포인트 올랐다. 매우 미미한 상승이지만, 이에 따라 은행권의 변동대출 금리도 0.01%포인트 올랐다. 향후 기복은 있겠지만, 이런 식으로 시중 주택대출 금리는 올라갈 가능성이 높다. 은행채 금리에 연동돼 있는 고정금리형 주택대출 금리는 7월 초부터 오르기 시작해 상승폭이 커지고 있다. 예를 들어, 2009년 8월 둘째주 국민은행 주택대출 고정금리는 연 5.52~7.22%로, 전주보다 0.23% 포인트 상승했다. 최고 금리가 2009년 3월 말 7.37% 이후 넉 달 반 만에 7%대에 다시 진입한 것이다. 시중금리는 어떤 식으로든 오를 일만 남았다고 봐야 한다. 아직은 주택대출의 대부분을 차지하는 변동금리 오름세가 크지 않아 대출자들이 느끼지 못하고 있을 뿐이다.

더구나 경기가 다소 회복되거나 부동산 시장이 과열 양상을 보인다면 과잉 유동성 회수를 위해 금리 인상은 불가피해질 것이다. 이 경우 2009년 상반기에 높은 가산 금리 조건에서 주택담보대출을 얻은 가계는 부동산 가격 하락과 더불어 급등하는 금리 부담 때문에 큰 피해를 입을 수도 있다.

버블 붕괴의 시한폭탄은 계속 돌고 있다

1960년대 후반 동유럽의 루마니아는 출산율이 매우 낮았다. 당시 차우셰스쿠 독재 정권은 낮은 출산율이 국가의 장래에 문제가 된다고 보고 강압적인 출산율 촉진책을 쓰기로 했다. 피임기구 수입을 금지하고 출산을 애국적 의무로 규정하는 한편 아이를 많이 낳으면 각종 세제 혜택을 주었다. 그리고 무엇보다 임신중절을 금지해버렸다. 그 결과 출산 촉진책을 도입한 1966년부터 1~2년 동안은 출산율이 과거보다 2~3배가량 폭증했다. 엄청난 성공이었다. 적어도 단기적으로는 말이다. 그런데 1~2년이 지나자 출산율은 도로 슬금슬금 내려가기 시작했다. 그리고 정책을 도입한 지 4년 후에는 정책 시행 이전과 비슷한 수준까지 떨어졌다. 출산율은 이후로도 조금씩 계속 떨어졌다.

왜 이렇게 됐을까. 한 사회는 커다란 시스템을 이루고 있다. 출산율이 떨어지고 있다면 그러한 상황이 계속될 수밖에 없는 구조적 상황이 있기 때문이다. 그런데 이런 구조적 상황을 외부에서 개입해 억지로 바꾸면 단기적으로는 효과가 나타나는 것처럼 보인다. 하지만 시스템은 시간이 지나면 외부 개입의 효과를 무력화하는 방향으로 반응하게 된다. 이런 현상을 시스템 역학에서는 '정책 저항(policy resistance)'이라고 한다. 루마니아에서도 바로 이런 정책 저항이 일어난 것이다.

루마니아인들은 출산을 억제하는 다른 방식을 찾아냈다. 그들은 피임약과 피임기구를 밀수해 사용했다. 산모들은 비위생적인 장소에서 불법 낙태수술을 받다가 합병증으로 사망했고, 영아 사망률도 폭증했다. 이렇게 해서 정부의 출산 촉진책은 무력화돼버린 것이다.

루마니아 국민들이 아이들을 낳지 않은데는 그럴 만한 사정이 있었다. 동유럽 국가들 가운데서도 가장 가난했던 루마니아 국민은 사실 아이들을 많이 낳아 기를 수 없었다. 육아 시설과 서비스가 턱없이 부족했고, 비좁은 아파트에서 3대가 같이 생활하는 경우가 허다했다. 일자리도 부족했고, 수입도 적었다. 결국 많은 사람들이 아이를 낳아봐야 기를 수 없어 국영 고아원에 보내야 했다. 이 때문에 차우셰스쿠 정권의 출산 촉진책은 실패했을 뿐만 아니라 국민들의 가슴속에 정권에 대한 적개심을 키웠다. 1989년 동유럽 공산권이 잇따라 무너졌을 때 차우셰스쿠 정권은 성난 군중에 의해 매우 비참하게 처형당했다. 이후 새로운 정부가 들어섰을 때 가장 먼저 폐지한 법이 임신중절 금지법이었다.

이 사례는 시스템 역학의 교과서로 불리는 《비즈니스 다이내믹스 *Businese Dynamics*》에 소개된 사례다. 물론 위의 사례는 상당히 극적인 경우지만, 우리는 이 같은 정책 저항 사례를 곳곳에서 볼 수 있다. 교통 혼잡을 줄인다는 명분으로 도로를 더 깔면 차들이 더 몰려들어 교통이 더욱 혼잡해지고 대기오염이 증가하는 것과 같은 경우다. 지금 우리가 눈으로 보고 있듯 금융 규제 완화를 통해 금융기관들이 마음대로 활개 치도록 한 조치들이 오히려 금융 시스템을 거의 붕괴 직전까지 이르게 했다. 이처럼 하나의 문제를 해결하려는 시도는 당장은 효과를 보이는 것 같지만 종종 새로운 문제를 만들어내고 기존 문제를 악화시키기도 한다. 그리고 그렇게 해서 지연되거나 수면 아래로 가라앉은 듯 보이던 문제들이 일정한 시점이 되면 더 격렬한 반응을 나타내며 폭발하기도 한다. 폭우로 불어난 물을 허술한 둑을 쌓아 막았지만, 물의 양이 불어나면 결국 둑이 터지면서 더 큰 충격이 나타날 수 있는 것과 같은 이치다.

물론 문제의 근원을 시스템 차원에서 정확히 파악해서 바로잡는다면 그같은 정책 저항을 최소화할 수 있다. 지금까지 한국 경제의 위기를 보여주는 많은 현상들의 근저에 부동산 버블이 있음을 설명했다. 그렇다면 이를 꺼뜨리는 것이 시스템 차원에서 문제를 해결하는 정도(正道)라고 할 수 있다. 하지만 현 정부는 그렇게 하지 않았다. 부동산 버블을 꺼뜨리는 근본 수술은 피한 채 부동산 버블이 드러내는 한국 경제의 온갖 병증들에 대해 대증요법을 구사했다. 그렇게 해서 급성 증상들은 많이 가라앉았다. 하지만 병의 뿌리는 사라지지 않았다. 오히려 속병은 더욱 깊어지고 있는 양상이다. 2008년 하반기 이후 정부가 실시한 각종 정책들에 대해 경제라는 시스템 차원의 정책 저항이 이미 일어나고 있는 것이다.

지금까지 본 내용을 토대로 살펴보자. 2008년 시중금리가 폭등하자 정책 당국은 기준금리를 인하해 시중금리를 떨어뜨렸다. 또 경기 부양을 명목으로 대규모 재정 적자를 일으켜 시중에 돈을 풀었다. 이렇게 한 결과 부동산 버블은 다시 부풀어 오르고 국고채 공급 증가로 채권 금리의 상승 압력이 커지고 있다. 언제가 됐든 시중금리가 다시 올라갈 수밖에 없는 가능성이 커지고 있는 것이다.

더구나 자연스러운 시장 상황에 맞지 않게 억지로 금리를 떨어트려 놓으니 은행들의 순이자마진이 줄어드는 등 수익성이 급감했다. 시중은행들은 이를 만회하고 신용 리스크를 반영하기 위해 가산 금리를 높이는 방향으로 반응했다. 이렇게 해서 앞으로 금리가 오르면 빚을 진 가계들은 더 큰 부담을 지게 됐다. 또 가계 부채의 거치 기간과 일시 상환 만기를 연장한 덕에 당장 부동산 투매는 막았지만, 그 덕에 가계의 채무 구조조정은 지연됐다. 이 과정에서 가계는 더 높은 이자를 물게 됐고, 가계들이 져야 할 원리금 부담은 더 커졌다.

이렇게 가계가 부동산 부채를 청산하도록 하지 않고 계속 부동산에 목을 매게 하는 바람에 생산경제로 돈이 흐르는 시기를 계속 지연시키고 있다. 가계들은 은행 빚을 갚느라 저축과 지출을 줄이게 된다. 이렇게 해서 민간 자력에 의한 경기 회복은 계속 지연되고 내수 침체는 더욱 장기화된다. 그 결과 부동산 시장의 정상적인 회복 여력도 점점 줄어들게 된다.

정부가 건설업체들의 미분양 물량을 매입해 건설업체들의 자금난을 해소해준 조치는 어떤가. 건설업체들이 분양가를 내려 미분양 물량을 해소하는 것을 방해함으로써 부동산 시장의 본격적인 회복을 지연시켰다. 정부가 대규모 토건사업을 일으켜 자금난에 시달리던 건설업체들을 부양함으로써 건설업체들의 구조조정을 방해했다. 이미 포화된 부동산 시장에서 이렇게 살아남은 건설업체들이 계속 아파트를 지어 공급하게 했다. 지금도 미분양 물량이 넘쳐나는데 미분양 사태를 장기화하고, 2010년대 만성적인 공급 과잉 상태로 몰고 가는 것이다. 똑같은 일이 1990년대 일본에서 일어났음은 이미 설명했다.

정부가 막대한 지원을 통해 금융기관과 업계를 지탱하다 보니 금융기관과 업계는 갈수록 정부에 기대게 됐다. 특히 금융기관들은 자신들의 무리한 대출 경쟁에 대해 시장의 호된 채찍질을 맞지 않은 결과 여전히 겁도 없이 주택담보대출에 손을 대고 있다. 물론 정부의 구조조정 방해로 업계의 옥석이 제대로 가려지지 않아 기업에 자금을 대출하는 것이 부담스럽기 때문이기도 하다. 이렇게 해서 생산경제의 회복 또한 지연되고 있다.

정부가 당장 기업들의 부담을 덜어준다는 핑계로 단기 '알바' 일자리를 늘리고 평균 임금을 깎은 바람에 가계 소득이 줄어 내수 기반은 계속 취약해질 것으로 보인다. 더구나 정부는 정책 수단을 일찌감치 소진해버려 새로운 경제 충격이 발생하면 다시 손쓸 여력이 많이 남아 있지 않다.

이뿐만 아니다. 여기에서 일일이 다 거론하기 힘들 정도로 경제 전반에서 이미 많은 정책 저항이 일어나고 있다. 이 모두가 부동산 버블 제거라는 근본적인 문제 해결을 외면한 채 땜질식 처방으로 일관한 결과다. 그 결과 당장은 대부분의 나라에서 부동산 버블이 꺼지고 있는데 국내에서만 부동산 버블이 다시 일어, 상대적으로 경기가 좋은 것처럼 느껴지겠지만 그

건 단기에 그칠 뿐이다. 시간이 지날수록 한국의 경제 상황은 문제의 근원을 해결했을 때에 비해 더 나빠질 가능성이 높다. 다른 모든 나라의 부동산 시장이 반등할 때도 한국은 더 오랫동안 부동산 시장 침체가 지속될 가능성이 높다. 또 부동산 버블과 과도한 부채가 해소되지 않은 탓에 조그만 외부 충격이 발생해도 만성적인 경제 위기에 시달릴지도 모른다. 이렇게 볼 때 현 정부는 자신들 임기 안에 닥칠 단기적 충격을 최소화한다는 핑계로 중장기적 충격의 총량을 최대화하고 있다. 정말 대책 없는 정부다.

인플레이션이냐?
디플레이션이냐?

정부의 막대한 부양책에 힘입어 경기 급락이 멈추자 어느 순간부터 인플레이션에 대한 우려가 커지고 있다. 이 같은 우려는 근거가 없지 않다. 각국 정부가 막대한 재정적자를 감수하고 정책금리를 낮추는 한편 각국 중앙은행이 양적 통화 팽창 정책을 펼치는 바람에 시중 통화량이 급격히 늘었다. 물론 통화량이 늘었더라도 실물경기 침체로 돈이 도는 속도가 현저히 떨어져 당장 인플레이션이 유발되지는 않을 것이다. 미국 등 세계 각국은 인플레이션은 커녕 오히려 디플레이션 조짐을 보이고 있다. 하지만 세계 각국의 경제 회복이 본격화될 경우 시중에 풀린 유동성이 큰 폭의 인플레이션을 유발할지도 모른다는 우려는 계속되고 있다. 특히 이런 우려는 이른바 '조기 회복론'이 힘을 얻으면서 급속히 확산된 것으로 보인다.

한국에는 몇 가지 다른 맥락이 있다. 대부분의 국가와 달리 환율이 폭등한 탓에 수입 물가가 급등해 소비자물가 또한 뛰었다. 가뜩이나 실질 소득이 급속히 줄어든 상황에 물가까지 뛰니 일반 서민들은 죽을 맛이다. 이런 상황에서 경기가 회복되면 큰 폭의 인플레이션이 일어나는 것 아니냐는 우려를 하게 될 만하다. 그보다 더 큰 문제는 2009년 초 이후 자산 시장에서 미니 버블이 생겨난 것이다. 주가지수는 국가별로 차이가 있어도 대부분 국가에서 반등했으니 그렇다 치고, 한국에선 집값마저 반등하니 과잉 유동성 때문 아니냐는 우려가 커졌다. 특히 국내 언론들이 실체도 불분명한 '단기 부동자금 800조 원'을 들먹이며 '과잉 유동성이 몰린 탓'이라고 떠들자 사람들의 불안 심리는 더욱 커졌다. 집값 반등은 정부의 주택 대출 규제 완화 조치의 영향이 큰데도 마치 엄청난 투기 대기 자금이 있기 때문인 것으로 착각하게 된 것이다. 그러니 일반인들로서는 "경기 침체기인 지금도 이런데, 경기가 조금만 회복되면 어떻게 될까"라는 우려를 갖는 것이 한편으로 당연하다.

특히 투기 선동가들은 이 같은 불안 심리를 절묘하게 파고들었다. 이들은 "인플레이션이 오면 부동산 값은 폭등한다"고 떠들어 댔다. 사실 경제에 대한 이해가 절대적으로 부족한 부동산 투기 조장꾼들이 뭘 알고 떠들겠는가. 종잇장보다 얄팍한 지식으로 부동산 가격이 오른다는 방향으로 상황을 짜 맞춘 것일 뿐이다. 일부 엉터리 언론들도 이런 헛소리들을 유포했다. 경제 상황에 대한 이해가 부족한 일반인들의 눈에는 이들의 헛소리와 부동산 시장의 단기 반등 현상이 잘 들어맞아 보였을 것이다. 더구나 현 정부는 집값을 떠받치기 위해서는 그 어떤 무리수라도 둘 정부가 아닌가. 대통령을 위시한 내각 주요 인사들이 땅에 영혼을 바친 사람들인데, 인플레이션을 유발해서라도 집값을 올리지 않겠는가. 사람들의 불안감은 이렇게 커져갔다. 하지만 이는 전적으로 현실 경제에 대한 이해 부족에서 생겨난 혼란일 뿐이다.

일반적으로 인플레이션이라고 하면 실물경제의 성장 속도보다 통화량이 빨리 늘어나 물가가 상승하는 경우를 말한다. 특히 경기 순환론 측면에서 호황기에 통화량이 늘어나고 수요가 증가하면서 경기가 과열되는 현상이 나타난다고 보는 것이 일반적이다. 하지만 인플레이션은 독점이나 카르텔과 같은 담합 행위에 의해 발생하기도 하고, 부동산·주식 등 자산 시장에서 투기 버블이 일어나 발생하기도 한다. 따라서 현 국면에서 인플레이션 가능성이 어느 정도인지, 또 인플레이션이 발생한다면 어떤 성격의 인플레이션이 될지 가늠해볼 필요가 있다. 인플레이션의 구체적 양상을 이해하지 못하면 앞으로 매우 잘못된 판단을 할 수 있기 때문이다.

이에 대해 〈그림 1〉을 참고로 살펴보자. (〈그림 1〉에서 소개하는 경제 분석 모델은 김광수경제연구소가 2003년 발간한 《현실과 이론의 한국 경제》 1권 제11장에 자세히 소개돼 있다. 좀 더 자세한 이해를 원하는

경제 영역별 인플레이션 종류

	자본(생산)경제	자산(교환)경제
실물경제	투자 고용-생산 판매-소비시장 수요 견인형(Demand-pull) 인플레이션	부동산, 원유, 원자재 시장 등 원가 견인형(Cost-push) 인플레이션 투기적 버블형 인플레이션
금융경제	기업 대출-가계 대출 시장 과다 부채형 인플레이션 신용 경색형 금리 폭등 인플레이션	증권(유통)시장, 파생상품시장, 국채시장, 외환시장, 은행간 시장 투기적 버블형 인플레이션 재정 적자형 화폐적 인플레이션

최근의 국내외 경제 상황

	자본(생산)경제	자산(교환)경제
실물경제	기업 투자 고용-생산 판매 감소 가계 소비 위축 디플레이션(불경기) 상황	부동산, 원유, 원자재 시장 부동산은 디플레이션 상황 원유, 원자재는 단기 인플레이션 양상
금융경제	기업 대출-가계 대출 위축, 자금 조달(주식, 회사채, CP) 곤란 → 부실채권 증가 신용경색으로 중앙은행의 유동성 공급 급증	버블 붕괴로 금융기관의 부실자산 급증 대규모 공적자금 투입으로 재정적 급증에 의한 화폐적 인플레이션 압력 증대

분들은 참고해보기를 바란다.) 현실 경제는 자본경제(생산경제)와 자산경제(교환경제), 그리고 실물경제와 금융경제라는 분류에 따라 크게 네 개 영역으로 구분된다. 즉, 실물-생산경제, 실물-자산경제, 금융-생산경제, 금융-자산경제의 영역으로 나뉘는 것이다. 각 경제 영역별로 현 상황을 진단해보자. 조금 어렵게 느껴지더라도 이 부분을 정확하게 이해하면 현재 경제 상황을 이해하는 데 큰 도움이 될 것이다.

우선, 실물-생산경제 영역은 기업이 투자 및 고용과 생산, 판매를 하고 가계가 근로 활동을 통해 소득을 얻고 소비를 하는 영역이다. 흔히 실물경제라고 지칭된다. GDP 통계가 이 영역의 상황을 보여주는 가장 기본적인 지표다. 이 영역에서는 경기가 호황 국면에 진입해 수요가 늘면 물가가 상승하는 수요 견인형(Demand-pull) 인플레이션이 발생한다. 반대로 경기가 불황 국면에 들어가면 수요 위축형 디플레이션이 발생한다. 그런데 이 영역이 전 세계적으로 심각한 경기 위축, 즉 디플레이션 국면에 들어가 있음은 누구나 인정할 것이다. 한국도 마찬가지 상황임은 굳이 거론할 필요가 없다.

둘째로, 실물-자산경제 영역은 부동산 시장이나 원유 및 원자재 시장 등에 해당한다. 부동산이나 원유 및 원자재 등은 경제 전체로 보면 주로 기업 등의 생산 투입 요소로 쓰인다. 따라서 이들 가격이 올라가면 기업의 생산 비용이 올라가고 결국 이것이 최종 재화 가격에 반영돼 물가가 오르게 된다. 이렇게 발생하는 인플레이션을 원가 견인형(Cost-push) 인플레이션이라고 부른다. 원유나 원자재 가격이 오르는 것은 수요가 갑자기 늘어난 때문일 수도 있지만, 1970~1980년대 초 석유 파동처럼 독점이나 카르텔(담합)에 의해 발생하기도 한다. 또한 이 영역에서는 투기 때문에 가격이 올라가는 경우가 자주 발생하기도 한다. 대표적인 것이 부동산이다. 원가 견인형이나 투기에 의한 인플레이션은 시장의 실수요에 관계없이 또는 실수요 수준을 반영한 가격을 크게 뛰어넘어 발생하는 것이 보통이다. 이 때문에 경기 침체로 수요가 위축되는 상황에서도 독점이나 담합 또는 투기에 의한 물가 상승은 흔히 생길 수 있다. 이처럼 경기 침체 속에서 인플레이션이 발생하는 것을 스태그플레이션(stagflation)이라고 부른다.

이런 경제의 생산 투입 요소들을 대상으로 인플레이션이 발생하면 자원 배분이 심각하게 왜곡된다. 그런 점에서 경제에 가장 치명적인 타격을 주는 인플레이션이라고 할 수 있다. 현 정부처럼 부동산 투기를 조장하는 것은 OPEC(석유수출국기구)가 유가 담합을 하는 것과 마찬가지로 자원 배분을 왜곡하는 것이다. 부동산 등 자산 시장에 필요 이상의 돈이 몰리면 생산경제로 가는 돈은 씨가 마를 수밖에 없다. 현재 국내 경제의 상황이 딱 그런 꼴이다. 이뿐만 아니라 투기 조장책은 소득 분배를 크게 왜곡해 부동산 부자 등 특정 집단이 사회 전체의 부를 착취해 독점적 이익을 취하게 하는 것으로 성장 잠재력에 치명적인 타격을 주게 된다.

그러면 이 경제 영역의 현재 상태는 어떨까. 2008년 글로벌 경제 위기가 본격화되기 전에는 부동산 시장에서는 투기로 인해 버블이 발생하고 원유 등 원자재 가격도 투기에 의해 폭등세를 보였다. 그러나 금융 위기가 본격화되면서 부동산 버블이 빠른 속도로 무너지고 있으며, 원유와 원자재 가격은 폭락한 뒤 다시 반등세를 보였다. 그러나 전체적으로는 경기 불황 때문에 가격이 하락하고 있거나 하락 압력이 여전히 높은 상태다. 전반적으로 디플레이션 상황에 가까운 것이다.

국내 부동산 시장은 대다수 국가들과는 상황이 조금 다르다. 미국이나 유럽 등 대부분의 국가에서는 부동산 가격이 폭락했지만, 한국의 경우 2009년 들어 반등세를 보이고 있기 때문이다. 하지만 1부에서 설명했듯이 국내의 부동산 시장도 큰 틀에서는 대세 하락 추세에 접어들었다고 봐야 한다.

셋째로, 금융─실물경제 영역은 기업이 생산 투자에 필요한 자금을 조달하고 가계가 생활 등에 필요한 자금을 대출하는 영역이다. 주식이나 회사채 발행, 가계 대출 및 신용카드 대출 등이 일어나는 시장이다. 이 영역에서는 기업들과 가계의 과잉 부채로 인한 인플레이션이나 금융 시장의 혼란에 따라 신용 경색 현상이 일어나 금리가 폭등하는 식의 인플레이션이 생겨날 수 있다.

현 상태는 어떤가. 전 세계적 금융 위기를 계기로 신용 경색이 발생해 아직도 해소되지 않고 있다. 또 부동산 가격 하락과 주가 하락, 그리고 경기 침체 등으로 부실 대출 채권도 늘어나고 있다. 이 때문에 각국 중앙은행들이 제로 금리 수준까지 기준금리를 인하하고 유동성 공급을 확대했지만, 은행들은 대출 금리를 쉽사리 인하하지 못하고 있다. 부실위험이 커지고 있지만, 경기 전반의 침체로 대출 금리를 인상할 수도 없어 아예 대출을 줄여버리고 있다. 극심한 디플레이션이 계속되고 있는 것이다.

마지막으로, 금융-자산경제 영역은 주식과 채권 등이 유통되는 주식시장과 국채 시장, 외환 시장, 은행 간 시장 등을 아우른다. 이 영역에서는 투기에 의한 인플레이션과 재정 적자 급증에 따른 통화량 증발로 인한 화폐적 인플레이션이 발생할 수 있다. 세계 경제 위기를 계기로 버블이 붕괴함에 따라 부실 자산이 급증해 금융기관들은 파산 위기에 처했다. 특히 미국의 경우에는 지역 금융기관의 파산이 2009년 들어서도 계속되고 있다. 그런데 각국 정부는 금융기관의 파산을 막기 위해 대규모 공적 자금을 투입하고 경기부양을 위한 재정 확대 사업을 벌이기 위해 국채를 대량 발행했다. 그 결과, 장기 국채 금리가 상승하는 화폐적 인플레이션이 발생하고 있다. 주식시장은 과거 버블기에 비해서는 디플레이션 상황에 가깝지만 단기적으로는 자금이 몰리면서 일정하게 인플레이션 양상을 보이고 있다. 이처럼 각국이 화폐적 인플레이션을 우려하는 것은 바로 주로 이 영역에 관한 문제라고 할 수 있다.

정리하자면 금융-자산경제 영역을 제외한 나머지 3개 영역에서는 큰 틀에서 디플레이션이 진행되고 있다. 금융-자산경제 영역에서만 화폐적 인플레이션 압력이 높아지고 있는 상태다. 전반적으로 볼 때 아직은 디플레이션을 더 우려할 때이지 인플레이션을 본격적으로 우려할 상황은 아니다. 인플레이션이 발생하더라도 그것은 경기 호황기의 인플레이션과는 거리가 멀다. 그런데도 마치 경기 호황기 때와 같은 인플레이션이 발생할 것이라는 환상이 난무하는 것은 이해하기 어렵다.

각국 중앙은행이 금리 인상을 놓고 고심하고 있는 것은 국채 발행이 급증한 데 따른 화폐적 인플레이션 압력과 다른 3개 영역의 디플레이션 압력 사이에서 저울질을 하고 있기 때문이다. 한국은행도 마찬가지다. 한국은행이 기준금리를 2%에서 동결하면서도 부동산 시장의 추가 버블을 경고하거나 다른 유동성 흡수 조치들을 만지작거리는 것도 이 때문이다. 기준금리를 올리자니 아직 실물-생산경제 영역이 바닥을 벗어나지 못하고 있고, 금리를 현 상태로 유지하자니 부동산 투기가 계속될까 봐 걱정인 것이다. 사실 한국의 경우 부동산 시장의 단기 반등 때문에 기준금리 인상 압력이 다른 나라보다 더 크다. 하지만 지금까지의 행태를 볼 때 한국은행이 다른 나라에 앞서 선제적으로 기준금리를 인상할지는 미지수다.

그러나 분명한 것은 화폐적 인플레이션이 본격화될 경우 각국 중앙은행은 필연적으로 금리를 올릴 수밖에 없다는 점이다. 왜냐하면 국채 발행이 급증함에 따라 국가 신인도가 무너지고 화폐 가치를 방어하지 못하면 막장으로 치달을 수도 있기 때문이다. 각국 중앙은행이 금리를 올리면 한국은행도 뒤따라 기준금리를 올릴 가능성이 매우 높다. 이런 사태가 빚어지면 세계 실물 경기 침체가

계속되는 상황에서 경기 회복에 큰 부담이 될 수밖에 없다. 기준금
리가 오르면서 유동성을 본격적으로 흡수할 경우 부동산 가격이
하락할 것은 불을 보듯 빤한 일이다.

　이런 점에서 "인플레이션이 오면 부동산 값이 뛴다"라는 주장
은 허무맹랑할 뿐이다. 경기 활황기에 발생하는 인플레이션이라면
모르겠지만, 현재 세계경제 상황을 감안하면 가능성이 없는 이야
기다. 한마디로 구체적인 현실 경제 상황을 이해하지 못한 낭설일
뿐이다. 그런데 "인플레이션 헤지 수단으로는 부동산이 최고"라는
식의 환상이 난무하고 있다. 이 같은 환상이 2009년 상반기 부동산
시장이 단기 반등하는 '자기 충족적 예언'으로 작용한 것 같기도
하다. 하지만 그런 말을 믿고 부동산 시장에 뛰어든다면 아마 오래
지 않아 후회하게 될 것이다.

인플레이션 오면 집값은 떨어진다

인플레이션에 관해 시중에 나도는 엉터리 주장의 핵심은 이렇다. 물가가 급등하면 실물 자산 가격은 물가가 급등하는 만큼 올라가는 대신 화폐 가치는 떨어진다는 것이다. 따라서 인플레이션이 오면 사람들이 현금 대신 실물 자산을 보유하려 하니 집값이 올라간다는 것이다. 일견 그럴듯하게 느껴진다. 하지만 이는 현실에서는 그대로 적용되지 않는 비현실적인 주장이다. 무엇보다 재화별로 가격 상승에 대한 수요 공급의 탄력성이 다르다. 현실에는 부동산, 농산물, 자동차, 장신구, 노동 등 수많은 상품들이 존재한다. 인플레이션이 발생할 때 이들 상품의 가격 오름폭은 각각의 수급 탄력성에 따라 천차만별이다. 예를 들어, 자동차는 가격이 오르면 수요가 급감해 지속적으로 가격이 오르기 어렵다. 반면, 농산물은 가격이 올라도 수요가 확 줄지 않기 때문에 가격이 급등할 가능성이 높다. 누구든지 안 먹고 살 수는 없기 때문이다. 부동산은 어떨까. 급격히 물가가 뛰면 사실상 가계의 실질소득이 줄게 되고 그러면 가계들은 소비를 줄이게 된다. 당장의 생활비를 줄여야 하는 판에 가계들이 부동산 투자를 선호하게 될 것으로 보기는 어렵다.

무엇보다 물가가 상승하면 각국 정부는 정책금리를 인상할 수밖에 없다. 적정 수준을 넘는 과도한 인플레이션을 방치하면 소비와 투자 위축으로 이어지는 등 큰 경제적 고통을 유발하기 때문이다. 금리가 오르면 집값이 떨어질 수밖에 없음은 물론이다. 특히 한국처럼 가계 부채가 과도한 상황에서는 두말할 필요도 없다.

"인플레이션이 발생하면 부동산 값이 뛴다"는 주장은 과거의 역사적 사례를 살펴보더라도 설득력이 없다. 앞에서 봤듯이 현 상태에서 인플레이션이 발생하면 그것은 본격적인 경기 회복에 따른 인플레이션이라고 보기 어렵다. 오히려 실물경제는 여전히 침체 양상을 보이는 가운데 화폐적 인플레이션만 일어날 가능성이 높다. 이는 발생 원인은 다르지만 현상적으로는 1970년대 석유 파동 때 발생한 스태그플레이션 양상과 비슷하다고 봐야 한다. 당시 주택 가격은 어땠을까.

한국의 경우 1986년 이전의 주택 가격 추이를 체계적으로 조사한 통계는 없다. 따라서 당시 인플레이션에 따른 집값 추이가 어떤지를 파악하기는 어렵다. 다만 미국과 일본의 상황을 통해 충분히 짐작해볼 수는 있다.

먼저, 〈그림 1〉을 참고로 미국의 경우를 살펴보자. 1970년대 미국경제는 1·2차 석유 파동으로 급격한 원가 견인형 인플레이션을 겪었다. 미국 소비자 물가지수는 1차 석유 파동 때인 1974년 11%까지 상승했고, 2차 석유 파동의 정점이던 1980년에는 13.5%까지 올랐다. 반면, 미국의 집값은 1부 49쪽 〈그림 1〉에서 소개한 1890년 이후 집값 추이를 보면 1976년부터 급등해 1979년 정점을 찍었다. 더 구체적으로 1976년 이후 미국 전역의 주택가격지수 증감률을 살펴보자. 주택 가격은 1979년까지 가파르게 오르다가 석

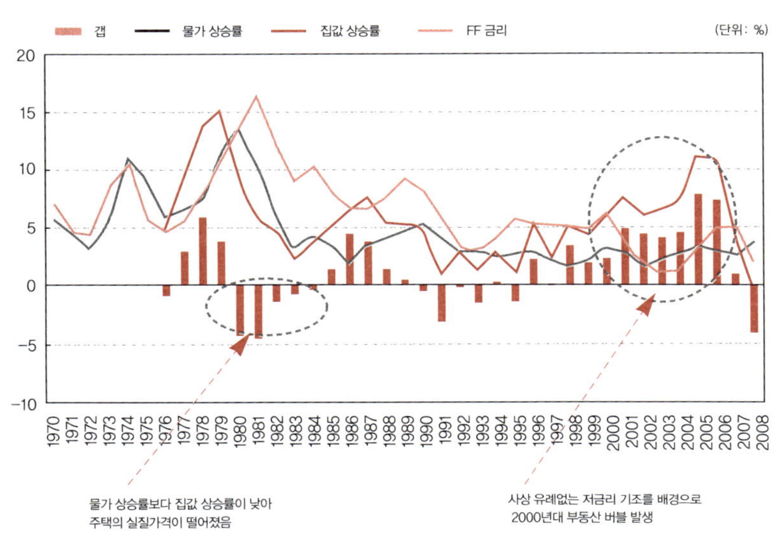

(주) 각종 미국 정부 자료로부터 KSERI 작성

유 파동으로 인플레이션이 극에 이른 1980년 상승률이 확 꺾이기 시작했다. 이 때문에 물가 상승률을 뺀 실질가격으로는 1979년부터 집값이 마이너스로 돌아선 뒤 1984년까지 지속적으로 떨어졌다. 집값은 오르기는커녕 오히려 빠진 것이다.

왜 이런 상황이 발생했을까. 그것은 바로 집값에 취약이라고 할 수 있는 금리가 급속히 상승했기 때문이다. 1970년대 집값은 1차 석유 파동이 끝난 뒤 지속된 상대적 저금리 상황을 바탕으로 오른 측면이 강했다. FRB는 1978년부터 물가가 오르기 시작하자 정책금리인 FF(연방기금) 금리도 따라서 올렸다.

특히 1981년에는 물가 상승률을 무려 6%포인트 상회할 정도로 FF 금리가 급격히 올랐다. 금리가 급등하자 집값 거품은 급속히 꺼졌다. 이처럼 물가가 급속히 오르는 상황에서 정책금리 인상은 거의 자동적으로 따라오는 것이라고 봐야 한다. 그것은 인플레이션이 경제에 미치는 악영향을 제거하기 위해 정책금리 인상이라는 강력한 처방을 하지 않을 수 없기 때문이다. "인플레이션이 오면 집값이 오른다"는 주장은 이처럼 현실 경제의 한쪽 면만을 아전인수 격으로 부풀리는 선동이다.

1970년대 이후 집값 추이를 봐도 마찬가지다. 상대적으로 저금리일 때는 집값이 상승하고 고금리일 때는 집값이 가라앉는 상관관계를 보인다. 2000년대 이후 미국 집값이 가파르게 상승한 것은 앨런 그린스펀 치하의 FRB가 유례없는 저금리 기조를 유지한 것을 배경으로 한다. 2000년대 국내 주택 가격이 외환위기 이후 정착된 저금리 기조를 배경으로 하는 것과 마찬가지다.

일본의 경우도 마찬가지다. 〈그림 2〉를 보면 1970년 이후 일본의 부동산 버블은 1970년대 초반과 1980년대 후반 두 차례 발생했다. 1971~1973년에 급격히 상승한 일본의 전국 땅값은 1차 석유 파동이 발생한 1973년부터 상승세가 멈춰 1974년부터 대폭 하락했다. 1차 석유 파동의 정점인 1974년 일본의 물가 상승률은 23.2%에 이를 정도로 인플레이션이 극심했

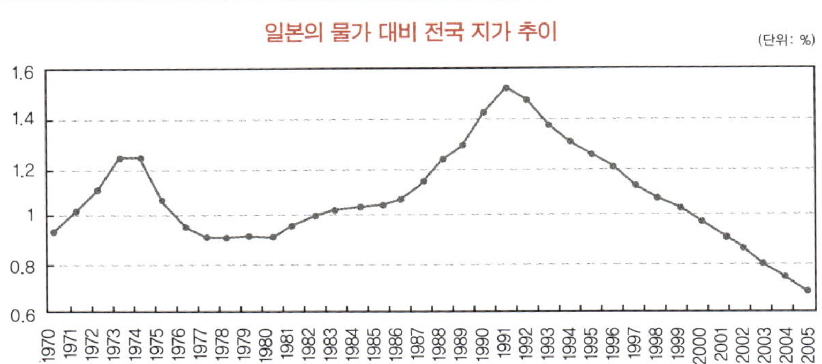

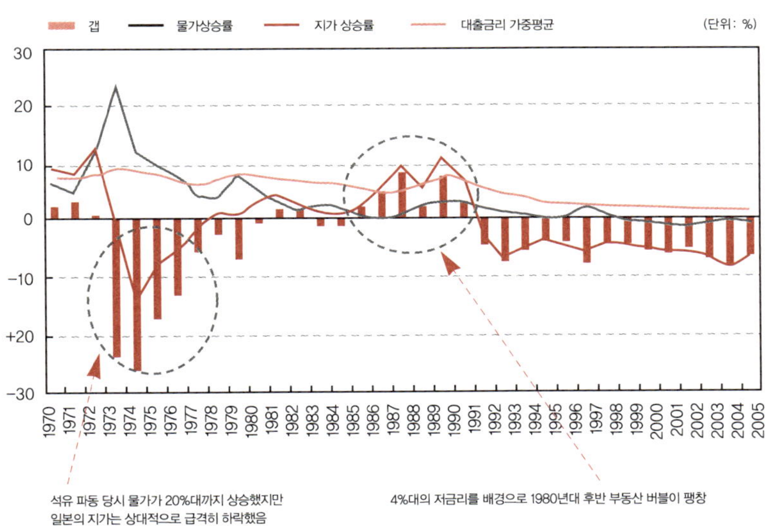

(주) 각종 일본 정부 자료로부터 KSERI 작성

다. 즉, 인플레이션 때문에 집값이 오른 것이 아니라 오히려 떨어진 것이다. 물론 이때 집값은 경기 침체와 더불어 금리 상승에 영향을 받아 떨어진 것이라고 할 수 있다.

일본의 경우에는 1970년대까지는 한국이 외환위기 전까지 그랬던 것처럼 고성장을 배경으로 고물가/고금리 상태가 지속된 시기였기 때문에 미국만큼 금리와 집값의 상관관계가 뚜렷하지는 않다. 하지만 일본의 1980년대 부동산 버블은 4%대의 유례없는 저금리 상황을 배경으로 한다. 물론 버블이 붕괴된 후에는 일본 은행의 제로 금리 기조에 따라 시중금리가 훨씬 더 낮아졌지만 말이다. 한편으로는 제로 금리 상황에서도 경제와 주택 시장 전반의 침체로 인플레이션은커녕 디플레이션이 지속됐음을 알 수 있다. 따라서 현재의 저금리 기조가 지속되면 경기 회복 때 집값이 당연히 뛸 것으로 보는 것도 무리다. 과도한 부채를 통해 만들어낸 부동산 거품은 한번 꺼지기 시작하면 장기간 지속된다는 사실을 확인할 수 있다.

지금까지 본 것처럼 "인플레이션이 오면 집값이 오른다"는 주장은 현실 경제의 맥락을 보나 과거의 역사적 경험을 보나 사실과 거리가 멀다. 무조건 집값이 오른다는 것을 합리화하기 위한 주장일 뿐이다. 오히려 "인플레이션이 오면 금리가 상승하기 때문에 집값은 떨어진다"고 하는 게 더 맞는 말이다. 급격한 인플레이션은 매우 큰 경제적 피해를 주기 때문에 우려해야 할 현상임에 틀림없다. 하지만 인플레이션 때문에 집값이 오르지 않을까 하는 걱정은 하지 않아도 좋다.

'단기 부동자금 800조 원'의 망령

이른바 '부동자금 800조 원'을 둘러싼 소동은 한 편의 블랙코미디를 연상케 한다. 2009년 초부터 부동자금 800조 원 운운하던 기사가 나오더니 한두 달 지나니 경향, 한겨레부터 조중동까지 사설과 칼럼으로 부동 자금을 논하는 단계에 이르렀다. 급기야 5월 초에는 연합뉴스가 "부동자금 800조 원 돌파"라며 마치 대단한 특종이라도 한 듯이 기사를 써댔다. 많은 신문들이 이를 주식시장과 부동산 시장의 단기 반등 양상과 연결 지으며 "유동성의 힘"이라고 썼다. 이에 편승해 부동산 투기 조장꾼들은 "봐라. 부동산 시장을 폭등시킬 돈은 얼마든지 있다"는 식으로 사람들을 선동했다. 특히 정도가 심한 일부 선동가들은 아예 "부동자금이 넘쳐나서 부동산 시장이 폭등할 것"이라고 주장하기도 했다. 이를 또 다시 일부 언론들이 옮기기도 했다.

그런데 밑도 끝도 없이 언론을 통해 회자되고 있는 이 '부동자금 800조 원'의 말뜻은 너무 모호하다. 우선, 부동자금이라는 말의 뜻이 너무나 모호하다. 경제학 교과서 어디를 뒤져도 부동자금이라는 용어는 없다. 결국 언론 스스로가 지어내 대량 유통시키고 있는 조어라고 봐야 한다. 언론의 보도에서 사용되는 문맥으로는 마땅한 투자처를 찾지 못해 시중에 떠돌아다니는 자금이라는 뜻인 것 같다.

더구나 '부동자금'이라는 용어에 뒤따라 나오는 '800조 원'이라는 돈의 액수는 당최 이해할 수 없다. 마땅한 투자처를 찾지 못해 이리저리 헤매는 돈이 800조 원이나 된다니. 한국은행이 통화 관리의 기본 지표로 삼는 광의통화 M2의 2009년 2월 현재 통화량이 1458조 원인데, 이의 절반도 훨씬 넘는 돈이 부동자금이라니 황당할 수밖에 없다. 외환위기 이후 사상 최악의 경제 위기를 겪고 있는 판국에 그만한 돈이 투자성 자금으로 대기하고 있다니 한국에 그토록 갑부들이 많다는 말인가. 그리고 만약 800조 원이라는 돈이 이리저리 옮겨 다니며 한국 경제를 휘젓고 있다면 경제는 엄청난 변동성으로 매일매일 쓰나미를 헤쳐 나가는 것과 같을 것이다. 그것도 불과 4~5년 전까지만 해도 300조 원, 400조 원이라고 했는데, 그새 400조 원이 추가로 늘었다니 한국 경제가 그동안 개벽이라도 했단 말인가. 그런데도 실물경제는 심각한 침체 상황을 벗어나지 못하고 있으니 도저히 아귀가 맞지 않는 것이다.

이런 현실을 감안하면 '부동자금 800조 원'이라는 용어와 이것이 사용되는 용법이 엉터리라는 말밖에 되지 않는다. 한번 따져보자. 언론에서 금융감독원 자료를 출처로 삼고 있어 금융감독원 홈페이지에서 자료를 찾아봤지만, 부동자금과 관련된, 또는 단기 수신 자금과 관련된 자료는 찾을 수 없었다. (필자가 혹 못 찾았을 수도 있으니, 혹시라도 관련된 공식 자료를 찾으신 분은 알려주시기 바란다) 언론의 보도를 봐도 "금융감독원이 며칠 발표한 무슨 무슨 자료에 따르면"이라는 표현 대신, "금융감독원에 따르면"이라는 표현으로 일관된 것으로 봐서 공식 자료는 없는 것으로 보인다. 만약 그렇다면 이는 일부 기자가 금융감독원 자료를 보고 자기 입맛에 맞게 짜 맞춘 금액이거나 아니면, 금융감독원 일부 관계자에게 "이러이러한 자금들 합계액 좀 내주세요"라고 주문 생산한 자료일 가능성이 높다. 아니면, 엉터리 금융감독원 관계자가 죽이 맞는 엉터리 기자와 '합작 생산-유통' 했을지도 모르겠다.

좋다. 일단은 접어두기로 하자. 한국은행 자료를 통해 언론에서 단기 부동자금으로 거론하는 단기 수신 자금에 해당하는 각종 항목을 모두 더해봤다. 요구불예금과 수시 입출식 저축성 예금, MMF(머니마켓펀드), 발행어음, CD, CMA(어음관리계좌), 환매조건부채권 매도, 그리고 만기 6개월 미만 정기 예금까지 포함했다. 이 외에 언론이 말하는 부동자금이 더 있는지 모르겠으나, 여러 언론의 보도에서 언급된 것은 대부분 더한 것으로 판단된다. 이 금액의 합계는 2009년 2월 현재 546조 6400억 원. M2의 37.5%에 해당한다.

그런데 이는 금융감독원이 제시하는 800조 원이라는 금액보다 253조여 원 적다. 이처럼 큰 차이가 나는 이유는 양쪽 자료를 세부 내역별로 대조하지 않는 한 확실히 파악하기 어렵다. 다만, 일단 한국은행은 금융 상품별로 집계를 한 것인데, 이 가운데 일부는 단기 자금으로 포함할 수 있지만, 만기를 정확히 파악하기 힘들어 일부 포함하지 못한 경우가 있다. 하지만 그 자금 규모가 대세를 바꿀 만큼 큰 액수는 아니다. 언론의 보도를 보면 금융감독원은 각 금융기관별로 자료를 집계한 것으로 추측된다. 이 경우 CD나 채권뿐만 아니라 이들 상품을 편입하고 있는 MMF 등 각종 복합 금융 상품이 금융기관별로 여러 번 중복 포함되었을 가능성이 높다. 물론 한국은행이 집계하지 않는 다른 대상이 더 있을 수도 있지만, 큰 그림을 바꿀 만큼 큰 규모는 다닐 것으로 추정된다. 이렇게 볼 때 금융감독원을 출처로 하는 부동자금 800조 원이라는 액수는 상당히 부풀려진 것일 가능성이 높다. 고의든 실수든 (또는 자료 생산자가 귀찮아서 중복 부분을 걸러내지 않았든) 한국은행 자료와 200조 원 이상이나 괴리가 생긴다는 점에서 그렇다.

이 단기 수신 자금의 추이를 아래 〈그림 1〉을 참고로 한번 살펴보자. 언론에서 언급한 부동자금 전부가 포괄되지는 않더라도 큰 흐름을 살펴보는 데는 지장이 없을 것이다. 〈그림 1〉에서 볼 수 있는 것처럼 단기 수신 자금은 경제 규모가 커짐에 따라 꾸준하게 늘어났다. 또한 부동산 가격이나 주가의 등락과 상관없이 거의 일정한 속도로 꾸준히 증가했다. 특히 부동산 가격이 폭등한 2002~2003년이나 2006년 하반기에도 단기 수신 자금은 꾸준히 늘었다. 만약 언론에서 말하는 부동자금의 의미대로라면 당시 투자 수익을 노리며 대기하고 있던 부동자금들이 부동산에 들어갔기 때문에 단기적으로 줄어들어야 한다. 하지만 그런 정황은 전혀 없다.

단기 수신 자금이 이동해서 부동산에 들어갔다고 보기는 어렵다. 부동산 폭등기에 부동산 시장에 들어간 자금은 대부분 가계가 금융기관으로부터 빌린 것이다. 이는 주택담보대출 잔액 추이 및 증감률을 보면 명확히 드러난다. 주택담보대출 잔액은 꾸준히 늘어나는 가운데 집값이 치솟았던 2005년 상반기와 2006년 하반기에 큰 폭으로 늘어났다. 마찬가지로 2008년 서울 강북 중심으로 집값이 뛸 때도 소폭이지만 주택담보대출 잔액 증가율은 비교적 높았고, 앞에서 자세히 설명했지만 2009년 초 국지적 반등이 일어날 때도 주택담보대출 증가율은 상승했다.

이는 M2 증감률과 통화승수 추이를 보더라도 드러난다. 가계 부채가 늘어나면 금융권을 통해 시중에 풀리는 돈이 늘어나기 마련인데 부동산 가격이 뛰었던 2006년 말과 2008년 초 M2는 더 큰 폭으로 늘어났다. 금융권이 가계 대출을 통해 신용 창조를 활발히 해 같은 시기 통화승수가 상대적으로 올라갔음을 알 수 있다. 이를 종합해보면 부동산에 들어간 돈은 대부분 가계가 금융기관에서 빌린 것이지 호시탐탐 때를 보고 있던 천문학적인 '부동자금'에서 이동한 돈이라고 보기 어렵다. 언론의 보도처럼 투자를 위해 5분 대

>>> 그림 1 금융권 단기 수신 자금 및 유동성 관련 지표 추이

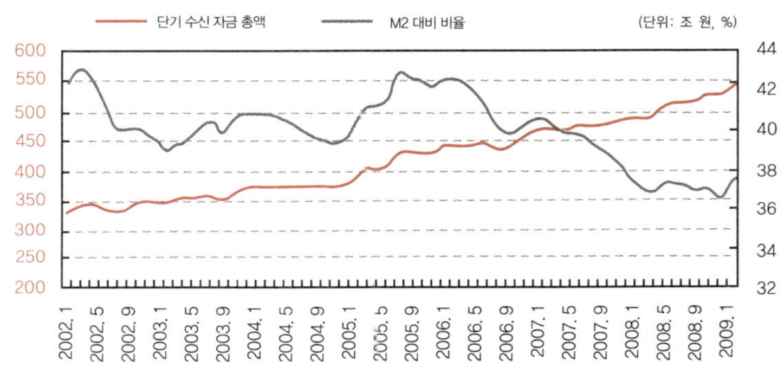

금융권 단기 수신 자금 추이
단기 수신 자금 총액
M2 대비 비율
(단위: 조 원, %)

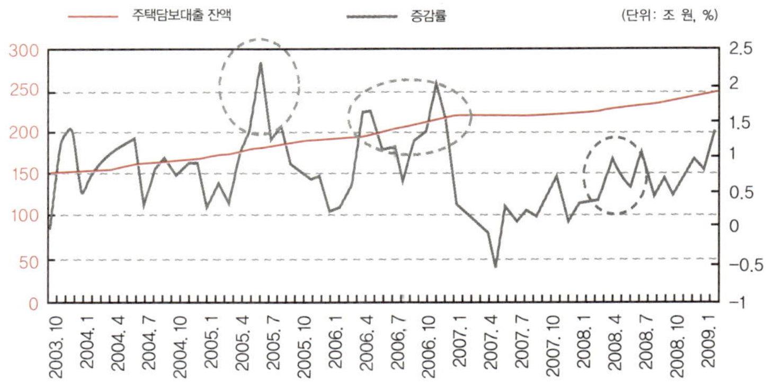

주택담보대출 잔액 추이 및 증감률 추이
주택담보대출 잔액
증감률
(단위: 조 원, %)

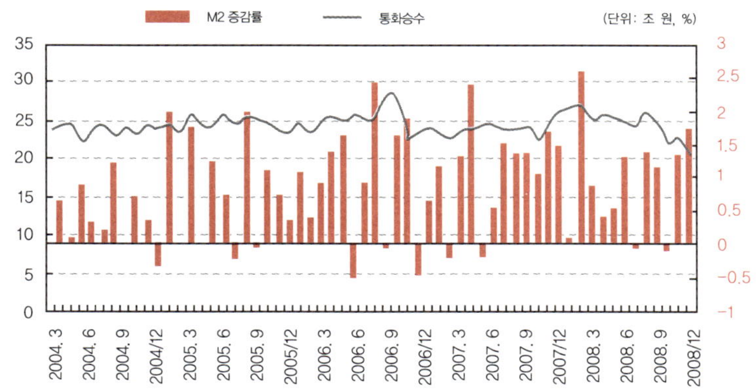

(주) 한국은행 자료로부터 KSERI 작성

기조처럼 기다리고 있는 자금이라면 왜 그런 자금들로 투자를 하지 은행에서 빚을 내서 투자하겠는가. 물론 단기 수신 자금에서도 일부가 부동산으로 이동했을 수 있겠지만, 적어도 지표상으로는 뚜렷한 변화가 없다.

M2 대비 단기 수신 자금의 비율을 보더라도 경기가 상대적으로 좋을 때 비율이 높고, 경기가 나쁠 때는 오히려 줄어들었음을 알 수 있다. 언론에서 사용하는 의미대로라면 경기가 불확실할 때 관망하며 적절한 투자처를 물색하는 자금이므로 상대적으로 그 비율이 높아야 한다. 그런데 상황은 정반대다. 이는 언론에서 보도하는 부동자금의 성격이 실제와 많이 다른 것임을 추정케 한다. 결국

언론이 부동자금이라고 부르는 단기 수신 자금의 성격을 단기 투기성(투자성) 자금이라고 보기 어렵다는 뜻이다. 구체적으로 살펴보면, 합계 300조 원이 넘는 요구불예금과 수시입출식 저축예금 등은 대부분 일상적·정기적 거래에 수반되는 지급이나 결제를 위한 자금이지 투자성 자금이라고 하기 어렵다. 또한 합계 106조 원에 이르는 CD, RP 등은 일반인들을 상대로 금융 상품으로 판매되는 것이다. 일반 고객으로선 자신의 금융 자산 포트폴리오상 수익을 얻기 위해 이미 투자한 자금이라고 봐야 한다. 이를 수익성이 더 좋은 다른 곳으로 금방 옮기기 위한 단기 대기 자금으로 보는 것은 무리다. 37조 원에 이르는 만기 6개월 미만 정기 예금 등 단기 저축성 수신 또한 안전성을 선호하는 경향이 뚜렷해 이를 투자 대기 자금으로 분류하는 것은 무리다.

비은행권에서 판매되는 MMF나 증권사 RP(환매조건부채권), 단기 채권형 펀드, 종금사 발행어음 등은 앞에서도 설명한 것처럼 상당 부분 중복 계산돼 그 금액이 부풀려져 있을 가능성이 높다. 물론 이들 자금은 상대적으로 수익률에 민감해 경우에 따라 다른 투자처로 이동할 수 있지만, 수백조 원씩 옮겨 다니는 뭉칫돈으로 보기는 어렵다. 특히 이 가운데 증권사 CMA 상품에 편입돼 결제성 자금으로 분류되는 금액이 35조 원에 이른다.

이렇게 볼 때 단기 수신 자금은 대기성 투자 자금이라기보다는 대부분 일상적인 거래를 위한 결제성 자금(거래적 동기)이거나 갑작스러운 자금 수요에 대비하기 의한 자금(예비적 동기)이지 투자나 투기를 위해 대기하고 있는 자금(투기·투자적 동기)이라고 보기 어렵다. 이 같은 부동자금의 실체에 대해서는 과거 박승 전 한국은행 총재도 대부분 결제성 자금이나 예비성 자금 등 정상적 자금이지 투자 대기 자금이 아니라는 점을 지적한 적이 있다. 당시 박승 전 총재는 단기 수신 자금 가운데 언론이 말하는 성격의 투자 대기 자금이 얼마인지 파악하기 힘들다며, 있다면 전체 단기성 예금의 극히 적은 부분일 것이라고 추정한 적이 있다.

실상이 이런데도 불구하고 왜 '부동자금 800조 원'이라는 망령이 계속 돌아다니고 있는가. 물론 2008년 하반기부터 한국은행이 금리를 급격하게 낮춤에 따라 일부 자금이 단기화돼 좀 더 나은 투자처를 물색하는 흐름이 어느 정도 있을 수는 있다. 주식시장의 경우 한국은행이 밝힌 것처럼 개인들의 직접 투자가 늘면서 CMA나 개인 예탁금 비중이 늘었다는 점에서 단기 자금의 일부가 유입된 효과가 제한적으로 있다고 할 수 있다. 하지만 현재까지 부동산에 대규모로 단기 자금이 흘러든 뚜렷한 증거는 없다. 그나마 자산 시장으로 흘러든 단기 자금은 언론에서 과장하는 '부동자금 800조 원'에 비하면 매우 미미한 흐름이다. 결국 전문성이 결여된 언론이 부동자금의 성격을 잘못 이해한 채 최초의 엉터리 보도를 걸러내지 못하고 확대 재생산했을 가능성이 높다.

하지만, 이 정도는 선의로 해석할 수 있다. 한 걸음 더 나아가 최근 실물경제가 침체를 거듭하고 있는데도, 집값이나 주가 상승을 합리화하거나 심지어 자산 시장의 투기를 부추기려는 의도가 짙어 보이는 경우도 있다. 일부 언론이나 부동산 투기 조장 전문가들이 최근 "그 많은 부동자금이 결국 어디로 가겠느냐"고 선동하는 것이 그런 맥락이다. 하지만 지금까지 본 것처럼 부동산 투기는 대부분 가계의 금융권 차입 자금으로 이뤄져 왔다. 2008년 말부터 경기 침체가 본격화됨에 따라 한국은행이 기준금리를 대폭 인하하면서 M2가 늘고 있기는 하나 그 증가율은 하락세를 보이고 있으며, 통화승수도 계속 떨어지고 있다. 결국 금리가 낮아졌지만 실물 부문에 돈이 충분히 돌고 있다고 코기는 어려운 상황이다.

물론 정부의 각종 경기 부양책이나 저금리 정책을 통해 통화량이 일부 늘어난 것은 사실이지만, 이것을 곧바로 인플레이션이나 자산 가격 앙등으로 연결 짓는 것은 무리다. 다주택 투기자들의 투자 여력도 이제 거의 소진된 상태다. 더구나 정부의 주택담보대출 규제가 조이는 방향으로 갈 가능성이 큰 상황에서 부동산 가격이 추가 상승할 여력은 거의 바닥 났다고 할 수 있다. 단기적으로 호가 위주의 상승은 가능하지만, 대세 상승으로 이어질 여력은 없다는 뜻이다. 따라서 "부동자금이 800조 원이나 되니 투기 바람이 조금만 불면 집값이 언제든지 과거처럼 급등할 수 있다"는 인식은 환상일 뿐이다. 그것도 한순간의 선택으로 10년 안에 패가망신을 초래할 수 있는 매우 위험한 환상이다.

'부동자금 800조 원'을 둘러싼 정부 당국과 언론의 소동을 보면서 한 편의 블랙코미디를 보는 듯한 씁쓸함을 느낀다. '부동자금 800조 원'의 큰 흐름을 살피고, 그것이 자산 시장에 미치는 영향을 파악하는 것은 위에서 본 것처럼 그리 어렵지 않다. 그런데도 온 나라가 그 문제를 둘러싸고 난리를 치는 것을 보면 한심하기 짝이 없다. 과장된 엉터리 왜곡 정보가 온 나라를 뒤흔드는 상황이 몇 년째 이어지고 있는 것이다. 이 나라에 제대로 된 정보 필터링 기능이 있다면 도저히 있을 수 없는 일이다. 도대체 언론은 최소한의 상식을 갖춘 것인지, 또 그런 언론의 보도가 난무하는 동안 이 땅의 수많은 경제학자라는 사람들은 도대체 무엇하고 있는지 이해하기 어렵다. 또 정책 당국은 뭘 하고 있다는 말인가. 정책 당국을 출처로 인용한 언론의 보도가 연일 이어지는 동안 도대체 뭘 하다가 몇 달이 지난 뒤에야 "유동자금이 많지 않다"고 떠들어댄다는 말인가.

정책 당국이 그동안 정말 부동자금의 실체를 몰랐던 것인지, 알고도 모른 척했던 것인지조차 의아하다. 정말 몰랐다면 모두 옷을 벗어야 한다. 부동자금의 실체도 모르고 정책을 운영했다면 기본적인 정책 판단 능력이 없다는 것을 의미하기 때문이다. 알고도 모른 척했다면 더 파렴치하다. '부동자금 800조 원'이라는 엉뚱한 정보가 국민들의 판단을 흐리고 있는데도, 어떤 정책적 이해관계 때문에 이를 알고도 모른 척했다면 국민들을 기만한 것이기 때문이다. 실제로 정책 당국의 그간 태도를 보면 후자의 개연성이 상당히 높다. 정책 당국이 어느 단계까지는 '부동자금 800조 원' 보도가 주식 및 부동산을 띄우는 데 도움되는 것으로 여겨 방치했을 수도 있다. 그런데 이것이 지나쳐 일부 언론에서 "기준금리를 올려 시중 유동성을 흡수해야 하는 것 아니냐”는 주문이 나오니 당국자들은 펄쩍 뛰었다. 2009년 5월 윤증현 기획재정부 장관이 “전체적으로 단기 부동자금이 많다는 것에 동의하지 않는다”면서 “정부의 정책 기조를 바꿀 타이밍이 절대 아니며 2009년은 아마도 (유동성을 회수하기가) 힘들 것”이라고 말했다는 것도 그 때문으로 보인다. 자산 시장을 띄우는 데 이용한 것까지는 좋았는데, 사실 실물경제가 여전히 회복되지 않은 상황에서 유동성을 흡수하라니, 현 정권의 생리상 가만둘 수 없는 상황이 됐을 가능성이 높다. 단순한 추측이 아니라 보도의 흐름과 정책 당국의 반응을 보면 충분한 개연성이 있어 보인다. 어떤 경우든 이런 한심한 정책 당국과 언론에 휘둘리며 살아야 하는 이 나라 국민들이 안쓰러울 뿐이다.

통화지표

국민경제가 안정적으로 발전하기 위해서는 통화량을 적정 수준으로 유지해야 한다. 이 통화량을 재는 지표가 통화지표다. 통화에는 현금 이외에 현금과 비슷한 기능을 하는 금융상품도 포함되는데 어디까지를 통화로 볼 것이냐에 따라 통화지표는 달라진다. 현재 한국은행이 관리하는 통화지표로는 M1(협의통화), M2(광의통화)가 대표적이고 이 밖에 금융기관 Lf(유동성)와 L(광의유동성)이 있다.

우선, M1은 화폐의 지급결제 수단을 중시한 지표로 민간이 보유한 현금에 예금 취급 기관의 결제성 예금을 더한 것이다. 결제성 예금에는 당좌예금, 보통예금과 같은 요구불예금과 저축예금, MMDA(시장금리부 수시입출식예금) 등이 포함된다. M2는 M1에 예금 취급 기관의 정기예적금과 거주자 외화예금, CD, 환매조건부채권, 표지어음 등 시장형 금융상품, 금전신탁, 수익증권 등 실적배당형 금융상품, 금융채, 발행어음, 신탁형 증권저축 등이 포함된다. 이들 금융상품은 약간의 이자소득 포기와 환전 등을 통해 바로 지급결제 수단으로 사용할 수 있기 때문에 M2에 포함된다. 시중의 통화량을 파악하는 기본적인 지표라고 할 수 있다. 참고로, Lf는 금융기관이 공급하는 유동성만을 측정한 지표며, L은 한 국민경제가 보유한 전체 유동성의 크기를 측정하는 지표다.

한편 한국은행은 화폐를 발행해 금융기관에 대출해주거나 외환 및 국공채를 매입함으로써 시장에 통화를 공급하는데, 이때 통화량의 기초를 이루는 자금 원천을 본원통화(reserve base)라고 한다. 본원통화는 민간의 화폐 보유액과 금융기관의 지급준비금의 합이다. 한국은행이 공급한 본원통화중 일부는 민간이 현금으로 보유하고 나머지는 예금 취급 기관에 예금하게 된다. 예금 취급 기관은 예금 중 일부를 지급준비금으로 예치하고 나머지를 다시 대출하게 된다. 이 대출금의 상당 부분은 다시 예금으로 유입돼 다시 대출에 사용되는데, 이러한 과정이 반복되며 본원통화보다 훨씬 많은 통화가 시장에 공급되는 효과가 발생한다. 이처럼 본원통화에 비해 시중에 실제 공급되는 통화량의 배수를 측정한 것이 통화승수다. 즉, '본원통화＝통화량/본원통화'인 것이다. 이때 통화량은 보통 M2를 사용해 측정한다.

이 밖에 이 글에는 많은 종류의 금융상품 이름이 나오는데, 지면의 제약으로 자세한 소개는 생략하고자 한다. 금융상품의 세세한 내용을 몰라도 이 글의 큰 맥락을 이해하는 데는 별 어려움이 없을 것으로 믿고 양해를 구한다.

3장

정보와 매트릭스

지금 한국의 언론들, 특히 일부 기득권 신문들은 절대 사회적 공기(公器)라고 보기 어렵다. 광고 유치와 사주의 이익 수호에 눈이 멀어 언론의 본령을 저버리고 지면을 사유화한 거대 이익집단에 가깝다. 중요한 고비마다 국민들의 이익을 철저히 희생하면서 자신들의 이익을 추구하는 측면이 너무 강하다. 방송 장악에 눈이 벌게진 현 정부를 엄호하고 미디어법 개정을 통해 방송 사업 진출을 기어코 얻어낸 것이 대표적 사례다.

전직 신문기자로서 말하는 한국 신문이 속이는 법

많은 사람들이 매일 속고 산다. 언론의 보도에 말이다. 여기에서 속인다는 말은 왜곡 보도, 편파 보도, 일면 보도, 중요한 사실에 대한 침묵, 사태의 핵심 호도, 부정확한 보도 등을 모두 포함하는 말이다. 그러면서도 언론들은 스스로를 '정론직필' '불편부당'으로 포장하며 국민들을 또 속인다.

거짓된 정보와 잘못된 정보가 사람들을 오도하면 그 사회는 잘못된 방향으로 가기 쉽다. 판간의 기초는 정확한 팩트(fact), 즉 사실관계인데, 팩트 자체가 왜곡되면 올바른 판단과 의사 결정을 기대하기 어렵다. 예를 들어, 저명한 국제 경제학자인 Q가 한 학술

행사에서 A라는 내용의 주장을 했다고 하자. 신문은 A라는 내용을 축약해서 보도하기 마련이다. 이 축약된 내용을 A1이라고 하자. 그 날 행사장에 있었던 사람들은 Q가 주장한 A라는 내용을 생생하게 접한 뒤 그의 주장을 해석하거나 판단한다. 하지만 절대 다수의 사람들은 신문 등 뉴스매체가 전하는 A1의 내용을 접하게 된다. 즉, 판단의 기초가 A가 아닌 A1이 되는 것이다.

축약은 어느 정도 왜곡을 부르게 마련이다. 신문 지면의 제한을 생각할 때 A1이 A의 핵심을 잘 담고 있다면 큰 문제는 아니다. 하지만 A1이 A의 핵심 내용을 잘못 전달하거나 왜곡하거나 엉뚱한 내용을 전달한다면 문제다.

A의 핵심 내용이 '한·미 FTA 추진이 이론적으로는 바람직한 결과를 낳을 수도 있지만 여러 현실적 문제가 있으므로 면밀한 검토와 충분한 의견 수렴을 거쳐 신중하게 추진해야 한다'라고 하자. 그런데 B 기자는 이를 보도하면서 "Q는 '한·미 FTA 추진이 이론적으로 바람직한 결과를 낳는다는 데는 의심의 여지가 없다'며 정부의 한·미 FTA 추진 방침을 지지했다"고 했다면 어떻게 될까. 반면 C 기자는 "Q는 '한·미 FTA는 여러 문제를 낳을 수 있으므로 신중하게 추진해야 한다'며 한·미 FTA 시기상조론을 펼쳤다"고 썼다고 하자. Q라는 사람의 같은 주장을 놓고도 기자들의 취사선택에 따라 거의 상반된 내용의 기사가 나올 수 있는 것이다.

심지어 이럴 수도 있다. Q가 연설 도중 "미국이 다른 나라 경제의 피를 빨아먹는 드라큘라 같은 존재라고 비난하는 일부 시각도 있다"고 다른 사람의 주장을 인용했다. Q가 자신의 주장을 전개하기 전에 다양한 시각을 소개하기 위해 한 말이다. 그런데 Q가 인용한 선정적 표현에 사로잡힌 D 기자는 이렇게 전한다. "Q는 '미국이 다른 나라 경제의 피를 빨아먹는 드라큘라 같은 존재'라며 정부의 한·미 FTA 추진에 강력히 반대했다."

앞의 두 기자가 Q 주장의 일부만을 따서 아전인수 격으로 기사를 작성했다면, D 기자는 아예 Q의 취지와는 상관없는 내용을 전하고 있다. 이처럼 한 사람의 말을 전하는 짧은 한 문장에서도 엄청난 사실 왜곡이 일어날 수 있다.

이 같은 왜곡은 단순히 거별 기자들의 '취향' 때문에 발생하는 것이 아니다. 이 같은 왜곡을 조장하는 구조적 환경과 왜곡된 취재 시스템이 근저에 자리 잡고 있다. 제대로 된 신문이라면 어떨까. 최소한 Q의 주장 자체는 정확하게 전달하는 게 기본이다. 그런 뒤 칼럼이나 사설 등을 통해 Q의 주장에 찬성 또는 반대하는 신문사의 시각을 전할 수 있다. 그 신문사가 진보 성향이든, 보수 성향이든 간에 적어도 사실 보도만큼은 정확하고 객관적이어야 한다.

하지만 우리 언론매체들은 이 저널리즘의 ABC조차 어길 때가 허다하다. 특정인의 발언조차 자사의 입장에 유리하게 비트는 것이다. 한·미 FTA 추진을 지지하는 신문사는 B처럼 사실을 왜곡하고, 한·미 FTA 추진에 반대한다면 C나 D처럼 비트는 것이다. 한국의 신문들은 이렇게 기본적인 사실부터 왜곡하면서도 신문의 색깔을 내세워 이를 합리화한다. 특히 이 같은 왜곡 보도는 한국의 주류 신문이라는 조중동이 주도하고 있다. 따라서 이들 신문을 '보수 신문'이라고 부르는 것은 언론으로서 이들의 과오에 면죄부를 주는 것이다. 이들은 단지 왜곡 보도를 서슴지 않는 기득권 신문들일 뿐이다.

그럼 신문은 왜 국민들을 속이고 있는 것일까. 1991년 김중배 당시 동아일보 편집국장은 이런 말을 한 적이 있다. "언론은 이제 권력과의 싸움에서 보다 원천적 제약 세력인 자본과의 힘겨운 싸움을 벌이지 않으면 안 되는 시기에 접어들었다." 그의 발언은 한국 신문의 위기를 계시한 예언자적 발언이다. 군사 정권의 언론 통제 아래서 숨죽이던 언론들은 1980년대 민주화 항쟁 이후 언론의 자유를 만끽하는가 했다. 하지만 이후 신문이 변화한 모습은 독립적이면서도 책임 있는 자유 언론의 길과는 전혀 다른 방향으로 나아갔다. 군사 독재와 권위주의 정권 시절 언론에 재갈을 물렸던 정치 권력의 자리에 자본 권력이 들어섰기 때문이다. 신문사들은 점점 광고 유치에 혈안이 돼 사회적 공기로서보다는 '민간 기업'으로서의 면모를 여실히 드러냈다.

외환위기는 신문사들이 재벌 기업에 더욱 목을 매는 계기가 됐다. 거품 성장을 해온 신문사들이 외환위기와 함께 생존 위기에 내몰리면서 광고 유치에 사활을 걸게 됐기 때문이다. 일부 신문사들은 재벌 계열 금융사들의 특혜성 지원으로 급한 불을 끄기도 했다. 갈수록 대기업을 비롯한 광고주들에 대해 비판적 기사를 쓰기가 어려워진 상황이 된 것이다.

이런 과정에서 권력에 약하고 재벌에 강하던 신문은 민주화 이후 권력에는 강하고 재벌에는 한없이 약한 존재가 돼버렸다. 아니 오히려 재벌의 이익에 부합하는 방향으로 정부와 정치권에 채찍질을 가하는 역할을 맡게 됐다. 갈수록 재벌 기업에 우호적인 기사는 넘쳐나는 반면 비판 기사를 찾아보기 힘들어졌다. 대신 정치적 편 가르기에 따라 적대적인 정권과 정치권에 대한 도를 넘은 공격이 난무했다.

"시장이 가장 효과적인 검열 장치가 될 수 있다(The 'market' can be a most effective censor)"고 한 미국의 저명한 언론학자 로버트 맥체즈니 교수의 우려 그대로다. (사실 '시장' 대신 '자본'이라고 표현하면 더 적절할 것이다) 맥체즈니 교수는 탈규제를 통해 생겨난 미국의 거대 독과점 미디어 그룹들이 "국민에 앞서 이익(Profit over People)"을 챙기기 위해 사회적 의제를 제한하고, 사실을 조작하며 본질을 왜곡해 민주주의의 기본적 토대인 언론의 자유를 극도로 훼손하고 있다고 주장했다. 그의 비판은 한국의 경우 신문들, 특히 기득권 신문들에 훨씬 더 잘 들어맞는다.

민주화 이후 한국 신문들은 광고주의 압력을 매우 심각하게 느낄 수밖에 없게 됐다고 설명했다. 왜 그런지 신문사의 수익 구조와 연관해 다시 한 번 살펴보자. 구독료 수입이나 각종 부대 사업과 광고 수입이 거의 반반씩 균형을 이루고 있는 뉴욕타임스 등 선진국 신문과 달리 국내 신문은 수입의 거의 대부분을 광고에 의존한다. 국내 신문들의 경우 구독료 수입은 거의 그대로 신문지국 지원 및 '확장 비용' 등으로 나가므로 사실상 100% 광고 수입에 의존한다고 해도 과언이 아니다. 원천적으로 신문사 경영이 광고주의 압력에 심각하게 노출될 수밖에 없는 상황인 것이다.

이렇다 보니 신문들, 특히 기득권 신문들은 소위 '구매력 있는 독자층'을 확보하는 데 혈안이 돼 있다. 구매력 있는 독자들이 신문을 봐야 기업이 높은 단가의 광고를 싣기 때문이다. "강남 독자층을 공략해야 하니, 구매력 있는 독자들이 관심 가질 만한 기사를 발굴하라"는 지시는 신문업계에서는 매우 점잖은 주문이다. "잘사는 사람들이 아침 밥상머리에서 지체장애인 이야기는 보고 싶어 하지 않으니 쓰지 말라", "외국계 명품 브랜드 광고를 유치하기 위해 고급 패션과 외국계 화장품 기사를 쓰라"는 식의 주문이 이어진다. 나중에는 정말 이런 주문들에 무감각해지는 수준까지, 그래서 기자들이 스스로 자기 검열과 동화(同化)를 통해 적극적으로 그런 기사들을 생산하는 수준에까지 이르게 된다.

결국 '기득권 지향적 보도→구매력 있는 독자층 확보→고가의 기업 광고 유치→기득권 지향적 보도'로 이어지는 왜곡된 순환 구조가 기득권 신문들의 보도 태도를 오도하고 있는 셈이다. 이 같은 신문들의 보도 태도는 갈수록 심해지고 있다. 방송과 인터넷 뉴스 포털, 무가지 등 경쟁 매체들이 상승세를 타는 반면, 이들 신문의 구독률과 열독률은 꾸준히 내리막길을 걷고 있어 광고 유치에 갈수록 어려움을 겪고 있기 때문이다. 이는 기득권 신문들이 정권과 손을 맞잡고 민주주의의 기본 절차까지 무시하면서 미디어 관련법을 고쳐 방송에 진출하려는 이유이기도 하다. 사실 이는 부패한 권력─거대 광고주로서 재벌 기업─기득권 언론 등 '철의 삼각 동맹'의 지배력을 더욱 공고화하는 길이기도 하다.

이 같은 문제점이 신문에서 가장 적나라하게 드러나는 이슈가 부동산 문제다. 부동산 광고는 부동산 버블기에 신문 광고 매출 기여도 1위를 차지했다. 메이저 신문에서 부동산 광고의 매출 기여도는 특히 높아 전체 광고 매출의 35% 전후를 차지하기도 했다. 부동산 광고가 신문사들을 먹여 살렸다고 해도 과언이 아니다. 신문사들은 부동산 광고를 유치하기 위해 매월 부동산 광고 특집 면을 별도로 제작할 정도였다. 신문들이 부동산 문제에서 건설업계의 이해를 대변하는 강한 유인을 가질 수밖에 없는 것이다. 대표적인 반시장·반소비자적인 제도로 꼽히는 선분양제 대신 후분양제를 신문들이 달가워할 수 없는 사정도 이 때문이다. 메이저 신문사의 한 광고국 직원이 "후분양제가 도입되면 건설업체 스스로의 자금력으로 70% 이상 시공한 뒤 광고를 할 수 있게 돼 있어 광고 물량이 대폭 줄어들 수밖에 없다"며 "신문사로서는 최대한 도입을 막고 싶은 제도가 후분양제"라고 말할 정도다.

전직 건설업체 직원의 증언을 통해서도 언론과 건설업체의 유착 구조를 확인할 수 있다.

부동산 가격이 전반적으로 올라갈수록 건설업체는 분양가를 높인다. 부동산 값이 뛸수록 분양가를 높이는 데도 유리하니 부동산 값을 띄우기 위한 여론 조작을 한다. 업체가 땅을 산 지역에 대해 '유망 개발 정보' 등의 형식으로 언론, 특히 신문에서 보도되게 한다. 국토부의 중장기 전략을 분석하는 자료를 내고 각종 개발 호재가 터지면 얼마나 오른다는 식의 정보를 계속 제공하는 거다. 이렇게 언론과의 유착 관계를 만든다. 홍보팀에서 출입 기자들을 만나 접대하면서 어려움이 있으니 도와달라고 호소하거나, 현금을 쥐어주면서 어떤 기사가 나갈 때 우리 회사를 부각해 달라 이런 식으로 부탁한다. 물론 부탁한다고 다 되는 건 아니지만 접대가 통하는 경우도 많이 봤다. 특히 대형 업체들은 홍보팀을 통해 관련 기자들을 체계적으로 관리한다. 분양가를 산정할 때 광고비를 간접비의 1~2% 정도로 산정한다. 광고비는 써도 되고 안 써도 되는 돈이다. 특히 부동산 경기가 좋을 때는 반드시 광고를 내는 게 관행처럼 돼 있다. 안 해도 분양이 되는데 웬만하면 전면 광고를 한다. 분양 끝난 뒤에도 사례 광고를 한다. 메이저 신문은 기본이고 경제 신문에도 대부분 광고를 한다. 언론에 괜히 밉보이면 안 되니 광고하는 거다. 공사 프로젝트와 관련한 주위의 민원이 있을 수도 있고, 산업재해가 발생할 수도 있으며, 회사 비리가 드러날 수 있으니 급할 때를 대비해 광고를 통해 언론사와 미리 유착 관계를 만들어 놓는 것이다.

광고 유치뿐만 아니라 언론사의 주택 및 부동산 개발사업 참여, 그리고 다량의 부동산을 보유한 언론사 사주들의 이해관계도 객관적인 보도를 힘들게 하는 요인이다. 한 신문사 기자는 "우리 신문이 정말 떼돈 버는 방법은 방송 참여가 아니라 신문 사옥과 주변 부동산을 한데 묶어 용도를 변경한 뒤 거대한 주상복합단지를 만드는 것"이라고 말할 정도다. 그뿐인가. 상암DMC의 첨단 업무 용지는 분양받기만 하면 땅값에서만 몇 배의 차익을 남길 수 있다는 소문이 나면서 각 언론사의 치열한 로비전이 펼쳐지기도 했다.

부동산 문제에 대해 이처럼 강한 이해관계를 가진 언론사들이 객관적으로 보도할 수 있을까. 예를 들어, 종부세가 오르면 언론 사주들의 부담은 매우 커진다. 언론 사주나 관련 기업 또는 재단들이 보유한 부동산 가치는 일반인들의 상상을 초월할 정도로 엄청나다. 이렇게 볼 때 소위 기득권 신문들의 종부세 비판 기사들은 고가 부동산 소유주인 구매력 있는 독자층에게 영합하는 것이기도 하지만 동시에 사주의 이익에 부합하는 방향이기도 한다. "집값 버블이 붕괴하면 서민들이 더 큰 피해를 본다"며 서민을 팔아 집값 부양을 요구한다거나 집값의 급격한 붕괴를 막기 위해 정부의 규제 완화(사실은 투기 조장책)가 필요하다는 식의 보도를 하는 것도 마찬가지다. 또 부동산 경기 위축으로 주택 공급이 줄어드는 것은 자연스러운 시장의 반응임에도 불구하고 "이대로 가면 2~3년 후 공급이 줄어 집값이 폭등한다"고 선동한다. 그 같은 주장이 공급 과잉 해소를 지연시켜 오히려 부동산 시장의 침체를 장기화해 결국 자신들에게 도움이 되지 않는다는 것도 모르고 말이다. 한마디로 기득권 언론들은 건설업체들을 살려야 경제가 산다는 식이다.

그들은 건설업체들이 살아야 (광고 수입이 늘어나) 자신들이 산다고 는 절대 말하지 않는다.

사정이 이렇다 보니 많은 신문들이 줄기차게 "집을 사라"는 메시지를 전한다. 집값이 오르면 오르는 대로, 내리면 내리는 대로 집을 사라는 식이다. 물론 부동산 투기 조장 전문가들과 이해관계가 맞아떨어지는 측면이 있으므로, 이들의 목소리를 여과 없이 증폭시키기도 한다. 서로가 서로를 이용하는 공생 관계인 셈이다. 광고주인 건설사들을 위해 "잘 고르면 알짜배기"라는 식의 미분양 물량 해소에 도움 되는 기사를 쓰기도 한다.

결론적으로 말하자면, 지금 한국의 언론들, 특히 일부 기득권 신문들은 절대 사회적 공기(公器)라고 보기 어렵다. 광고 유치와 사주의 이익 수호에 눈이 멀어 언론의 본령을 저버리고 지면을 사유화한 거대 이익집단에 가깝다. 중요한 고비마다 국민들의 이익을 철저히 희생하면서 자신들의 이익을 추구하는 측면이 너무 강하다. 방송 장악에 눈이 벌게진 현 정부를 엄호하고 미디어법 개정을 통해 방송 사업 진출을 기어코 얻어낸 것이 대표적 사례다.

《미디어의 미래 *The Future of Media*》라는 책의 서문을 쓴 저명한 언론인 빌 모이어스는 다음과 같이 말했다.

특수 이익집단이 법을 무시하고 일반 대중의 복지를 훼손하면 사회적으로 부채가 생겨난다. 그런데 그 부채는 우리 모두가 지불해야 하는 부채다. 그 부채는 바로 우리의 시민권적 자유

를 박탈당하는 것이다. (중략) 이런 거대 미디어 기업 집단들은
우리가 보고, 읽고, 듣는 것에 대한 통제력을 확대하면서도 자신
들이 거대 사업체로서 자신들의 이익과 권력—정치적 과정에
대한 그들의 영향력을 포함해서—을 증대하기 위해 매체력을
어떻게 사용하는지는 좀처럼 보도하지 않는다. (중략) 상업적인
표현(commercial speech)만이 유일하게 미국에서 표현의 자유를
누려서는 안 된다.

한국에서도 마찬가지다. 권력과 자본을 가진 소수 특권계급만
이 표현의 자유를 누리는 국가는 결코 정상적인 민주국가라고 할
수 없다. 하지만 현 정부는 방송을 장악하고 '조중동 방송'의 탄생
을 밀어붙여 특권 지배 세력의 확성기를 더욱 키우고 있다.

아파트 가격부터
조작되고 있다

많은 이들이 집값 추이에 대한 언론의 보도에 일희일비한다. 그런데 집값 자체가 부실투성이고 왜곡된 것이라면 어떨까.

현재 주택 가격 통계에는 정부 공인 통계로 삼는 국민은행 주택가격지수와 사설 부동산 정보업체들이 자체적으로 만든 지수들이 있다. 사설 부동산 정보업체들이 작성하는 통계는 현장 부동산 중개업소들이 불러주는 호가 위주의 통계로, 사실상 조작에 가깝다. 대부분의 업체들이 회원 중개업소들로부터 매월 수십만 원에 이르는 수수료를 받고 있으며, 보고 가격에 대한 필터링(filtering)도 부실하기 짝이 없다. 회원 업소의 수수료 수입이 사업의 주요 기반인 사설 정보업체들이 엄격한 필터링을 할 수 있겠는가. 이들 회원 중개업소는 해당 지역 주민들의 반발 등을 의식해 실제 거래 가격보다 상당히 높은 가격을 신고할 가능성이 높다. 실제 거래 가격이 아닌 아파트 부녀회가 담합한 호가가 이들 가격을 좌우하는 것이다.

국민은행의 주택 가격 통계는 그나마 양반이다. 일단 회원업소들로부터 회비를 받지 않는 데다, 사설 정보업체들보다 모니터링 인력이 두 배 이상 많아 그나다 현재로선 신뢰할 만한 통계라고 할 수 있다. 특히 1986년 이후 시계열 자료를 보유하고 있는 것은 국민은행 주택가격지수가 유일하다. 필자가 여러 문제점이 있음에도 불구하고 이 책 전반에서 국민은행 주택가격지수를 사용한 까닭이다.

이에 비해 각 지자체들에 신고된 실제 거래 내역을 국토부가 집계해 발표하는 국토부 실거래가 자료가 현재로선 주택 시장의 상황을 가장 정확히 보여주는 것이다. 물론 '다운 계약'을 방지한다는 이유로 정부가 일정한 기준 이하 거래 금액은 제외한다는 점은 문제의 소지가 많다. 특히 2008년 하반기와 같은 가격 급락기에는 전월에 비해 거래 가격이 낮다는 이유로 정상적인 시장 거래 가격을 제외할 가능성이 높기 때문이다.

국토부 실거래가 자료를 국민은행의 주택가격지수나 부동산 정보업체의 주택 가격 자료와 비교해보면 어떨까. 김광수경제연구소는 2009년 상반기 국내 부동산 시장을 분석한 〈경제보고서〉를 작성하면서 기초 지자체별로 실거래가 추이를 살펴보았다. 기초 지자체별로 1000세대 이상 대규모 아파트 가운데 그 지역의 주택 시장 상황을 잘 나타낼 수 있는 아파트 단지의 월별 실거래가 추이를 평형별 평균 가격으로 살펴본 것이다.

분석 결과 드러난 몇 가지 주요 포인트는 이렇다.

우선, 서울 대부분 지역과 경기 남부 및 주요 신도시 지역 등은 대부분 2006년 말에 고점을 찍은 뒤 2009년 초까지 지속적으로 하락세를 보였다. 그 하락폭은 아파트 단지와 평형별로 차이가 있지만, 20~40%씩 큰 폭으로 하락한 경우가 많았다. 2년여간의 물가 상승 수준을 고려하면 실질적으로는 더 큰 폭으로 떨어졌다고 할 수 있다. 이는 2006년 말 수도권 아파트 가격이 폭등한 뒤 거래가 뚝 끊기면서 사정이 급한 매도자들이 집을 내놓았기 때문이다. 이렇게 실거래가가 큰 폭으로 하락했는데도 부동산 중개업소가 불러주는 호가 위주로 작성된 국민은행의 주택가격지수와 조작에 가까운 부동산 정보업체의 주택가격지수는 완만한 하락세를 나타낸 정도에 그쳤다. 실거래가가 큰 폭으로 하락했는데도 지역 주민들과 부동산 중개업소들이 결탁해 호가로 버텨낸 것이다.

실제로 2008년 10월 서울 노원구 상계동의 한 아파트 24평형은 2억 4000만 원에 현장에 매물로 나왔지만, 국민은행의 시세 하한가는 3억 1000만 원으로 돼 있었다. 또 비슷한 시기 서울 송파구 잠실동의 한 아파트 32평형은 급매 물건 가격이 6억 5000만 원이지만, 국민은행 주택 통계 사이트에는 상한가 9억 원, 하한가가 8억 원에 올라와 있었다. 2008년 10월 경기도 수원시 매탄동의 한 아파트 32평형의 경우 현장 시세 3억 5000만 원에도 매수세가 없었지만, 한 사설 부동산업체의 인터넷 사이트에는 하한가가 4억 원으로 잡혀 있었다. 가격을 낮춘 매물이 하루가 다르게 쏟아지는 시점이었다는 점을 감안해도 그 괴리가 너무 과도하다. 이런 식으로 실거래가가 계속 하락하는 상황에서도 2006년 말 이후 계속 호가 거품을 지탱하고 있었던 것이다.

거꾸로 2009년 상반기처럼 집값이 반등할 때는 실거래가보다 훨씬 큰 폭으로 호가를 올리며 마치 그것이 시장 거래 가격인 것처럼 사람들을 현혹하기도 한다. 아파트 실거래가와 사설 부동산 정보 사이트에 올라있는 매대가를 비교해보면 금방 알 수 있다. (참고로, 아파트 실거래가는 'rt.mltm.go.kr'에서 쉽게 검색할 수 있으니 집을 사려는 사람들은 꼭 한번씩 확인해보기 바란다)

예를 들어, 은평뉴타운 1지구 12단지 85㎡형의 경우 국토부 실거래가를 보면 2009년 4월 4억 원과 4억 2300만 원에 거래가 이뤄졌고, 5월에는 3억 8000만 원에 두 건, 5억 3000만 원에 한 건의 거래가 이뤄졌다. 6월에는 아예 거래가 없었다. 하지만 한 부동산 정보업체의 인터넷 사이트에 올라 있는 이 평형의 하한가는 4억 7000만 원, 하한가는 5억 3000만 원이다. 5월에 5억 3000만 원에 이뤄진 거래를 제외한 4건 모두가 정보업체가 게시한 하한가보다 크게 낮은 3억 8000만~4억 2000만 원 수준이다. 은평뉴타운 1지구 13단지 135㎡의 경우도 마찬가지다. 2009년 5월에 이뤄진 실거래가는 각각 6억 9000만 원, 7억 1600만 원, 6억 8500만 원으로 세 건 모두 사설 정보업체에 게시된 하한가 7억 2000만 원(상한가는 7억

8000만 원)에도 미치지 못한다. 이런 사례는 만성화돼 있다. 지역 주민들과 부동산 중개업소들이 짜고 호가 거품을 유지하려고 안간 힘을 쓰고 있는 것이다. 이런 상황에서 은평뉴타운 2지구가 분양되면 "1억 원의 웃돈이 붙을 것"이라고 일부 언론이 선동하고 있지만, 현실은 거리가 멀다.

이처럼 매도자와 매수자 간 건전한 중개인 역할을 해야 할 부동산 업소나 부동산 정보업체들의 부도덕성은 하루 이틀 문제가 아니다. 더 큰 문제는 실거래가를 조사하고도 이런 호가 올리기에 수수방관인 정책 당국의 태도다. 아파트 부녀회의 가격 담합이나 부동산 업소의 호가 조작 등을 방지한다는 목적으로 시작해놓고는 이런 상황들을 방치하고 있으니 실거래가 조사를 왜 하는 것인지 모르겠다. 국토부의 조직을 키우고 자리나 늘리려고 실거래가 조사를 하는 것인지 의심이 들 정도다.

둘째, 평형별 추이를 보면 중소형에 비해 투기가 극성을 부린 중대형, 특히 대형 평형의 실거래가 변동이 심했다. 이는 "그래도 블루칩 아파트는 오른다"는 부동산 투기 선동가들의 주장이 새빨간 거짓말이라는 점을 보여준다. 거꾸로 필자는 금융권 차입을 통해 부동산 투기 거품이 많이 낀 지역과 중대형 아파트일수록 집값이 많이 떨어진다고 주장했는데, 실거래가 자료는 필자의 주장이 옳음을 입증해준다. 물론 2009년 반등기에 투기적 거래가 준동하면서 상대적으로 이들 아파트의 반등폭이 더 컸다. 하지만, 이는 투기적 거래에 많이 노출된 아파트일수록 가격 진폭이 상대적으로 크다는 점을 보

지역	아파트 단지	지점 하락률	최근 하락률
강남구	대치동 은마(85㎡)	36	19(9)
서초구	반포 주공(141㎡)	23	6(8)
송파구	잠실 주공(83㎡)	36	14(11)
양천구	목동 신시가지(102㎡)	44	22(5)
성동구	옥수동 삼성(85㎡)	23	15(0.2)
마포구	대흥동 태영(115㎡)	28	28(1)
동작구	사당동 대림 169-8(126㎡)	21	19(2.5)
영등포구	문래동 자이아파트(122㎡)	26	20(고점 유지)
종로구	무악 현대(85㎡)	15	15(고점 유지)
중구	신당동 남산타운(115㎡)	37	37(1)
구로구	개봉동 한마을(85㎡)	14	9(1.5)
노원구	중계 주공5(85㎡)	33	16(5)
관악구	봉천동 삼성드림(85㎡)	17	17(2)
수원 팔달구	우만동 월드메르디앙(102㎡)	42	34
수원 영통구	매탄동 현대아파트(126㎡)	30	20
성남 수정	신흥동 주공고층(84㎡)	40	36
성남 중원	은행동 주공(62㎡)	30	30
성남 분당	정자동 분당파크뷰(165㎡)	36	30
일산 동구	마두동 백마삼성(102㎡)	40	26
일산 서구	일산동 후곡동아(85㎡)	35	35
용인 기흥구	마북리 삼거마을삼성(135㎡)	37	23
용인 수지구	죽전동 내대지건양(135㎡)	30	28
안양 동안구	평촌 인덕원대우(85㎡)	38	25
광명시	철산동 주공(85㎡)	20	20
과천시	원문동 주공(53㎡)	28	11
파주시	교하2월드메르디앙(178㎡)	37	37
김포시	장기동 청송현대(115㎡)	43	37
양주시	삼숭동 양주자이(75㎡)	21	21
화성시	송내동 아이파크(123㎡)	43	32
인천 연수구	동춘동 삼환(121㎡)	27	21
인천 서구	마전동 동아(135㎡)	26	21

*저점 하락률은 2006~2008년 고점 대비 2008년 말~2009년 초 저점일 당시 하락률을 뜻함. 최근 하락률은 2009년 6월 또는 거래가 있는 가장 가까운 시점의 거래 가격의 고점 대비 하락률. 예를 들어, 위의 표에서 강남구 대치동 은마아파트의 경우 그점 대비 36%까지 하락했다가 2009년 들어 고점 대비 19% 떨어진 수준까지 회복했다는 뜻임. 서울지역 아파트단지의 최근 하락률란에서 괄호 안 숫자는 2009년 6월 현재 고점 대비 가격지수 하락률을 나타낸 것으로, 실거래가 하락률과는 큰 차이가 있음을 알 수 있다.

(주) 국토해양부 실거래가 자료로부터 KSERI 작성

여주는 것일 뿐이다. 〈그림 1〉에서 서울 강남 3개 구와 양천구 목동 아파트 단지의 하락률과 반등폭이 다른 지역에 비해 상당히 크다는 점을 보면 쉽게 알 수 있다. 물론 이들 아파트 단지가 이렇게 가격이 뛴 상태로 머문다면 괜찮겠지만, 반등기에 가격이 많이 뛴 아파트일수록 재하락기에 그만큼 하락폭이 커질 것임은 자명하다.

셋째, 2009년 상반기 부동산 정보업체들의 가격 조작과 선동이 얼마나 심했는지도 확인할 수 있다. 예를 들어, 일부 부동산 정보업체가 2009년 5월부터 2006년 말 고점을 회복했다고 주장한 송파구 잠실동 주공5단지를 보자. 물론 고점 대비 단기 가격 저점을 기록한 2009년 초에 비하면 큰 폭의 반등을 보인 것이 사실이지만, 2009년 6월 현재에도 고점 대비 14% 하락한 상태다. 부동산 정보업체들의 주장은 잠재적 매수자들을 현혹하기 위한 선동일 뿐 실거래가상으로는 아직 사실과 거리가 있다. 그뿐만 아니라 2009년 상반기의 반등세에도 불구하고 서울 대부분 지역의 아파트 단지들은 여전히 고점 대비 10~30% 떨어져 있는 상태다. 그나마 서울은 사정이 나은 편이다. 〈그림 1〉을 보면 경기도와 인천 등에서는 가격 반등세가 서울에 비해 크게 떨어짐을 알 수 있다.

더구나 이 같은 반등폭도 1부에서 설명한 거래량 및 매도-매수세 동향 등과 종합적으로 판단할 때 지속될 여력이 크지 않다. 매월 주택 대출 증가액을 매월 아파트 거래량으로 나눈 결과 2009년 초에는 2006년 하반기의 폭등 때처럼 주택 대출이 급증한 것으로 나타났다. 2009년 초의 주택 거래 역시 2006년 하반기 때처럼 투기적 거래에 의한 것이라는 점을 방증하는 것이다. 이는 또한 2009년 상반기의 집값 반등이 '돈 있는 사람들'이 차입 없이 주택을 매입한 것이라는 주장이 낭설임을 보여준다. 이런 점에서 이번 집값 반등이 오래 지속되지 않으면 이번에 주택을 거래한 사람들은 1~2년 이상 버티지 못하고 다시 헐값에 매물을 내놓아야 할 가능성이 상당히 높다. 2006년 말 집값이 폭등한 뒤 거래가 끊어지면서 빚을 많이 진 가계들이 매물을 토해내야 했던 것처럼 말이다.

이처럼 사설 부동산 정보업체들이 매도 호가를 바탕으로 사실상 조작에 가까운 통계 자료를 내고 대부분의 언론이 이를 그대로 보도한다. 이렇게 해서 호가를 마치 시장 거래 가격인 것처럼 인식하게 한다. 매도자들과 부동산 중개업소, 부동산 정보업체, 언론이 결탁해 사실상 현실을 조작하는 것이다. 집을 사려고 하면 집값이 터무니없이 비싼데 팔려고 하면 매수자를 찾기 힘든 것도 이 때문이다. 오죽하면 부동산 중개업자들이 "실제로 살 사람은 없는데, 신문에서 오른다, 오른다 하니 팔려고 드는 사람들도 호가를 높이는 바람에 거래가 안 일어난다"고 하겠는가.

하지만 손바닥으로 하늘을 가리지는 못한다. 매도 호가와 매수 호가의 괴리가 이처럼 큰 상황에서는 결코 예전과 같은 가격 상승이 이어지기 어렵다. 현재의 높은 집값으로 호가 거품을 유지하려 해봐야 결코 오래가지 못한다. 이번 투기 선동의 약발이 다하면 호가 거품이 무너질 뿐만 아니라 실거래가도 지속적으로 하락하는 때가 올 것이다.

한국에는 부동산 버블이 없다고?

온 세계가 부동산 버블 붕괴로 심각한 경제난을 겪고 있는 가운데도 "한국에는 부동산 거품이 없다"고 꿋꿋하게 주장하는 분들이 있다. 서강대 경제학과의 모 교수(편의상 A 교수로 지칭하겠다)가 대표적이다. 2008년 말 한 경제지에 소개된 그의 주장을 인용해 보자.

A 교수는 "실질가격 기준으로 국내 집값은 다른 나라에 비해 오히려 오름폭이 작다"며 대폭락 가능성을 일축했다. 그가 최근 발표한 논문 〈글로벌 집값 붐과 하락〉에 따르면 미국 주택 실질가격은 1991년부터 2008년까지 연평균 2.3%, 영국은 4.8%, 호주는

4.1% 올랐지만 한국은 1.7% 떨어졌다.

우선, A 교수가 주장하는 바를 그래프를 통해 살펴보자. A 교수의 말대로 1991년부터 2007년까지 전국 집값을 실질가격으로 나타내면 〈그림 1〉과 같다. A 교수가 말하는 실질가격지수는 국민은행이 발표하는 주택가격지수를 소비자 물가지수로 나눈 백분비를 실질주택 가격으로 간주해 그 추이를 나타낸 것이다. A 교수의 말대로 1991년 1월의 전국 주택 가격을 100으로 잡을 때 2007년 12월의 실질가격은 69.4로 떨어진다. 두 기간의 실질가격 차(100-69.4)를 해당 기간(17년)으로 나누면 1.77로, A 교수의 주장을 뒷받침한다.

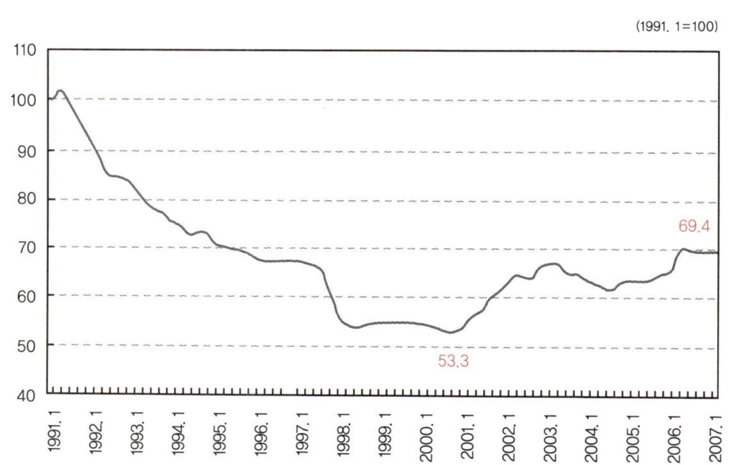

(주) 국민은행 자료로부터 KSERI 작성

하지만 그의 주장이 '실체적 진실'을 보여주는 주장은 아니다. 오히려 통계를 잘 아는 사람이 현실을 호도하는데 통계를 어떻게 악용하는지를 보여주는 전형적 사례라고 할 수 있다. 왜 그런가.

우선, A 교수는 자신의 주장을 뒷받침하기 편리한 비교 기간을 선택했다. 〈그림 2〉에서 실질가격 추이를 보면 알겠지만, A 교수는 1차 버블기 정점인 1991년을 기준 시점으로 잡았다. 버블 정점일 때의 가격을 기준으로 잡으면 당연히 이후 집값은 낮은 것으로 나타날 수밖에 없다. 만약 A 교수가 한 것과 정반대로 실질가격이 가장 낮았던 2001년 3월을 기준점으로 잡으면 어떻게 될까. 〈그림 2〉에서 알 수 있는 것처럼 기준 시점을 바꾸는 것만으로도 전국 주택 가격은 오히려 30% 이상 상승한 것으로 나타난다.

더 큰 문제는 A 교수가 문제를 드러내기보다는 감추는 방식으로 보여줬다는 점이다. 앞에서 설명했듯이 2000년대 부동산 버블은 바로 수도권 아파트가 중심이 됐다. 과도한 집값이 문제라면 문제가 있는 곳을 정확히 파악해야 한다. 따라서 2000년대 부동산 버블을 '수도권 아파트'를 중심으로 살펴보는 것은 너무나 당연하다. 더구나 수도권이 미국의 한 주 정도에 불과한 것도 아니고 인구의 절반 이상이 사는 곳이 아닌가.

그런데 A 교수는 이 같은 현실을 완전히 도외시하고 지역적으로는 전국을, 주택 유형으로는 전체 주택 가격을 대상으로 삼아 수도권 아파트의 부동산 버블을 은폐해 버렸다. 키가 150cm인 10명

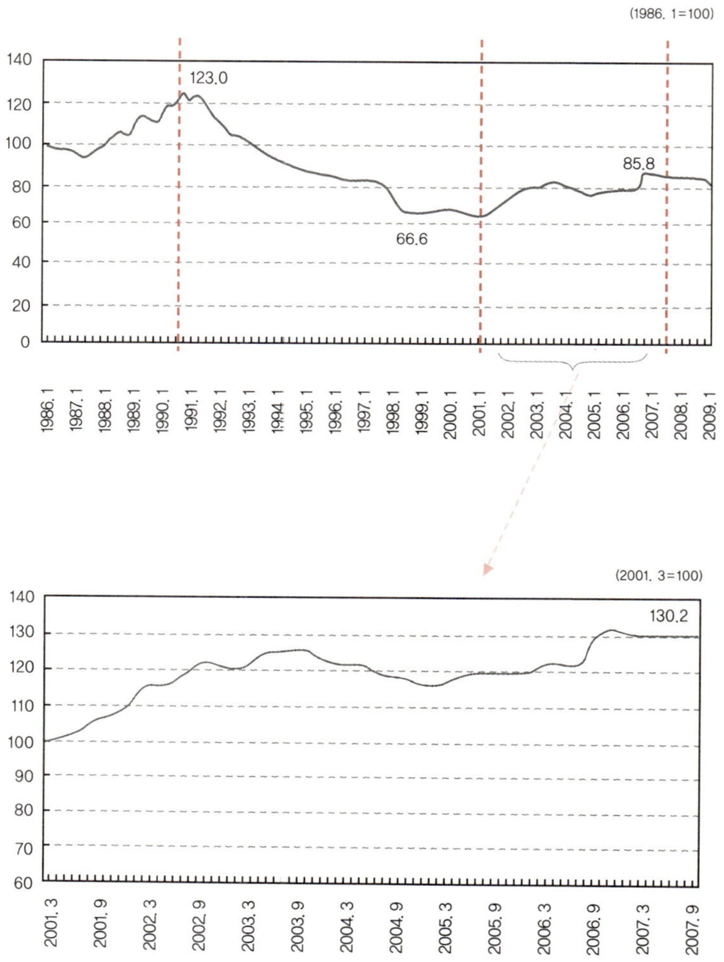

(주) 국민은행 자료로부터 KSERI 작성

과 키가 190cm인 10명의 평균 키가 170cm라는 사실을 두고 "키가 큰 사람이 없다"라고 하는 게 정확한 주장인가.

이런 문제의식을 가지고 〈그림 3〉의 서울 지역 아파트 실질가격 추이를 보면 2000년대 버블이 1차 버블기의 정점을 훌쩍 뛰어넘는다는 점은 1부에서 설명했다. 참고로, A 교수가 거론한 외국 가운데 미국을 보면 비교 시점인 1991년 미국의 주택 가격에는 버블이 거의 없었다. 버블의 정점인 한국의 1991년과 버블이 없었던 미국의 1991년을 비교 시점으로 삼아 일방적으로 "한국에는 부동산 버블이 없다"고 주장하는 것이 설득력이 있을까. A 교수의 주장은 이처럼 황당한데도 학계 등 어디든 제대로 문제점을 지적하지

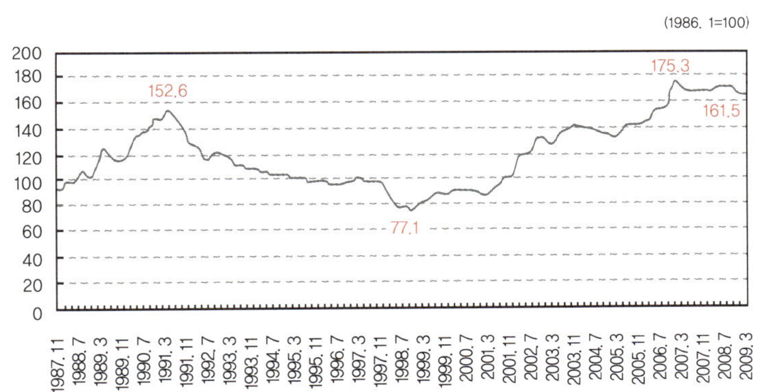

(주) 국민은행 자료로부터 KSERI 작성

않는다. 상당수의 언론들은 문제점을 지적하기는커녕 이 같은 주장을 확대재생산하기 바쁘다.

더 큰 문제는 정치권과 정부 관료들이 이 같은 주장에 휘둘려 엉터리 대책을 쏟아냈다는 점이다. 심지어 노무현 정권 시절 재경부는 2005년 7월 A 교수의 주장을 거의 그대로 사용해 1990년대 초반에 비해 서울 강남 등 일부 지역을 제외하고는 집값 버블이 거의 없다는 보도자료를 내기도 했다. 또한 '8·30 대책' 마련을 주도했던 당시의 한 여당 정책통도 사석에서 A 교수의 주장을 인용하며 "부동산 버블이 별로 없는데, 하도 여론이 비등하니 대책을 마련하고 있다"는 투의 말을 하기도 했다.

당시는 노무현 대통령이 '부동산 투기와의 전쟁'을 유행가 가사처럼 불러대던 때였다. 그렇다면 당시 재경부나 여당의 정책 라인은 대통령의 인식과는 정반대로 부동산 버블이 거의 없다고 인식하고 있었다는 말이다. 그런 인식을 가지고 대통령의 지시 때문에 마지못해 10여 차례 크고 작은 각종 부동산 대책을 내놨다는 말밖에 되지 않는다.

정말 A 교수 말대로 부동산 버블이 없는 게 맞는다면 자신들이 그동안 내놓은 대책은 모두 있지도 않은 유령과 싸우기 위한 '난리 블루스'였다는 고백밖에 안 된다. 이런 무지하고 도덕적 해이에 빠진 관료들과 여당 의원들에게 의지해 집값을 잡겠다고 했던 고 노무현 전 대통령의 처지가 딱할 뿐이다. 왜 노무현 정권이 부동산 정책에 실패해 서민들의 지지를 잃고, 수준 이하의 정치 세력에게 정권을 빼앗겼는지를 단적으로 보여주는 대목이다.

　　노무현 정부의 여당 지도부와 정부 관료들이 A 교수에게 휘둘렸다면, 현 정부는 아예 그를 떠받들고 있다. 이명박 대통령이 그를 2008년 7월 국가균형발전위원회 민간위원으로 위촉했으니 말이다.

일본 부동산
불패론의 말로

2009년 상반기에 집값이 반등하면서 "한국 사람들은 부동산에 대한 집착이 강하므로 집값이 쉽게 안 떨어진다", "부동산은 심리다. 조금만 심리가 꿈틀하면 금방 집값이 오른다"는 식의, 논리 자체가 없는 주장들이 다시 난무하고 있다.

한국 사람들이 부동산에 대한 집착이 강하다는 것은 부동산 투기가 키워낸 착각일 뿐이다. 네덜란드의 튤립 구근 투기가 이 땅에 벌어졌다면 아마도 "한국인은 튤립 구근에 대한 집착이 유난히 강하다"라는 말이 난무했을 것이다. 사실은 부동산에 대한 집착이 아니라 불로소득에 대한 벌거벗은 탐욕이 만연한 것일 뿐이다.

사실 과거 일본에서도 지금의 한국보다 심하면 심했지 결코 덜하지 않을 정도로 부동산에 대한 집착이 강했다. 하지만 결국 일본의 부동산 버블은 무너졌다. 하지만 그렇게 부동산 버블이 눈앞에서 무너지는 수년 동안에도 부동산에 물려 있던 많은 일본 기업과 가계는 버블 붕괴를 인정하지 않았다. 부동산 버블 붕괴는 일시적이고 언제든 집값은 금방 다시 오를 것이라는 환상에 사로잡혀 있었다. 자신이 갖고 있던 인식에 맞지 않는 현실이 벌어져도 기존 인식을 고수하는 이른바 '인지 부조화 현상'을 보인 것이다. 더구나 일본 건설업계나 부동산업계, 그리고 부동산 전문가 중 상당수가 부동산 버블이 붕괴된 2~3년 후까지 같은 얘기를 해댔다. 대세 하락기에 늘 있을 수밖에 없는 일시적 반등기나 조정기에도 "거 봐라. 이제 다시 과거처럼 무서운 기세로 오를 거다"라고 수없이 사람들을 선동했다. 하지만 부동산 버블은 계속 꺼졌고, 버블 붕괴 후 2차 경제 충격이 가해진 1997년이 돼서야 이 같은 헛소리들이 완전히 사라졌다. 1991년 부동산 버블이 꺼지기 시작한 지 6년 만이었다.

당시 일본에서 나왔던 궤변들은 지금 한국에서 나오는 주장들과 크게 다르지 않다. 대표적인 게 "초저금리 상황이 지속되면 집값이 다시 오른다"와 궤를 같이하는 주장으로, "하이퍼 인플레이션이 오면 집값이 치솟는다"는 주장이다. 사실 과거 일본의 주장들이 거짓으로 판명된 줄 알면서도 부동산 '꾼' 들이 순진한 사람들을 혹세무민하기 위해 베껴온 논리가 아닌가 싶기도 한다. 일본의 사례만 보더라도 이런 주장이 얼마나 허무맹랑한지 알 수 있다. 일본이 10여 년 제로 금리를 실시했지만 집값이 다시 뛰었는가. 물론 한국은행의 저금리 기조가 부채를 잔뜩 지고 집을 산 사람들에게 버틸 수 있는 여지를 주는 것은 사실이다. 하지만 정확히 그런 이유들 때문에 국내 부동산 시장은 점점 더 장기 침체의 수렁으로 빠져들 가능성이 커지고 있다. 가계의 부채 청산을 미루고 부동산 시장의 복원력을 교란하고 있기 때문이다.

또한 그렇게 장기간 지속적으로 제로 금리를 실시했지만, 하이퍼 인플레이션이 일어났는가. 하이퍼 인플레이션은커녕 지속적인 디플레이션 상황이었다. 과거 하이퍼 인플레이션이 일어난 경우들을 보면 전후 전쟁 부채에 시달리던 독일이나 공산권 몰락 후의 동유럽권, 남미나 아프리카의 독재 국가들처럼 사실상 국가의 기본 통제력이 무너진 경우가 많다. 한마디로 경제가 완전히 파탄 나는 상황인데, 그런 상황에서 부동산만 뛰지도 않겠지만, 설사 부동산만 뛴다 한들 어떤 의미가 있을까. 현 상황에서는 일고의 가치도 없는 주장들이다.

그런데 이걸 알아야 한다. 일본에서도 부동산 버블이 붕괴하자 일본 정부가 나서 각종 부동산 경기 부양책과 세금 감면 조치 등으로 주택 구입을 조장했다. 건설업계도 대대적인 분양가 세일을 하는 등 주택 판촉에 열을 올렸다. 하지만 버블 붕괴 2~3년 후에 주택 가격이 싸다고 덤벼들었던 주택 구입자 가운데 많은 사람들이 이후 10년 가까이 자산 가치가 지속적으로 하락하는 것을 경험했다. 부동산 버블기의 고점 대비 20~30% 싼 가격에 집을 샀다고 좋아했는데, 그 가격에서 집값이 다시 반토막 나는 것을 경험한 것이다. 2010년대 한국이 1990년대 일본처럼 될 가능성은 얼마든지 있다고 앞에서 설명했다.

"부동산은 심리"라는 주장에 대해서도 한번 생각해보자. 2000년대 부동산 투기 버블은 금융권의 펌프질이 있었기에 가능했다. 하지만 은행권 예대율이 여전히 135% 선에 이르고 전 세계적 경제 위기가 지속되는 상황에서 금융기관들이 과거와 같은 무리한 부동산 대출을 해주기는 어렵다. 만약 정부가 억지로 금융기관의 팔을 비틀어 과거처럼 했다가는 정말 경제가 거덜 날 수도 있다. 이 때문에 현 정부처럼 '부동산 몰입반' 모범생인 정부조차 2009년 상반기 부동산이 반등하자 대출 규제를 옥죄고 있는 것이다. 이런 상황에서 아무리 투기를 하고 싶다는 '심리'가 발동하더라도 과거처럼 부동산 폭등 사태가 재연될까. 허무맹랑한 이야기다.

투기가 준동할 때는 마치 사람들의 투기 심리 때문에 오르는 것으로 보일지도 모른다. 물론 투기 심리가 큰 역할을 하는 것은 사실이다. 하지만 부동산 버블이 부푼 것은 저금리 기조와 막대한 달러 유동성 공급, 이런 흐름의 매개 역할을 한 금융기관의 펌프질, 그리고 버블 초기의 주택 수급 미스매치 등이 있었기에 가능했다. 이제 그런 부동산 버블을 만들고 지탱해온 경제 여건들이 무너진 상황에서 심리만으로 집값이 오를까. 아무리 사람들이 집을 사고 싶다는 '심리'가 있다 한들 소득이 없고, 금융기관에서 돈 빌리기도 어렵다면 무슨 재주로 집을 사겠는가.

그리고 "부동산은 심리"라는 주장처럼 부동산 시장에 집을 사려는 심리가 팽배해 있지도 않다. 굳이 그런 심리가 있다고 한다면, 집값 폭등기에 형성된 잘못된 관념 때문에 혹시 집값이 오르지 않을까 하는 불안 심리만 있을 뿐이다. '강부자 정권'의 투기 조장책과 언론의 선동 보도, 투기 조장 전문가들의 헛소리에 불안감을 이기지 못하고 무리하게 부동산 시장에 달려드는 사람들이 일부 있을 것이다. 하지만 사람들 사이에 집을 사려는 심리가 팽배해 있다는 것은 완전히 날조된 거짓말이다. 여러분이 수억 원의 빚을 내 2~3년 전 집을 산 사람이라면 어떤 심정일까. 지금처럼 일시적으로 집값이 오를 때 이 집을 팔고 나오고 싶을까, 아니면 룰루랄라하면서 편안한 마음으로 계속 보유하려고 할까. 아마 전자의 심정이 훨씬 더 강할 것이다. 그래서 지금 부동산 시장에 뛰어들면 불붙은 폭탄을 떠안는 격이라고 경고하는 것이다.

필자가 2009년 4월에 출연했던 〈sbs 시사토론〉에서 실시한 여론조사에서도 사람들의 심리를 엿볼 수 있다. 조사 대상자의 93%가 지금 집값에 거품이 있다고 답했고, 특히 3분의 2가량은 집값에 거품이 많다고 답했다. 또 과반수인 52% 정도가 앞으로 집값이 떨어질 것이라고 전망했다. 지극히 상식적인 답변이다. "부동산은 심리"라고 주장하는 분들의 말대로라면 앞으로 부동산 가격은 다시 떨어질 일만 남았다. 물론 필자는 부동산 버블 붕괴 압력이라는 펀더멘털 때문에 앞으로 집값이 계속 떨어질 것이라고 보지만.

주택 보급률에 대한 환상과 주택 수급 실상

일반인들 사이에는 주택 수급이 사실상 주택 가격을 결정한다는 잘못된 인식이 상당히 넓게 퍼져 있다. 이는 현재 국내 주택 보급률이 선진국 수준에 미치지 못하므로 매매용 주택을 지속적으로 공급해야 한다는 건설업계의 '공급 부족론'을 뒷받침하는 대표적 논리다. 이 같은 논리를 내세워 건설업계는 주택이 부족한 상황에서는 집값이 계속 오를 수밖에 없다는 식으로 투기를 조장해왔다. 건설업체들은 이를 자신들의 사기적인 고분양가가 수요 대비 공급 부족 때문에 생겨나는 정상적인 시장 가격이라고 합리화하고 폭리를 취할 수 있는 매매용 주택을 계속 지을 명분으로 삼았다.

물론 주택 수급 사정이 집값에 일정한 영향을 미치는 것은 사실이다. 실제로 1990년대 초 1기 신도시가 건설된 이후 집값 침체로 주택 공급이 부족했던 것이 결국 2000년대 초반 집값이 뛰는 한 단초가 된 것도 사실이다. 또한 총량적 관점에서는 재개발 재건축 수요 등에 의한 10~20% 정도의 대체 수요를 포함해 해당 시점의 주택 수요를 충분히 흡수할 수 있는 주택 공급이 이뤄지는 것이 바람직하다.

하지만 2000년대 이후 집값 폭등이 순전히 주택 부족 때문에 발생했고, 그러므로 지금의 높은 집값은 공급 부족 때문에 빚어지는 정상적인 현상이라는 주장은 한마디로 터무니없다. 2002년 이후 집값 폭등의 주요인은 정부의 정책 실패와 은행권의 무분별한 주택담보대출에 따른 투기 수요의 급증 때문이다. 만약 집값 변동이 주택 부족 때문만이라면, 주택 보급률이 지금보다 훨씬 더 낮았던 1990년대 중반 집값이 하락한 상황은 어떻게 설명할 것인가. 또 주택 보급률이 110~120%에 이르는 일본, 미국 등 다른 나라에서도 집값이 폭등한 사실은 어떻게 설명할 것인가.

집에 대한 수요는 집을 사고 싶다는 '욕구(want)'만 있다고 생기는 게 아니다. 극단적인 예로, 땡전 한 푼 없는데 아무리 집을 사고 싶다고 하더라도 집을 살 수 있을까. 집을 사고 싶다는 욕구와 더불어 살 수 있는 구매력이 있어야 '유효 수요(effective demand)'가 될 수 있다. 많은 이들이 강남에서 살고 싶다고 해서 그들 모두가 강남에서 살 수 있는 구매력을 갖고 있지 않은 것과 같은 이치다. 미국이나 일본 등 선진국에 35% 전후의 주택 미소유자가 있는 것도 이 때문이다.

부동산 시장은 보통 10~20년가량의 주기를 가지고 변동한다. 장기 변동 과정에서 수급 문제들이 점진적으로 조정되는 것이다. 그런데 구체적 근거도 없이 연간 50만 호를 10년간 공급하겠다는 발표에서 짐작할 수 있듯 정부가 이런 점을 충분히 인식하지 못하고 그때그때 마구잡이로 주택을 공급해왔다는 점에서 큰 문제다. 주택 보급률은 중장기적 계획 아래 주택을 공급하는데 필요한 하나의 정책 참고 자료일 뿐이다. 건설업체들이 폭리를 취할 수 있는 매매용 분양 주택을 마구 지어대도록 하는 핑곗거리가 돼서는 안 된다.

이 같은 점을 염두에 두고 주택 보급률 문제를 살펴보도록 하자. 주택 보급률은 총 주택 수를 총 가구 수로 나눈 비율을 말한다. 즉 '주택 보급률＝주택 수/가구 수'인 셈이다. 일견 간단한 지표처럼 보이지만 가구와 주택의 범위를 어디까지로 보느냐에 따라 주택 보급률은 크게 달라질 수 있다.

2008년 12월 말 국토부가 발표한 〈새로운 주택 보급률 산정 방안〉을 통해 이를 구체적으로 살펴보자. 기존 주택 보급률은 그동안 분모에 해당하는 가구 수를 소위 '보통 가구 수'로 한정해 전체 가구 가운데 1인 가구와 5인 이하 비혈연 가구는 제외해왔다. 또 분자에 해당하는 주택 수에 있어서는 실제로 구분거처로 여러 가구가 사는 다가구 주택을 소유권 기준으로 한 채로만 산정했다. 오피스텔이 현실에서는 주거용으로 쓰이지만, 이를 주택 수에서 제외했다. 이 같은 문제점들 때문에 기존 주택 보급률은 실질적인 주거 현실을 제대로 반영하지 못한다는 지적이 계속 제기돼 왔다.

이에 따라 새로운 주택 보급률에서는 다가구 주택의 구분거처 수를 주택 수에 반영하고 가구 수에 1인 가구까지 포함하도록 했다. 다만 주거용 오피스텔의 경우 객관적으로 정확한 주거 실태를 파악하기 어렵다는 이유로 주택 보급률 산정에 여전히 포함시키지 않았다.

새로운 방식에 따라 통계청의 인구 주택 총 조사가 실시된 가장 최근 시점인 2005년의 주택 보급률을 보면 전국 주택 보급률은 105.9%에서 98.3%로 7.6%포인트 낮아졌다. 수도권도 96.8%에서 96.0%로 0.8%포인트 낮아졌으나 서울의 주택 보급률은 89.7%에서 93.7%로 4%포인트 높아진 것으로 나타났다. 이는 서울에 다가구 주택이 집중적으로 분포돼 있고 지방은 상대적으로 1인 가구 비중이 높아서 생겨난 현상이다.

새로운 주택 보급률을 산정한 결과, 2007년 추계치는 전국 99.6%로, 100%에서 약간 모자라는 것으로 나타나고 있다. 이명박 정권이 매매용 주택 공급이 더 필요하다는 점을 강조하기 위해 일부러 새로운 주택 보급률을 서둘러 만든 것이 아니냐는 의혹이 들 정도다. 실제로 국토부가 2008년 12월 11일 전문가의 의견 수렴을 시작한 뒤 불과 20일 뒤인 12월 30일에 새로운 산정 방안을 발표했다는 점은 그 같은 의혹을 뒷받침해준다. 부동산 시장을 심리전 차

원에서 부양하기 위한 방편이 아니냐는 생각을 떨칠 수 없다.

그렇다고 새로운 주택 보급률하에서 주택 보급률이 100%에 미달한다고 해서 투기 대상이 되는 매매용 주택만을 무차별적으로 지어대야 한다는 것을 의미하지는 않는다. 우선, 주택 보급률 산정 기준을 바꿈에 따라 일정한 범위 안에서 얼마든지 주택 보급률이 달라질 수 있기 때문이다. 일례로, 새로운 주택 보급률에 따라 2007년 추계치로 주택 보급률이 93.2%인 서울의 경우 실제로 민간 부동산 정보업체에서 주거용으로 거래되는 오피스텔 21만여 호와 시민들이 실제 거주하는 근린상가 내 주거 공간 4만여 호 등을 주택으로 포함하면 서울은 주택 수 341만여 호에 가구 수 340만여 호로 주택 보급률이 100%를 넘는다.

실제로 서울시정개발연구원 자료에 따르면 2006년 기준 주거용 오피스텔과 다가구(근린상가 내 주거 공간은 포함하지 않음)를 포함한 주택 수를 1인 가구를 포함한 전체 가구로 나눈 실질 주택 보급률은 2006년에 이미 97.7%로, 100%에 육박한다. 2009년 기준으로 시정연의 실질 주택 보급률은 이미 100%를 넘어선 것으로 추정된다.

참고로, 시정연 자료에서 또 하나 눈여겨봐야 할 것은 공식 주택 보급률(국토부의 구 주택 보급률 기준)로든 실질 주택 보급률로든 집값이 많이 오른 지역일수록 대체로 주택 보급률이 더 높다는 점이다. 2000년대 집값이 많이 오른 서초·용산·강남·양천·노원·마포구 등의 실질 주택 보급률은 모두 100%를 넘는다. 이는 주택 보급률이 낮아서 집값이 뛴다는 주장이 근거 없음을 보여주는 또 다른 증거라고 할 수 있다.

한편으로는 서울시내 곳곳에서 벌어지는 뉴타운 및 재개발 재건축 사업지구에서는 새로운 주택 보급률상의 주택 수가 오히려 줄어든 경우가 많다. 다가구 주택들이 대대적으로 헐리고 중대형 아파트가 들어서고 있기 때문이다. 뉴타운 사업을 진행하면 할수록 새로운 주택 보급률은 오히려 낮아지는 아이러니가 발생하는 것이다. 주택 보급률이 낮아서 주택을 더 공급해야 한다는 건설업체들의 논리와는 정면 배치되는 결과다. 이 경우 주택 보급률이 낮아지므로 뉴타운 사업을 하지 말자고 하면 건설업체들이 수긍할까.

더구나 2000년 이후 분양된 아파트는 대부분 다주택 투기자들에게 공급됐다. 2008년 전국의 총 아파트 수 714만 호 가운데 공공 임대 아파트 85만 호를 제외한 629만 호가 매매 가능한 아파트다. 그런데 2005년 기준으로 주택 자가 소유율은 전국 평균 55.6%에 불과하다. 서울은 44.6%에 불과하고, 수도권 전체로도 50.2%다. 일반 주택보다 상대적으로 가격이 더 크게 오른 아파트는 자가 소유율이 이보다 훨씬 낮은 것으로 추정된다. 더구나 2000년 이후 매년 40만~50만 호가량이 전국에 공급됐지만, 같은 기간 전국 자가 소유율은 겨우 2%포인트 정도 증가한 것으로 추정된다. 주택 보급률이 10%포인트 이상 증가했는데 자가 소유율은 겨우 2%포인트 정도 증가했다면, 2000년대 공급된 주택의 대부분이 기존 주택 소유자들에게 돌아갔다는 얘기다. 즉 다주택 투기자들의 투기

먹잇감으로 돌아갔다는 뜻이다. 이런 식이라면 주택을 계속 공급하는 이유가 뭔가.

그렇다고 주택 공급을 하지 말자는 것이 아니다. 주택 보급률이 110~120% 정도에 이르기까지 주택은 꾸준히 공급하는 것이 좋다. 중요한 것은 어떤 주택을, 어떤 방식으로 공급하느냐 하는 점이다. 이미 투자용 또는 투기용 주택은 과잉 공급 상태다. 그런데도 수많은 서민들이 제대로 된 주거 공간을 마련하지 못하는 아이러니한 상황이 벌어지고 있다. 이는 한마디로 주택의 공급과 수요가 제대로 매치되고 있지 않기 때문이다. 예컨대 현재 가계의 경제 체력으로는 2억 원대 이하 주택에 대한 수요가 넘쳐나는데 5억 원대 이상의 주택만 공급된다고 해보자. 또 중대형 평형은 넘치는데, 1인 가구와 서민들이 주로 찾은 중소형 아파트 공급은 턱없이 부족하다. 현재의 주택 공급은 이 같은 사회적 필요와는 정반대 방향으로 치닫고 있다. 실제로 서울시가 발표한 자료에 따르면 60㎡ 이하 중소형 주택 비율은 재개발사업 전 63%에서 사업 후 30%로 줄어들고, 매매가 5억 원 미만 주택 비율도 86%에서 30% 수준으로 줄어든 것으로 나타났다. 또한 사업 전 전세가 4000만 원 미만 주택 비율이 83%에 이르렀으나 사업 후 이 같은 주택은 단 하나도 없이 사라진 것으로 나타났다.

이처럼 현 상태에서도 수급의 미스매치는 극에 이른 상황이다. 이런 상황에서는 주택 공급이 많이 이뤄져 명목상으로 주택 보급률이 높아진다 하더라도 일반 국민들의 주거 사정이 개선되지 않는다. 오히려 경제 전체적으로는 엄청난 자원이 낭비되는 셈이다. 이 같은 주택 수급상의 미스매치는 부동산 버블로 심화되었다. 버블기에는 무리한 투기 수요를 불러일으켜 억지로 메울 수 있었다. 하지만 버블이 붕괴하는 상황에서는 이 간극을 메웠던 투기수요도 더 이상 지탱하기 어려운 상황에 이르렀다. 그나마 남아 있던 투기 수요마저 현 정권은 마른 수건 쥐어짜듯 짜내 집값 미니 버블을 일으키는데 당겨 써버렸다. 부동산 경기가 회복될 때 마중물로 쓰일 수 있는 수요마저 발 등의 불을 끄기 위해 당겨 써버린 것이다. 이런 상황에서 다시 주택 공급의 미스매치 양상을 확대하겠다는 것 자체가 난센스다.

주택 정책은 이 같은 괴리를 해소하는 방향으로 가야 한다. 민간 건설업계는 이 같은 심각한 괴리를 읽지 못하면 앞으로 주택 사업에서 큰 낭패를 볼 것이다. 정부가 내놓는 주택 정책의 기본 방향은 대다수 1인 가구나 뉴타운 사업으로 인해 쫓겨나는 저소득층이나 노후의 주거 문제로 고민하는 일반 국민들을 위해서도 저렴하면서도 쾌적한 공공임대·전세 주택을 대량으로 공급하는 일이다.

이는 국제적으로 비교를 해보더라도 확인할 수 있다. 선진국의 공공임대주택 재고는 나라별로 편차가 있지만 전체 주택 재고의 10~35%에 이른다. 한국의 경우 그 비율은 2007년 현재 고작 3.2%다. 만약 한국이 국제 비교 지표인 인구 1000명당 주택 수를 기준으로 선진국 수준인 인구 1000명당 약 430호 정도까지 주택을 공급하려면 인구를 4800만 명으로 잡았을 때 약 2050만 호까지 주택 수가 늘어나야 한다. 2007년 기준 주택 수 1629만여 호에서 약 421만 호 정도 늘어나야 한다는 것이다. 공공임대주택 비율을 선진국 수준까지 높여야 한다면 이처럼 앞으로 지어야 할 주택 대부분을 공공임대·전세 주택으로 지어야 한다는 계산이 나온다.

상황이 이런데도 주택 건설업체들은 여전히 정부의 지원을 배경으로 도덕적 해이에 빠져 고분양가로 중대형 평형 일변도의 공급을 고집하고 있다. 정부 또한 건설업계와 유착에 빠져 국가 경제를 혼란으로 몰아가고 있다. 이렇게 지어진 중대형 평형 위주의 분양 물량은 대규모로 미분양될 가능성이 매우 높다. 그로 인해 부동산 시장의 침체가 더욱 장기화될 수밖에 없음은 불을 보듯 뻔하다. 결국 자업자득이다.

부동산 선동 기사에
휘둘리지 않기 위한 15계명

사실 한국 언론의 왜곡 엉터리 보도는 하루 이틀 사이에 생겨난 문제가 아니다. 특히 이런 구조적으로 왜곡되고 편향된 언론 보도가 가장 난무하는 영역이 바로 부동산임은 앞서 이미 설명했다. 그런데 이런 왜곡 엉터리 보도 때문에 일반 서민들이 입는 피해가 너무 크다. 김광수경제연구소가 여력이 되면 대다수 일반인들이 신뢰할 수 있는 미디어를 구현하려는 것도 이 같은 한심한 현실을 극복하기 위해서다. 하지만 당장은 그 같은 여력이 충분치 않다. 따라서 전직 신문기자로서 이런 부동산 투기 선동 기사에 '낚이지' 않기 위한 15계명을 정리해보았다. 이 글은 부동산 문제에 관한 것이지만, 부동산 이외의 영역에서도 적용할 수 있을 것이다.

1. 기사에 나온 현장과 그 주변 상황이 맞는지 직접 확인해보라

집을 사야 하지 사지 말아야 할지 심각하게 고민하고 있다면 기사에서 나온 현장 상황 전반을 충분히 파악해서 비교해보라. 기자가 현장을 충실하게 돌아보지 않고 중개업소 한두 군데에 전화하거나 부동산 포털 등의 일방적 주장만을 듣고 그대로 옮기는 기사가 많다. 따라서 정말 집을 사려는 실수요자라면 현장에 가서 거래가 많은지, 거래 가격이 호가인지 실제 거래 가격인지를 꼼꼼히 확인해야 한다. 또 부동산 중개업소뿐만 아니라 해당 지역의 주민이나 다른 업종에 있는 사람들에게도 현지 분위기를 물어보는 게 좋다.

2. 해당 기자가 그동안 쓴 기사 이력을 검색해보라

다년간 기사를 쓴 기자라면 그동안 어떤 기사를 썼는지, 그 기사가 신뢰할 만한지 찾아보라. 계속 건설업계를 대변하고, 엉터리 부동산 전문가들을 지속적으로 인용한 기자들의 기사는 경계하라. 기사를 훑어 보다 보면 드물지만, 신뢰할 만하거나 최소한 균형감 있는 기자가 누구인지도 파악할 수 있을 것이다. 같은 신문사 안에서도 기자의 성향에 따라 보도 태도는 큰 차이가 날 수 있다는 점을 유념하라.

3. 신문사의 이해관계를 생각하라

신문사 사주가 부동산이 많진 않은지, 신문사가 개발 사업에 참여하지는 않았는지 생각해보라. 신문사들이 지금 같은 경기 침체기에 광고 단가가 가장 센 부동산 광고에 얼마나 매달리겠는지 생각해보라. 특히 '부동산 특집'이라는 지면에 실린 기사들은 대부분 부동산 광고 매출을 올리기 위해 신문들이 기획해 제작하는 기사이므로 신뢰하지 말라.

4. 취재원의 이해관계도 살펴보라

신문사뿐만 아니라 기사에서 전문가로 인용된 사람들의 이해관계를 생각해보라. 예를 들어, 각종 부동산 투자 자문 회사 또는 부동산 포털 관계자들이 어떤 식으로 돈을 버는지 생각해보라. 한국경제연구원이 전국경제인연합회 산하고, 건설산업연구원과 주택산업연구원이 각각 대한건설협회와 한국주택협회 부설 연구원이라는 것을 언론은 대부분 밝히지 않는다. 이들은 주인의 이해관계에 반하는 주장은 절대 하지 않는다. 삼성, LG, 현대경제연구원 등 재벌계 연구소도 당연히 재벌 오너 그룹과 주요 계열사이자 비자금 조성의 핵심 통로인 삼성물산, 현대건설, GS건설 등의 이해에 반하는 주장을 하기 어렵다. 투동산 문제와 관련된 학자들 가운데 상당수는 건설업체로부터 용역을 받거나 각종 공공공사 입찰의 평가위원으로 참여하므로 로비 대상이 되는 경우가 많다. 이들이 서민의 입장에서 객관적인 사실을 말할 것이라고 속단하지 말라.

5. 기사가 얼마나 현실성이 있는지 생각해보라

자신이 주변에서 보고 이해하는 현실과 부합하는지 생각해보라. 주변에서 흔히 보는 1인 가구와 언론에 나오는 1인 가구의 이미지가 어떻게 다른지를 생각해보라. 또 부동자금 800조 원이 돌아다닌다는 보도가 판을 치는데, 국내 경제가 극심한 침체 상황에서 정말 그만한 투자성 대기자금이 돌아다닐 수 있겠는지 생각해보라.

6. 통계에 속지 말라

엉터리 통계나 여론조사 결과를 활용하거나, 제대로 된 통계나 여론조사 결과라도 견강부회식으로 활용하지 않는지 의심하라. 한 군소 경제신문에서 "일반인들은 대세 상승, 전문가들은 반짝 반등"이라는 유의 제목으로 기사를 쓴 적이 있다. 기사 내용을 읽어보면 부동산 114가 전국 회원 몇백 명을 대상으로 온라인 설문조사를 한 결과 "앞으로 3개월 이내에 집을 사겠다"고 응답한 사람들이 절반을 넘었다는 내용을 담고 있었다. 부동산 114 회원이라면 대부분 부동산 투자 기회를 호시탐탐 노리고 있는 사람이 다수일 것이다. 그런 사람들이 일반 국민들을 대표할 수 있는가. 그 설문조사 결과대로라면 전 국민의 절반 정도가 3개월 내에 집을 살 의향이 있다는 것인데, 주변 사람들 가운데 지금 그런 여력이 되는 사람이 얼마나 되는가. 파렴치한 왜곡 보도일 뿐이다. 이런 식으로 조사 방식, 표본 오차, 신뢰 구간 등도 밝히지 않고 일반인들을 오

도하는 통계나 여론조사 결과를 활용해 사람들을 선동하는 기사를
주의하라. 같은 통계라도 보여주는 방식에 따라 얼마든지 현실을
왜곡하고 호도하는데 악용할 수 있다. 통계를 '제3의 거짓말'이라
고 하는 이유도 여기에 있다. 앞서 "한국에는 부동산 버블이 없다"
고 주장한 한 학자의 주장이 대표적이다.

7. 기사 내용이 확정된 결과인지 살펴보라

확정된 결과인지 건설업체나 부동산 중개업소 등 이해관계자
들의 부풀리기 주장인지 구분하라. 호가와 실거래가, 청약률과 계
약률을 구분하라. 2009년 상반기에 쏟아진 많은 기사들 가운데 "잠
실 재건축 가격이 고점 가격을 회복했다"는 식의 기사가 많다. 그
런데 기사를 읽어보면 실거래가가 아니라 매도 호가였다. 해당 기
사에서도 그 같은 매도 호가에 사려는 매수세는 거의 없다고 쓰면
서도 그런 식의 표현을 쓴 것이다. 청약률과 계약률도 마찬가지다.
실제 계약하지 않더라도 우선 청약은 해보는 경우가 많다. 또 상당
수 건설사는 임직원들까지 동원해 분양받게 해 미분양 물량을 줄
이는 파렴치한 작태를 보이고 있다. 심지어 GS건설은 서울 서초구
반포자이 아파트 미분양 물량 159가구를 갖고 있으면서도 이를 숨
기다 2009년 6월에야 한 부동산 펀드에 전량 넘겼다. 소비자를 우
롱한 셈이다. 또 MBC 〈시사매거진〉의 보도에 따르면 한 주택업체
는 미분양 물량이 잔뜩 쌓여 있는 상황에서도 미분양 판촉 현장에
서는 내방객들에게 "거의 물량이 동났다"고 속이는 경우도 있었다.

과거 일본에서도 횡행한 기만적 수법이다. 건설업계는 그렇게 주택 소비자들을 속이면서도 정부 관료들에게는 "실제 미분양 물량은 공식 미분양 물량보다 70~80% 많다"며 더 많은 지원을 요구한다. 필자가 실제로 목격한 장면이다.

8. 기자의 주관적 생각이 개입된 기사들을 조심하라

소위 외국의 정론지는 '사실과 의견의 분리'를 원칙으로 고수한다. 그 신문의 색깔이 어떻든 사실을 전하는 기사에서는 기자나 그 신문사의 성향이나 견해를 표명하지 않는다. 신문사의 주장은 오피니언 면을 통해서 주로 이뤄진다. 그런데 한국의 신문들에서는 사실과 의견을 분리하지 않는 기사들이 난무한다. 몇 가지 부분적 사실을 엮은 뒤 기자 스스로 "부동산 대세 상승으로 돌아섰다"는 식의 선동 기사를 쓰는 경우조차 있다. 기자 칼럼이 아니라 일반 기사인데도 그렇다.

9. 마지막 문장을 조심하라

사실 기사라고 하더라도 기자가 교묘하게 자신의 결론에 동의하도록 기사를 끌고 갈 수 있다. 예를 들면, 집값이 오를 것인지 내릴 것인지에 대해 상반된 의견을 각각 소개하는 기사를 생각해보자. 이 경우 기자는 A, B 두 사람의 견해를 다 소개하는 듯하지만 최종적으로 B의 코멘트로 마무리하면 많은 이들은 B의 견해를 결론으로 생각하게 된다.

10. 제목과 기사가 일치하지 않는다면 다시 생각해보라

현재 한국 신문의 편집 체제상 신문 기사의 편집 제목은 취재 기자가 아닌 편집 기자들이 다는 경우가 많다. 이 경우 기자는 나름대로 균형 있게 기사를 썼는데 제목은 한쪽의 주장만 담는 경우도 있다. 또는 기사의 톤은 상당히 유보적인데, 편집 기자가 제목을 선정적으로 뽑기 위해 한 방향으로 몰아가는 경우도 많다. 물론 기사와 제목이 모두 현실을 왜곡하는 경우일 가능성이 더 높지만 이런 경우도 있으므로 제목에만 좌우되지 말아야 한다.

11. 가능하다면 같은 주제를 다룬 외신 기사와 비교해보라

1장에서 본 것처럼 주택 건설 실적과 관련한 보도는 외신 기사의 전달 방식과 확연히 다르다. 이뿐만 아니라 같은 유의 사안에 대해 블룸버그나 외국 유수의 신문들이 어떻게 보도하는지를 비교해보기 바란다. 경제 전반에 대해서도 외국 언론의 보도와 비교해보면 한국 언론 보도의 문제점을 알 수 있는 경우가 많다. 물론 거꾸로 외국 언론이 한국 상황에 대한 깊은 이해 없이 잘못된 보도를 하는 경우도 왕왕 있으므로 조심해야 한다.

12. 개발 호재로 집값 상승을 점치는 기사를 조심하라

"지하철 9호선 개통과 함께 주변 역세권 집값이 오르고 있다"는 유의 기사들이 좋은 예다. 물론 그 같은 개발 호재는 당연히 집값 상승에 영향을 미칠 수 있다. 하지만 그 같은 개발 호재는 이미 집값에 반영돼 있는 경우가 많다. 더구나 경기 불황이 심할 경우에는 개발 계획이 제 속도를 내기 어려워 개발이 예정보다 지연되면 중간에 들어간 사람은 피해를 보게 된다. 또한 지금 서울 등 수도권의 웬만한 지역은 한두 가지 개발 호재가 없는 곳이 없다. 개발 호재만으로 특정 지역에서만 집값이 급상승할 것처럼 보도하는 기사는 주의해야 한다.

13. 단기 국면만 보여주는 기사는 경계하라

지금 같은 시기에는 멀리 넓게 내다봐야 한다. 앞에서도 언급했지만, 지금은 인천 청라 분양이 문전성시를 이루고 있지만 2~3년 후 경기 침체가 계속되는 가운데 물량 폭탄이 쏟아질 경우에 대해서는 보도하지 않는 경우가 많다. 또한 부동산 거래량을 소개하는 기사에서도 거래량이 바닥을 기는 상황에서 기자들이 전월 대비 30% 증가했다는 식으로 기사를 쓰지만, 여전히 거래량이 고점이었던 2006년 말 대비로는 3분의 1에서 4분의 1 수준에 머물고 있음은 보여주지 않는다.

14. 일부 사례를 일반적 사례로 포장하지 않는지 조심하라

한국 언론계의 한심한 격언 가운데 하나가 "케이스 세 개면 기사 쓴다"라는 게 있다. 기자가 쓰고자 하는 이른바 '리드(머리 문장)'에 맞는 사례 세 개면 어떤 식의 기사도 쓸 수 있다는 말이다. 물론 학술 보고서 등과 달리 대중을 상대로 하는 언론 보도에서 생생한 사례는 독자들의 이해를 돕는데 큰 도움이 된다. 문제는 꼬리가 몸통을 흔드는 경우다. 일반적 상황과 다른 사례 몇 개를 가지고 전반적인 상황을 완전히 호도하는 기사들이 많다. 특히 기자들은 사례들 가운데서도 자기가 전개하려는 기사의 리드에 맞는 사례들 가운데서도 가장 정도가 심한 것을 찾는 성향이 강하다. 예를 들어, 5월 초 한 방송에서 경기 화성의 집값이 많이 올랐다고 소개했는데, 화성의 경우 당시 삼성 등 대기업 본사 인력들이 일시적으로 대규모 유입돼 집값이 반짝 상승했다. 이런 상황이 일반적인 것처럼 보도하는 것은 전체 상황을 왜곡하는 것이다. 또, 일부 여유자금을 가진 사람들 몇몇의 사례를 가지고 현재도 집을 사려는 사람들이 넘쳐나는 것처럼 포장하는 경우도 문제다. 또 2009년 상반기 인천 청라와 송도 등을 제외하고는 대부분 청약 시장이 참패를 겪고 있는데도 전체 분양 시장이 과열되어 있는 것처럼 보도하는 경우도 마찬가지다.

15. 언론에서 쓰는 상투적 용어가 적절한지 생각해보라

예를 들어, 집값이 내리면 '침체'라고 쓰면서 집값이 오르면 '봄바람'이라는 식의 표현을 쓰는 언론들이 많다. 마찬가지로 일부 언론에서는 집값이 높은 상태에서 떨어지지 않는 것을 '집값 안정'이라며 긍정적 뉘앙스를 쓴다. 별 것 아닌 것처럼 여겨질지 모르나 가랑비에 옷 젖는다고 이 같은 표현들이 사람들이 사안을 바라보는 시각을 은연중에 규정하기도 한다.

이와 관련해 가장 문제 소지가 많은 표현이 '폭락론자', '비관론자' 같은 딱지 붙이기다. 그런 표현은 그런 주장을 펴는 사람들이 현실을 부정적으로 부풀린다는 뉘앙스를 내포하고 있다는 점에서 매우 악의적이다. 특히 부동산 문제와 관련해 선동적인 보도를 많이 하는 언론일수록 그 같은 표현을 많이 쓴다는 점에서 의도가 다분히 개입돼 있다고 본다. 구체적 근거도 없이 막연한 믿음만으로 세상을 비관적으로 본다면 비관론이라고 표현할 수 있을 것이다. 대표적인 경우가 종교적 종말론자라고 할 수 있겠다.

현실이 부정적 상황으로 흘러가고 있는데, 그런 현실을 구체적인 근거와 분석을 통해 설명했다고 해서 그것을 비관론이라고 표현하는 게 온당한가. 비유하자면, 환자가 중병에 걸려 있는데 이 환자를 진단한 의사가 '환자가 중병에 걸려 있다'고 말하는 것이 비관론인가. 마찬가지다. 필자의 경우 한국의 부동산 버블이 심각한 지경에 이르렀고, 그 버블이 이제 터질 만한 시점에 이르렀으며, 여러 요인들에 의해 앞으로 부동산 가격이 지속적으로 내려갈 가능성이 높다고 설명했다. 물론 필자가 신이 아닌 이상 필자의 모든 설명과 전망이 한 치의 오차도 없이 정확할 수는 없다. 특히 지금처럼 정부가 온갖 부동산 부양 총력전을 통해 부동산 시장의 자연스러운 조절 메커니즘을 교란하는 경우에는 더더욱 그렇다. 다만 주어진 시점에서 개인적으로 할 수 있는 최선의 노력을 다하여 경제의 구조적 흐름을 분석한 결과를 제시한 것뿐이다. 더구나 '비관론', '낙관론'이라는 표현에는 은연중에 집값 상승을 미화하고, 집값 하락을 부정적으로 인식하도록 하는 의도가 숨어 있다. 그런데 생각해보라. 무주택 서민의 입장에서는 집값 하락이 훨씬 더 희망을 주는 뉴스가 아닐까. 그렇게 보면 필자는 비관론자가 아니라 낙관론자다.

이처럼 이들 표현은 은연중에 기득권의 시각에서 세상을 바라보도록 하는 '권력-지식(pouvoir-savoir) 복합체'(후기 구조주의 철학자 미셸 푸코는 지식은 권력이 작용하기 위한 전제조건이며 권력과 무관한 지식은 있을 수 없다고 주장한다. 즉, 지식과 권력은 한 덩어리며 권력은 지식을 통해 작동한다며 '권력-지식'이라는 표현을 썼다. 이때 지식의 내용을 결정하는 것은 담론이다. 예를 들어, 장애인을 '비정상인'이라고 표현할 때 이미 장애인에 대한 사회적 대우와 인식은 '비정상인'이라는 담론과 함께 작동하는 것이다) 또는 인지언어학자 조지 레이코프가 말하는 '프레임'의 속성을 지닌다. 기자들도 의도적이든 그렇지 않든 그러한 표현들을 통해 기존 '권력-지식' 또는 기득권 프레임을 확대 재생산하고 있는 것이다.

참고로, 김광수경제연구소는 기자들의 전화 코멘트 요청에는 아주 예외적인 경우가 아니라면 응한 적이 없다. 단독 인터뷰나 기고문 등 연구소의 생각을 충분히 전할 수 있는 형태가 아니라면 신문 기사 중간에 코멘트로 나간 것은 대부분 연구소의 동의를 구하지 않은 경우다. 그러다 보니 서울경제신문이나 매경이코노미 등 일부 신문이나 잡지는 필자와 전화 통화한 적도 없이 책 내용을 옮기면서 마치 직접 코멘트를 딴 것처럼 보도한 경우도 여러 번 있었다. 책 내용이라도 제대로 소개하면 좋은데 책의 한쪽 끝에서 다른 쪽 끝에 있는 두 문장을 멋대로 이어붙인 사례까지 있었다. 특히 매경이코노미는 필자가 응하지 않는다고 명백히 거절 의사를 밝혔는데도 마치 직접 인터뷰를 한 것처럼 자신의 입맛대로 보도했다. 이후에는 마치 홍보라도 해줬다는 듯이 필자의 의사도 묻지 않고 무단으로 필자를 매경이코노미 구독 리스트에 올리기도 했다. 또 어떤 종합 일간지 기자는 필자 코멘트를 인용하지 말 것을 전제로 통화했는데도, '함구했다' 는 표현까지 쓰며 마치 필자가 뭔가 켕기는 게 있어서 입을 다문 것처럼 포장하기도 했다. 한국 언론의 문제는 이해관계를 매개로 한 구조적 측면도 있지만, 이처럼 최소한의 자질과 매너도 갖추지 못한 기자들의 행태 문제에서 비롯되기도 한다. 하지만 이 같은 언론의 엉터리 왜곡 보도와 기자들의 무례한 취재원 응대는 결국 부메랑이 돼 돌아가기 마련이다. 한국 신문업계가 지난 10여 년 동안 급격한 사양길로 접어든 가장 큰 이유도 바로 독자들에게 신뢰를 주지 못했기 때문이다.

폴 크루그먼에게 배우는
'MB 정부에 속지 않는 법'

필자는 2007년 대선 결과에 대해 "배가 고프다고 쓰레기통을 뒤진 격"이라고 통탄한 적이 있다. 자산과 소득 양극화에 부동산값 폭등, 비정규직 비율 55%, 청년 실업 200만 명, 출산율 바닥, 높은 자살율과 근로시간, 산재사고 OECD 최고라는 대한민국의 엽기적인 현실을 생각할 때 현 정부는 이를 해결하기보다는 더욱 악화시킬 것으로 보였기 때문이다. 그런데 그 같은 우려는 현실이 됐다. 그것도 필자가 생각했던 것보다 훨씬 더 악화된 형태로 말이다. 사실 현 정부는 아마추어도 이만저만한 아마추어가 아니며, 국민에게 거짓말을 밥 먹듯 한다는 점에서 사기꾼 기질이 유전자에 각인된 정부라고 본다. 이들을 단순히 '실용 정부'나 중도 우파 정부라고 본다면 그것은 오해요, 착각이다.

이들은 과격한 '우파 기득권 혁명 세력'이다. 물론 지금 같은 경제 상황에서 어떻게 대처할지 몰라 우왕좌왕하는 엉터리 저질 집단이기도 하다. 하지만 또 하나 분명한 것은 그런 가운데도 자신들에게 필요한 것은 어떤 경우에도 관철시키는 '불굴의 의지'를 가진 집단이라는 점이다. 필자도 처음에는 그렇게까지 생각하지는 않았다. 하지만, 촛불 시위 이후 자신들의 세력을 결집하며 전 국민을 대상으로 선전포고하고, 미네르바 등 네티즌 논객을 구속하고, 용산참화의 희생자들에게 사과는커녕 물리력을 휘두르고, 서울광장까지 봉쇄하며 시민들의 고 노무현 전 대통령 추모를 가로막는 태도를 보면서 이들은 정상적 판단력을 가진 정부가 아니라는 생각을 하게 됐다.

폴 크루그먼 교수는 《대폭로 *The Great Unraveling*》라는 책에서 조지 부시 행정부를 '혁명 세력(A Revolutionary Power)'이라고 규정한다. 그는 뉴욕타임스에 칼럼을 연재하면서 처음에 경제 문제에 대해 글을 쓰다가 점점 정치 문제에 대해 글을 쓰지 않을 수 없게 됐다고 한다. "급진적인 정치 운동이 부상하고 점증하는 지배력을 갖게 되는 과정에 대한 이야기"를 쓰지 않을 수 없었다는 것이다. 미국의 급진 우익이 백악관과 의회를 사실상 지배하고, 사법부와 미디어의 상당 부분을 통제하게 된 현실에 대해 그는 매우 깊은 우려를 나타낸다.

　그는 이 같은 생각을 바로 이 책의 도입부에서 구체적으로 정리했다. 닉슨 행정부 시절 냉혈적인 국무장관이었던 헨리 키신저는 박사학위 논문 〈되찾은 세계A World Restored〉에서 1930년대의 전체주의 정권들에 대한 유화적 대응책의 실패를 비판한다. 이때 그는 프랑스의 로베스피에르와 나폴레옹 치하의 정치 세력을 '혁명 세력'이라고 규정하고, 1930년대의 전체주의 세력에 대해서도 같은 규정을 한다.

　폴 크루그먼은 헨리 키신저의 이 박사학위 논문을 읽다가 부시 행정부 또한 기존 체제의 정통성을 부정하는 세력이라는 점에서 '혁명 세력'이라고 규정한다. 이들 혁명 세력은 오랫동안 확립된 미국의 정치 및 사회적 제도들이 존재해서는 안 되며, 우리들 모두가 당연시하는 규칙을 받아들이지 않는다고 주장한다. 그들은 정부의 역할과 사회 복지 프로그램의 확충 등을 단순히 줄여야 한다고 생각하는 것이 아니라, 이것이 기본적인 (시장경제) 원칙에 위배된다고 생각한다. 그들은 무력 사용을 전혀 주저하지 않는다. 미국에 테러를 가한 적이 없는 이라크에 선제공격을 감행한 것이 대표적인 사례며, 시리아 · 이란 · 북한 등도 '악의 축'으로 묶어 같은 방식으로 다루려 했다. 미국 헌법의 근본 원칙 가운데 하나인 정교 분리를 내팽개치고 '성경적 세계관'을 확산하는 것을 사명으로 삼았다. 정통성은 민주적 절차에서 나온다는 사상을 받아들이는지도 의심스럽다. 조지 부시 대통령은 자신이 이 나라를 이끌도록 신의 부름을 받았다고 믿고 있다. 이런 여러 가지 사실들을 종합하면,

이들 혁명 세력이 원하는 나라는 이렇다. '기본적인 사회 안전망이 없으며, 국가의 뜻을 해외에 관철하기 위해 무력을 사용하며, 학교에서 진화를 가르치지 말고 종교를 가르쳐야 하고, 선거는 형식적 치장물에 불과한 나라' 말이다.

폴 크루그먼은 감세와 이라크 전쟁을 예로 들어, 이들 혁명 세력이 어떻게 자신들의 뜻을 관철했는지 설명한다. 우선, 감세는 1990년대부터 공화당의 핵심 의제였다. 이들 혁명 세력은 단순히 감세를 원하는 것이 아니라 미국의 기존 조세 체계의 분쇄를 목표로 했다. 이들은 제한된 승리에 절대 만족할 수 없는 세력이다. 이들은 처음에는 세수 초과 환급을 명목으로 세금을 깎고, 세수 부족으로 전환됐을 때는 경기 부양책으로 세금을 깎고, 경기 부양 효과가 없음이 드러나자 장기적인 경제 성장을 촉진한다는 명목으로 세금을 깎았다. 이라크 선제 공격론도 1990년대 초부터 폴 울포위츠, 딕 체니 등을 중심으로 제기되고 강화돼 왔다. 따라서 그것은 9·11 테러 사태라는 당면한 상황에 대한 대응이 아니었다. 그들은 처음에는 사담 후세인과 알 카에다의 연계 혐의로 이라크를 침공했다가 그것이 잘못된 것임이 드러나자 핵 개발 프로그램(이후 '대량 살상 무기'라는 표현으로 확장하지만)을 이유로 갖다붙였다. 나중에 이것조차도 설득력이 없음이 드러나자 이번에는 '민주주의의 확산'을 명분으로 끌어댔다. 감세나 이라크전뿐만 아니라 에너지 정책과 환경 정책, 보건 정책, 교육 정책 등에 대해서도 같은 방식으로 자신의 뜻을 관철했다.

모든 경우에 부시 행정부는 그다지 급진적인 것처럼 보이지 않는 정책 논리를 제시함으로써 온건주의자들을 안심하게 했다. 그리고 매번 온건주의자들은 (2차 세계대전 직전 나치 히틀러에 대해 영국 수상 리처드 체임벌린이 구사했던 식의) 유화주의 전략을 따랐다. 폴 크루그먼은 헨리 키신저의 통찰이 옳았다며 그의 말을 인용한다. "안정에 익숙했던 사람들은 혁명 세력을 맞닥뜨렸을 때 당시 발생하는 것을 어지간해서는 믿을 수가 없었다. 그래서 그들은 혁명 세력을 저지하는 데 효과적이지 못했다."

이제 이명박 정부 집권 이후 한국의 상황으로 돌아와 보자. 말로는 중저소득층을 위한 것이라고 떠벌리지만 실제로는 철저히 부유층을 위한 감세 정책, 시장 친화적인 부유세의 하나인 종부세의 유명무실화, 반공 기독교 이념에 사로잡힌 철저한 대북 대결 구도 전개(그러면서도 자신들이 주인처럼 떠받드는 미국으로부터 왕따나 당하는 얼간이들이다), '서울시를 하나님께 봉헌하겠다'는 대통령과 소망교회 출신의 종교적 신념에 사로잡힌 '강부자/고소영 내각', 녹색 성장을 외치면서 원전 대규모 건설 계획을 밝히고 4대 강 사업과 경인운하 등 대규모 토건 사업을 펼치며 환경 영향 평가는 요식 행위로 전락시키는 반환경 정부, 공교육을 사교육화하고, 사교육 시장을 극대화해서 어린 학생들을 더욱 치열한 적자생존의 경쟁에 내모는 교육 정책, 미분양 물량 매입과 건설 물량 퍼주기로 '건설업자 복지'에는 열을 올리면서도 기존 복지 예산은 삭감하는 거꾸로 정책, 전 세계가 부동산 버블 붕괴의 충격으로 고통받는 가운데 전매 제한과 양도세 감면, 재건축 규제 완화 등 부동산 투기를 조장하는 정부, 금융 재규제를 논의하는 세계적 흐름과 정반대로 금산 분리 완화 추진, 공익 증진이 아니라 재벌의 사업 거리 확대를 위한 공기업 민영화 추진, 민주화 이후 진전돼온 천부인권적·민주적 권리 및 제도 뒤집기, 정책−군의문사위 해체와 국가인권위 조직 축소, 집단소송제와 서울광장 봉쇄 등을 통한 집회결사의 자유 및 인터넷 명예훼손죄 도입 시도 등으로 표현의 자유 제한, 권위주의 정권식 방송 통제 및 낙하산 인사 파견, '건국 60년' 표현을 통한 헌법에 규정된 임시정부 정통성 부인과 뉴라이트 등 친일 우파 집단의 득세, 친일 우파적 시각에서 역사 교과서 수정 시도 등등 이루 다 열거하기 힘들 정도다. 이게 불과 이들이 집권한 지 1년 반도 안 돼 벌어진 일이다. 한마디로 합법적 권력을 배경으로 전 국민을 대상으로 끈질기게 범죄를 저지르는 패악 집단이라고 할 수 있다. 이를 보면 이들이 자신들이 가진 당초 목표를 얼마나 노골적으로, 그러면서도 철저히 추구해 왔는지 짐작할 수 있다.

물론 장기적으로는 이런 형편없는 저질 정치 세력을 정치적으로 심판해야 한다. 하지만 지금은 어쨌든 이들이 집권하고 있는 '암흑기'다. 이러한 시대를 어떻게 해석하고, 견디고, 대처해야 할까. 폴 크루그먼 교수는 친절하게도 이에 대한 대응법까지 책에서 소개하고 있다. 그는 뉴욕타임스 칼럼니스트로서 '부업(part-time) 저널리스트'인 자신이 생각하는 다섯 가지 '보도 준칙(rules for reporting)'을 책에서 소개한다. 그는 "이 같은 규칙이 뉴스를 제대로 이해하려는 어떤 진지한 시민들에게도 똑같이 적용된다"고 말한다. 필자는 이 같은 규칙이 현재 한국 상황에서도 마찬가지로 적용될 수 있다고 믿는다. 그 다섯 가지를 간략하게 소개해보겠다. 각각의 준칙에 해당하는 국내 사례를 몇 가지 정리해봤다.

준칙 1. (이들이 내세우는) 정책안이 표면적인 목표에 부합한다고 가정하지 말라

이들은 자신이 무엇을 원하는지 분명히 알고 있으며, 그 목표를 추진하기 위한 어떤 주장도 서슴지 않을 것이라는 점을 깨달아야 한다. 월스트리트 저널의 한 기자가 백악관 보좌관이 공개적인 자리와 사적인 자리에서 한 사안에 대해 정반대로 말한 것에 대해 해명하라고 하자, 그 보좌관의 답변은 이랬다. "왜 거짓말하느냐고? 그건 내가 해야 하는 일이야. 언론에 거짓말하는 것 때문에 양심의 가책을 전혀 받지 않아."

국내 사례: 이명박 정부는 말끝마다 '서민 정부'를 내세우지만, 내놓는 정책마다 반서민 정책이다. 철저히 부유층을 위한 감세안에 대해 중저소득층의 경제 활력을 돕기 위한 것이라고 주장했다. 또한 처음에 영어 몰입 교육 내세웠다가 이명박 대통령이 "영어 몰입 교육 할 수도 없고, 해서도 안 된다"고 했으나 서울시 교육청을 통해 단계적으로 추진 중이다. 강만수 전 기획재정부 장관은 2009년 경제성장률 전망치를 −2%로 청와대에 보고하면서도 언론

에는 3%로 발표했다. 회색 콘크리트 사업을 '녹색 뉴딜'로 포장. 빈부 격차를 나타내는 지니계수가 사상 최고치로 높아졌는데도 이동관 청와대 대변인은 "현 정부 들어 빈부 격차가 완화됐다"고 주장했다.

준칙 2. 이들의 진정한 목표를 발견하기 위해 공부 좀 하라

부시 행정부는 감세안을 일자리 창출 방안으로 포장했지만, 단기적으로 감세안을 일자리 창출 수단으로 널리 인정하는 어떤 경제학 이론도 없다. 경제 성장은 사실 그들의 목표가 아니다. 급진 우파는 자본에 대한 모든 과세를 없애야 한다고 오랫동안 주장해왔다. 그것이 이 정부의 감세안이 실제로 이루려고 하는 것이다. 따라서 이들의 정책을 이해하는 방법은 대중에게 이들의 계획을 선전하기 전에 이들 정책의 기획자가 진정으로 원하는 것이 무엇인지 파악하는 것이다. 예를 들어, 이 정부에서 전직 목재 산업 로비스트 출신이 산림 정책을 총괄할 때, 그 관리가 '건강한 산림' 이라고 하는 말은 벌목 회사들이 더 많은 나무를 베는 것을 허용하는 것을 의미할 뿐이다.

그런데 저널리스트들이 이런 문제를 다루는 것은 어렵다. 그들은 (급진 우파의 진정한 의도를 드러내 강력히 비판함으로써) 편향적인 엉뚱한 음모 이론가처럼 비치길 원하지 않는다. 하지만 그들의 목적이 충분히 공개돼 있는 상황에서 어떤 음모가 개입돼 있지 않은 것처럼 생각하는 것이 더 비현실적이다.

국내 사례: 이명박 정부는 여론 조작을 위해 노골적으로 방송 장악을 진행하면서도 이를 언론의 편향성을 바로잡기 위한 것이라고 주장했다. 또 '조중동 방송'을 허용함으로써 세계에 유례없는 여론 독과점 상황을 조성하면서도 자료를 조작하기까지 하며 일자리 창출을 명분으로 내세웠다. 역사 교과서 수정 논란이나 임시정부의 법통을 무시한 건국 60주년 표현 사용도 마찬가지다. 자신들과 지지층을 위한 부자 감세안을 추진하면서 중저소득층을 위한 감세안이라고 주장했으며, 자금난에 시달리는 건설업체를 지원하기 위한 것이면서도 서민들의 고통을 줄이기 위해 건설업체 부양책을 추진한다고 주장했다. 사용자들이 비정규직을 편하게 사용하게 하기 위한 것이지만, 비정규직의 대량 해고를 막기 위해 기간제 3년 연장을 추진한다고 강변하기도 했다. 용산 참화를 연쇄살인범 검거 사건으로 물타기를 시도했다.

준칙 3. 일반적인 정치 규칙이 적용될 것으로 가정하지 말라

워싱턴 정가에서는 스캔들이 일어나면 먼저 언론이 떠들어대고 관리들이 사퇴한 뒤 다시 일상으로 돌아간다. 하지만 부시 행정부 때는 이런 일이 일어나지 않았다. 내무부 차관으로 일했던 석탄 산업 로비스트인 스테펀 그릴은 예전 고객을 위해 개입한 사실이 밝혀졌지만 여전히 그 자리에 있다. 육군참모총장인 토머스 화이트는 엔론 경영진 시절 가공 이익을 만들어낸 사실이 밝혀졌지만 유임됐고, '이해 충돌' 사실이 드러난 국방정책자문위 의장인 리처드 펄도 마찬가지다. 왜 이렇게 일반적인 규칙이 적용되지 않는가?
기존 시스템의 정통성을 부정하는 이들 혁명 세력은 규칙에 따라
경기를 펼쳐야 한다고 느끼지 않기 때문이다.

국내 사례: 언론 장악 대책 회의를 연 최시중 방통위원장이나
이동관 청와대 대변인이 유임됐다. 땅투기와 표절이 논란된 청와
대 수석들과 장차관은 대부분 그 자리에 있다. 이들은 야당 시절,
같은 기준으로 사퇴 총공세를 펼쳤던 기준을 자신들에게는 적용하
지 않고 있다. 노무현 전 대통령 서거에 대한 검찰의 무리한 강압
수사에 대한 사과를 거부하고, 지식인 집단의 시국성명을 깡그리
무시했다.

준칙 4. 혁명 세력은 비판에 공격으로 반응한다

혁명 세력은 자신들의 행동에 대해 다른 이들이 비판할 자유
를 인정하지 않는다. 의문을 제기하는 사람은 누구든 무자비한 역
공을 받을 것을 기대해야 한다. 예를 들어, 2003년 당시 민주당 대
선 후보의 선두 주자였던 존 케리가 "이라크뿐만 아니라 미국에서
도 정권 교체를 해야 한다"고 한 말을 두고 공화당 측은 "전시에 군
통수권자의 교체를 요구했다"며 그의 애국심을 문제 삼았다.

국내 사례: 촛불 집회에 참여한 유모차 부대까지 처벌했다. 조
중동 광고 불매 운동의 주도자를 처벌했다. 〈PD 수첩〉 보도 제작자

의 징계를 요구하고 검찰의 수사를 의뢰했다. 자신들이 더욱 이념적이면서 최근 경제 위기까지 좌파 이념세력의 공세로 치부했다. 인터넷 논객인 미네르바를 구속했다. 간첩단 사건을 조작했다. 정치검찰을 내세운 전 정권 핵심세력을 광범위하게 압박했으며, 국정원과 경찰 등을 통해 각종 시민단체 및 야당을 불온집단으로 규정하고 기업 후원을 막는 등 압박했다.

준칙 5. 혁명 세력의 목표에 한계가 있다고 생각하지 말라

끊임없이 이유를 바꿔가며 철저히 감세 정책을 밀고 나간 부시 행정부에 대해 생각해보라. 온건주의자들의 유화적 대처가 그들의 목적을 끝까지 추구할 수 있는 길을 열어준 것이다. 마찬가지로 이라크 전쟁은 '부시 독트린'의 출발선일 뿐이었다. 결코 제한된 양보로 그들을 달랠 수는 없다.

국내 사례: 방송 장악 과정에서 YTN 사장 낙하산 인사 정도에서 그치지 않고 KBS로, 이게 신문 방송 겸영 통한 조중동 특혜 주기와 MBC 민영화 시도까지 나아가고 있다. 대운하를 4대 강 사업으로 프레임을 바꿔가며 22조 원까지 예산을 대폭 증액해 지속적으로 추진 중이다.

물론 미국의 상황이 우리나라에 그대로 들어맞지는 않을 것이다. 아니 어찌 보면 사실 현 정부는 부시 행정부와 같은 '우파 혁명 세력' 정도로 끝나는 정권이 아니다. 시장 원리를 깡그리 무시하며 기득권 만능주의에 사로잡힌 정권이다. 현재 우리 국민 수준에서 가질 수 있는 최악의 저질 불량 정권이라고 할 수 있다.

불량 정권 아래에서는 각 정부 부처들도 불량 정부로 변한다. 기획재정부는 무리한 감세와 토건 예산 확대로 재정남용부가 됐고, 국토부는 4대 강 사업 등 각종 토건 사업 추진과 부동산 규제 완화 등으로 국토파괴부 및 투기조장부가 됐다. 근로자들의 최저 임금을 깎고 비정규직을 양산하는데 앞장서는 노동부는 노동착취부로, 빈약한 기존 복지 혜택마저 줄이는 보건복지부는 복지축소부로 변질됐다. 4대 강 사업과 경인운하의 환경성 조사를 요식 행위로 전락시킨 환경부는 환경파괴방치부로, 남북 경협보다는 대결과 교류 단절로 남북관계를 경색시킨 통일부는 통일방해부로 전락했다. 다음 아고라까지 수시로 들여다보고 시민단체에 대한 기업 후원까지 막는 국가정보원은 국내공작원으로, 공평무사한 민주적 법치 체계를 정착시켜야 할 법무부는 권력을 위한 법질서만 수호하는 정권수호부로 둔갑했다.

정부 부처 외에 산하 국책연구기관도 한심해지기는 마찬가지다. 기존에 경제성이 없는 것으로 판명 난 경인운하 사업의 경제성에 대한 판단을 뒤집은 한국개발연구원은 개발정당화연구원, 방송 일자리 창출 통계를 왜곡한 정보통신정책연구원은 정보통계조작연구원이라는 간판을 달아야 할 판이다.

물론 이들 정부 부처의 정책 실패와 국책 연구원들의 정부 정책 정당화가 하루 이틀의 문제는 아니다. 하지만, 현 정권하의 정부 부처들은 각 부처가 지향해야 할 사명과는 노골적으로 정반대로 움직인다는 점에서 그 정도가 다르다. 하긴 불량 정권하의 '영혼 없는 관료'들이 뭘 하기를 바라겠는가.

더구나 여타 상황도 미국에 비해 훨씬 더 비관적이다. 미국의 엘리트들은 거의 대다수가 민주당이나 무당파 성향으로 서민층 복지에 상대적으로 관대한 반면, 한국의 엘리트들은 대부분 우익 성향에 자신들의 복지만을 열렬히 옹호한다. 미국 사회에서 가장 영향력 있는 신문은 뉴욕타임스, 워싱턴포스트 등 제대로 된 신문들이고 저질 언론인 폭스뉴스 등은 주류라고 보기 어렵지만, 한국에서는 거대 기득권 신문들이 가장 영향력 있으며, 이에 그치지 않고 현 정부의 힘을 등에 업고 방송에까지 진출하려 하고 있다. 부시 행정부 당시 미국에는 민주당이라는 매우 오래된 강력한 야당이 있었으나, 지금 한국에는 존재감과 정체성이 희미한 민주당과 소수 정당밖에 없다.

하지만 희망도 있다. 지금의 한국 정부는 부시 행정부보다 훨씬 더 엉터리여서 대중이 그들의 진정한 속내를 깨닫기 시작했다는 것, 더구나 현재의 경제 위기 상황을 제대로 대처할 능력이 턱없이 부족하다는 것을 깨닫고 있다는 점이다. 또한 조중동 등 주류 신문들의 거짓말이 들통 나 신뢰가 바닥으로 추락한 반면 20~30대 젊은 세대를 주축으로 인터넷상의 집단 지성을 통해 사람들이 점점 진실을 깨달아가고 있다는 점이다.

필자는 지금의 민주당이나 민주노동당 같은 정치 세력에게서
도 희망을 보지 않는다. 기득권 중심의 불공정한 게임 규칙이 적용
되는 한국 사회를 근본적으로 개혁할 수 있는 새로운 정치 세력이
나와야 한다고 믿는 사람이다.

폴 크루그먼이 책에서 인용한 구절에 이런 말이 있다. 부시 행
정부 당시 CBS의 〈60분〉 진행자인 앤디 루니의 말이다. "단 하나의
진정으로 좋은 뉴스는 미국 역사에서 이 끔찍한 시간이 끝나는 것"
이라고. 필자는 이 말에 조금 살을 덧붙이고자 한다. "단 하나 진정
으로 좋은 뉴스는 한국 역사에서 이 끔찍한 시간이 끝나는 것, 그
리고 정말 제대로 된 민주주의 시장경제를 건설할 역량이 있는 정
치 세력이 성장해 집권하는 것"이라고 말이다.